DE TWEEDE F

Eerder verschenen van Susan Smit:

Heks (non-fictie)
Wijze vrouwen (non-fictie)
Elena's vlucht (roman)
De zweefmolen (non-fictie)
Wat er niet meer is (novelle)
Vloed (roman)
Zoals jij bemint (verhalenbundel)
Wijze mannen (non-fictie)
Gisèle (roman)
De eerste vrouw (roman)
Hotel Hartzeer (samen met Marion Pauw)
Tropenbruid (roman)
De heks van Limbricht (roman)
De wijsheid van de heks (non-fictie)
Alles wat beweegt (roman)

Susan Smit

De tweede helft van je leven

De kracht en wijsheid van de vrouw

LEBOWSKI PUBLISHERS
AMSTERDAM 2024

Fragmenten uit dit boek zijn eerder gepubliceerd in de vorm van artikelen en columns in *Happinez* en op happinez.nl.

Omslagontwerp: Studio Rubio, Antwerpen
Auteursfoto: © Yvette Kulkens
Typografie: Crius Group, Hulshout

ISBN 978 90 488 7384 5
ISBN 978 90 488 7385 2 (e-book)
NUR 320

www.lebowskipublishers.nl
www.overamstel.com

OVERAMSTEL
uitgevers

Lebowski Publishers is een imprint van Overamstel uitgevers bv

Voor wie klaar is om niet langer te geloven
wat haar is wijsgemaakt.

Inhoud

Op mijn vijftigste verjaardag werd ik in een plakkerige, bruine kroeg toegezongen door mijn vrienden. Met mijn beste vriend Vincent danste ik op 'Vlieg met me mee naar de regenboog' en ik dacht: met jou zou ik overal naartoe vliegen, al is het naar de hel en terug. Mijn andere beste vriend Xavier ontfermde zich over een plakboek met polaroids en teksten van genodigden omdat hij weet hoe sentimenteel ik ben. Mijn vriendinnen bleken een tas voor me te hebben gekocht 'zodat ik mijn vrienden altijd aan mijn arm kan dragen'.

Als je terugkijkt op je leven, zie je dit soort momenten voor je. Je ziet ogen vol liefde, je hand waarin even wordt geknepen, de schouder die je kon bieden en de vanzelfsprekende beweging van je arm die door die van de ander haakt terwijl je samen over het strand wandelt.

Je ziet geen cijfers op bankrekeningen. Geen rimpels. Geen kilo's op de weegschaal. Geen aantal volgers op social media. Geen spullen.

Je ziet alleen maar liefde.

Voorwoord

In de wachtkamer van een kliniek waar ik mijn derde behandeling voor huidverstrakking zou ondergaan, las ik een boek van de Amerikaanse feministe Susan Sontag. Ik knikte instemmend bij een passage over hoe 'het volkomen natuurlijke proces van ouder worden bij vrouwen wordt gezien als een nederlaag', terwijl er even later gloeiend hete stempels met een temperatuur van vierhonderd graden op mijn gezicht zouden worden gedrukt. Eerst zou mijn gezicht vuurrood worden, enigszins opzwellen en ruiken als een barbecueworstje, in de weken erna zou het collageen toesnellen om de schade te herstellen en de huid voller en steviger maken. De ironie daarvan ontging me niet. Ik bezweek weliswaar niet voor fillers en messen, maar was absoluut en zeer onfeministisch aan het tegenstribbelen bij het zichtbaar ouder worden.

Een halfjaar later zou ik mijn vijftigste verjaardag vieren. Dat zal er vast iets mee te maken hebben gehad.

Die behandelingen – ik onderging er uiteindelijk vier – hadden maar een beetje effect. Het is prima. Ik heb me voorgenomen om de tijd te nemen om van een 'lekker wijf' in een 'leuk oud wijf' te veranderen, zo van mijn vijfenveertigste tot mijn vijfenvijftigste. Die tien jaar geef ik mezelf om in mijn eigen tempo alles wat bij een eerdere fase hoort uit te zwaaien, inclusief een beetje tegensputteren, en alles wat bij een nieuwe fase hoort te verwelkomen. Ik ben nu, op mijn vijftigste, over de helft en zit goed op schema. Wat de serene aanvaarding van het uiterlijke verval betreft, heb ik nog een stap te zetten, dat geef ik toe, maar ik merk al dat de buitenkant me steeds minder bezighoudt.

Mijn voornemen is om organisch van het ene seizoen in het andere te glijden, zoals je ook in de natuur ziet, zonder haast, schaamte en mooie praatjes. Het seizoen dat ik binnen zal treden, is natuurlijk de herfst en dat klinkt wat sneu, maar zo verschrikkelijk is het niet. Ik ken geen ander seizoen dat met zijn uitbarsting van vlammende kleuren zo'n spectaculaire show geeft als het najaar. Er is niets kleurloos en stilletjes, niets weggestopts, uitgeblusts en afgedaans aan de herfst.

Het einde van één seizoen is bovendien niet het einde van het hele leven. Er staan, als je de mazzel van een lang leven hebt, nog twee seizoenen vol betekenis, plezier en waarde op je te wachten. Eén fase van je leven eindigt onherroepelijk en daar mag je om rouwen, maar er begint ook iets knisperend nieuws.

Dit is geen boek over de overgang, maar over dat waarnaar je overgaat. Het is geen gids met tips voor hoe je zo lang mogelijk fit, fris en fruitig blijft. Het gaat over oogsten in de fase van een vrouwenleven (want dit boek is – sorry mannen – in het bijzonder geschreven voor vrouwen en iedereen die zich zo identificeert) die ongeveer bij je veertigste begint. Het gaat ook al niet over het najagen van de beste versie van jezelf. Het gaat over de échte versie van jezelf. Het gaat over de kracht en de wijsheid van de vrouw en wat dit voor de wereld kan betekenen. Het gaat over 'heilige woede', seksualiteit, patriarchale mindfucks, de vrouwelijke band met de natuur en het mystieke.

Lees dit boek langzaam, zou ik je willen vragen, zodat de diepere lagen ervan zich aan je kunnen tonen. Onderstreep, schrijf dingen in de kantlijn, wuif lachend weg wat je niet bevalt, maak ezelsoren, herlees zinnen die rechtstreeks tot jou lijken te spreken en leef er een tijdje mee. Beschouw het als een metgezel op je eigen reis.

De tweede helft van je leven kan er een zijn van vreugde, vervulling, vuur en verdieping, als je de vruchten die geplukt kunnen worden niet verwerpt in een poging zo lang mogelijk bloesem te dragen.

Het woord 'overgang' mag dan lang met schaamte beladen zijn geweest, maar wat is het eigenlijk een mooi woord: overgang. Transitie. Wending. Passage. Je mag van het een naar het ander veranderen. Als het hoogste goed rond de (peri)menopauze eruit bestaat gewoon door te gaan zoals je deed en eruit te zien zoals je eruitzag, dan mis je het hele punt. Je gaat zo voorbij aan de transformatie die jou ergens ánders naartoe wil leiden, naar een hoedanigheid waarin je meer dan ooit jezelf bent, loslaat wat niet meer voor je werkt en misschien wel nooit voor je gewerkt heeft en de wereld brengt wat je ten diepste te bieden hebt. Dit boek nodigt je uit om uit te groeien tot een formidabele vrouw met zelfkennis, intuïtie, humor, sensualiteit, eigenwaarde, een steekhoudende visie op de samenleving en een persoonlijke band met de natuur en het onzichtbare – een krachtige persoon om rekening mee te houden.

Op de drempel van de tweede helft zie je dat veel vrouwen ophouden zichzelf op te offeren en weg te cijferen, plooibaar en bescheiden te zijn en door iedereen aardig gevonden te willen worden. Ze worden hoekiger, uitgesprokener, installeren een uitstekend werkende onzinfilter en lijken eindelijk samen te vallen met zichzelf. Een deel daarvan heeft te maken met veranderende hormonen – de natuur helpt je – en een ander deel met de jaren die achter je liggen en die jou iets hebben geleerd.

Rond je veertigste, vijftigste, zestigste is het dus geen zaak om je leven te houden zoals het is en jezelf zoals je was – in een soort poging tot stilstand, tegen de stroom van het leven in – maar om in een volgend hoofdstuk te stappen en een nieuw, grandioos avontuur te beleven. Het is vooruitgang.

De samenleving is helaas nog niet zover, al is er wel iets aan het veranderen. We leven in een cultuur waarin jonger nog steeds vaak als positief en ouder als negatief wordt gezien, als #dorhout dat de maatschappij belast. Er bestaat stuitend veel *ageism*, waarbij veertigplussers systematisch op een stereotiepe en negatieve manier worden geportretteerd, vaak juist door mensen die zichzelf als bijzonder inclusief beschouwen en de doodstraf zetten op generalisaties.

De vraag aan een vrouw *d'un certain âge*, zoals de Fransen het discreet noemen, hoe oud ze is, wordt onbehoorlijk geacht, alsof het een smerig geheimpje is. Er wordt gedacht dat je op zekere leeftijd gerustgesteld wilt worden met zinnen als 'je ziet er jonger uit dan je bent' of 'je bent nog wél jong van geest'. Ik wíl helemaal geen jonge geest hebben, denk ik dan, want ik koester mijn zwaarbevochten inzichten, *thank you very much*. 'Jong van geest' klinkt voor mij als: je bent zo leuk dat we bereid zijn je verschrikkelijke leeftijd te vergeten.

De moderne westerse cultuur heeft een obsessie met jong en jeugdige schoonheid, zeker bij vrouwen. Als je dat eenmaal ziet, zie je het overal. Als je het mij vraagt, komt dat doordat in een patriarchaat volwassen vrouwelijke kracht als een grotere bedreiging wordt gezien dan meisjeskracht. Het onthult een angst die diepgeworteld is en eeuwenlang tot uiting kwam in mythische karikaturen van de oudere vrouw als duivelsaanbidder, weerzinwekkende feeks en kinderen etende sprookjesheks. Ook vandaag de dag is het woord 'heks' bij vrouwen van middelbare leeftijd nooit ver weg, net als beschimpende en spottende opmerkingen over haar uiterlijk. De volwassen vrouwelijke kracht, die even wijs als onverschrokken is, wordt vaak als lastig, excentriek of zuur neergezet en daarmee onschadelijk gemaakt. Je zou als vrouw bijna gaan denken dat er iets fundamenteel mis is met ouder worden en een toontje lager gaan zingen – wat precies de bedoeling van de hetze is.

In 2003 ging ik, als bijna dertigjarige, op zoek naar vrouwelijke rolmodellen van boven de vijftig om mezelf en andere jonge vrouwen te laten zien tot welke magnifieke wezens we zouden kunnen uitgroeien. In de tijdschriften waarvoor ik toen schreef, kreeg ik mijn interviewkandidaten er niet doorheen. 'Sorry, ze is niet fotogeniek genoeg en te oud voor de lezers,' kreeg ik van de redactie te horen. Dus schreef ik er een boek over, *Wijze vrouwen*, waarin ik ontmoetingen beschreef met vrouwen als Jane Goodall, Isabel Allende, Shirley MacLaine, majoor Bosshardt en Irene van Lippe-Biesterfeld, die hun levenslessen met me deelden. Oneindig veel interessanter dan de 'net van de toneelschool'-geïnterviewden die bevraagd werden, vond ik.

'*Listen. To. Older. Women. Motherfuckers*,' zei *Seinfeld*-actrice Julia Louis-Dreyfus traag en nadrukkelijk bij wijze van dankwoord toen ze in 2023 een prijs voor haar podcast 'Wiser than me' in ontvangst nam. Dat had toen mijn tekst kunnen zijn.

Twintig jaar later is er wel wat ten goede veranderd, maar we zijn er nog lang niet. Voor *Wijze vrouwen* sprak ik Isabella Rossellini over haar ontslag bij Lancôme omdat ze te oud werd bevonden. Zij stond in december 2023 in close-up, zonder fotoshop en met de tijd zichtbaar in haar gezicht, op de cover van de Franse *Elle*, maar daaronder stond wel in koeienletters '*Aimer ses rides*', want we zijn nog niet zover dat rimpels niet expliciet benoemd hoeven te worden. In hetzelfde jaar fotografeerde zowel de Britse als de Amerikaanse *Vogue* de supermodellen van vijfendertig jaar geleden, Cindy Crawford, Christy Turlington, Naomi Campbell en Linda Evangelista, voor hun covers, maar ze werden vervolgens – zoals journaliste Ilonka Leenheer in *FD Persoonlijk* schreef – 'zo kapot gefotoshopt dat de vier vijftigers er als rare plastic poppen uitzagen. In plaats van hun leeftijd te vieren, wat neem ik aan de bedoeling was, voedde het de vooroordelen over ouder worden en de onzekerheid die vrouwen aangepraat wordt.'

De verschuiving moet van onszelf komen – en zál van ons komen, let maar op. Er zijn steeds meer vrouwen op leeftijd die zich niet laten wegstoppen of stilhouden en die de vloer aanvegen met 'dat hoor je op jouw leeftijd niet meer te doen' en 'kleed je naar je leeftijd'. Zij zijn voorlopers van het revolutionaire en tegelijk aloude idee: je verlíést geen kracht en waarde naarmate je ouder wordt, je verwérft deze juist. Ze schuiven de aansporing om 'waardig' of 'elegant' te verouderen grinnikend opzij en wensen ouder te worden met een gezonde baldadigheid, onbeschaamdheid en levenslust. Er is niets mevrouwerigs aan hen te bespeuren. Toen een journaliste van *The New York Times* Madonna op haar zestigste verjaardag, rond de tijd dat ze bezig was met een grote wereldtournee, vroeg wanneer ze ophield, zei ze: 'Het is alsof ik een misdrijf pleeg door op te treden. Ik denk dat jij te veel nadenkt over ouder worden. Leef gewoon je leven, laat je niet beïnvloeden door wat er zoal wordt gedacht over wat je wel en niet meer zou mogen doen.'

Ik weet niet hoe het met jou zit, maar ik heb zo langzamerhand wel genoeg 'veelbelovendst onder de dertig'- of 'twintig onder de twintig'-lijstjes onder ogen gekregen. Ik zou weleens een lijst van veelbelovende oudere mensen willen zien: een zeventigjarige die haar romandebuut heeft geschreven, een vers gescheiden vijftiger die een bedrijf is begonnen, een zestigjarige wetenschapper die iets op het spoor is. Geef me gebutste, open harten, getekende handen, ogen die veel gezien hebben. Geef me zestig boven de zestig.

Het idee 'hoe ouder je wordt, hoe minder je ertoe doet' of 'hoe ouder je wordt, hoe minder interessant je leven is', is niet van alle tijden. In vroegere mythen en folklore uit de hele wereld stond het archetype van de oude, wijze vrouw centraal: zij schiep de wereld, hoedde en beschermde het land, besloot over levens. Voor veel stammen in Noord-Amerika was dat Grootmoeder

Spin, in Zuid-Amerika de *World Mother*, in Slavische landen Baba Yaga en in Schotland en Ierland Cailleach, de *Old Woman*. In onze eigen traditie, rond het gebied dat we nu Nederland noemen, was het Vrouw Holle. Ja, precies, die oude vrouw die het laat sneeuwen door met haar kussen te schudden.

In lijn daarmee had de oudere vrouw in prepatriarchale tijden een belangrijke status en positie in de gemeenschap. Haar stem telde het zwaarst bij beslissingen die iedereen aangingen, haar werd gevraagd raad te geven, onenigheden te beslechten, als rechter op te treden, te communiceren met het goddelijke en rituelen te leiden.

Ten tijde van de Oude Religie, zoals ik de voorchristelijke natuurreligie van Europa graag noem, onderscheidde men drie fases in een vrouwenleven: de Maagd als premenstruele dochter, de Moeder als vruchtbare kracht en de Crone als postmenstruele, wijze vrouw. In de Maagdfase krijgen vrouwen gelegenheid om te onderzoeken en te experimenteren. Zij zijn niet altijd letterlijk maagd in de zin dat ze geen seksleven hebben, maar ze zijn jong, ongebonden en kinderloos. De Moederfase staat in het teken van scheppen, of dat nu in creatieve, beroepsmatige of voortplantende zin is. De fase van de Crone omvat introspectie en het doorgeven van wijsheid voor de hele gemeenschap.

In de perimenopauze, die meestal na je veertigste begint, verwissel je geleidelijk de Moederfase (die dus zeker niet alleen staat voor kinderen krijgen) voor de fase van de Crone, de postmenstruele wijze vrouw. Je schudt en kronkelt om je oude slangenhuid af te leggen en er begint al een nieuwe aan te groeien. Er moeten dingen worden achtergelaten om deze nieuwe levensfase binnen te kunnen gaan: plooibaarheid misschien. Behaagzucht. Vruchtbaarheid. Jeugdige schoonheid. En je mag andere dingen verwelkomen, zoals nog verdomd weinig pikken van verdomd weinig mensen, en je verzoenen met jezelf. Wat een bevrijding.

Het woord Crone wordt in het moderne Engels nog steeds

gebruikt, maar dan meestal geringschattend in de betekenis van 'oud besje' of 'lelijke, knorrige oude vrouw'. Crone komt waarschijnlijk van *crown*: kroon, een krans als teken van eer of roem. De postmenopauzale vrouw was 'de gekroonde', degene die door haar levenservaring een overdrachtelijke kroon van wijsheid bezat. 'Iemand een kroon opzetten' is een oude Nederlandse zegswijze voor 'iemand de hoogste eer bewijzen'. Het Britse woord *hag*, ooit een eerbiedige aanspreektitel voor gerespecteerde oudere vrouwen, heeft eenzelfde lot ondergaan. Het komt van het Griekse *hagia* dat 'heilig' betekent. Inmiddels betekent het 'oud wijf', 'oude heks' of 'toverkol'. Wat iets was om na te streven, werd iets om te vermijden. En we zijn er allemaal in getrapt.

Om anders te kijken naar ouder worden moeten we het verhaal dat we onszelf (laten) vertellen veranderen. We moeten het verhaal vervangen door een nieuw verhaal, waarin ouder worden wordt gezien als een proces waarbij iets te winnen valt en waarbij je, zoals bij alles in het leven, ook iets achter te laten hebt – mooie dingen die je zult missen en minder mooie dingen die jou altijd hebben belemmerd. Het is een verhaal waarin je kunt uitgroeien tot iemand die kiest voor wat haar ten diepste vervult, schaamteloos zichzelf is en zo het een en ander te zeggen heeft.

Voor mij is vijftig het nieuwe vijftig.

De tweede levenshelft begint ongeveer bij je veertigste, als je als *queenager*, zoals de Amerikanen dat noemen, de eerste stappen zet om uit te groeien tot een Crone. In het reine komen met ouder worden betekent niet accepteren dat alles minder wordt. Ben je gek, waarschijnlijk komen je beste jaren er nog aan! Mensen doen verschillende dingen in verschillende levensfases, Oprah leerde ons al dat vrouwen 'wel alles kunnen, maar niet alles tegelijkertijd'.

In de tweede levenshelft kun je je grote liefde tegenkomen of juist voor het eerst in je leven single zijn en ontdekken hoe heerlijk en vrij dat is. Je kunt, in welke verhouding dan ook, de beste seks van je leven hebben. Je kunt je eindelijk onbehouwen op je (betaalde of onbetaalde) werk storten, omdat eventuele kinderen minder zorg vragen, of je kunt juist merken dat ambitie je niet meer vervult en losser komen te staan van je baan. Opvallend veel vrouwen pieken na hun vijftigste. Niet alleen in hun carrière (de *Forbes*-lijst van meest invloedrijke vrouwen in de politiek en het bedrijfsleven bestond in 2023 voor 80 procent uit vrouwen boven de vijftig), maar vooral in de manier waarop ze radicaal van zichzelf hebben leren houden en hun leven al even revolutionair zijn gaan inrichten volgens hun eigen wensen en behoeften, niet volgens die van anderen.

Je kunt meer momenten van ontzag gaan ervaren voor de natuur en de fantastische, mysterieuze complexheid van het bestaan. Je kunt haast en schroom afleggen, je bewuster worden van de boodschappen van je lichaam en je zintuigen en de tijd nemen om je binnenwereld te verkennen en innerlijk werk te verrichten. Als je dat doet, zul je in het leven getrokken worden en een diepere vreugde en verbondenheid met de levende natuur ervaren dan ooit tevoren. Je zult door ego gedreven selfcare-spiritualiteit en manifesteerzucht heen prikken, de sluier tussen de tastbare en de ontastbare wereld oplichten en je gaan openstellen voor het mystieke.

Je kunt, met andere woorden, opbloeien als de wereld verwacht dat je verwelkt.

Een mens kan zich tot op hoge leeftijd ontwikkelen. Wie het leven lineair beschouwt, als een rechte lijn van geboorte, groei, verval en dood, heeft geen oog voor de cyclische aard van al wat leeft, voor het principe van *viriditas* ofwel groenheid, vitaliteit, regeneratie, waarover de mystica Hildegard von Bingen schreef. Ontwikkeling is een spiraalvormig proces, waarin afwisselend groei, bloei, verval, dood en geboorte optreden. Er is een voortdurende opschoning en vernieuwing. De vrouwen die ouder zijn dan ik en die mij tot voorbeeld zijn, zie ik steeds nieuwe inzichten krijgen, oude dingen afleren en onvermoede kwaliteiten in zichzelf aanboren. Ze laten oordelen van anderen waar ze horen – bij de ander – en pakken het leven bij de kladden.

Het is tijd, lieve lezeres, om alle onzin, alle vergoelijkende en veroordelende verhaaltjes die je jezelf vertelt, alle sleetse overlevingsmechanismen en oude angsten, betekenisloze beleefdheden en holle glimlachjes te laten vallen. Het is tijd om je in volle omvang op te richten en niets meer achter te houden. Je bent potverdorie halverwege, voor je het weet is je leven voorbij. Dus hup een beetje. Houd nergens angstvallig aan vast, maar ga voort naar nieuwe avonturen.

De wereld heeft je nodig.

1 – Keep young and beautiful

'Vond je het moeilijk om vijftig te worden?' hoorde ik iemand aan vriendin A. vragen.

We wisselden een blik van verstandhouding. A. lijdt aan een zeldzame progressieve longziekte. Toen ze de diagnose rond haar dertigste kreeg en met me deelde, konden de artsen moeilijk een levensverwachting noemen: het kon vijf jaar maar ook twintig jaar of meer zijn. Ze bleek een van de meest hoopgevende patiënten te zijn en leidt nog steeds een druk leven, met een gezin, een baan als docent en vrijwilligerswerk. Het is niet vanzelfsprekend dat ze de vijftig heeft gehaald.

In haar oren was het een absurde vraag, al zou ze dat nooit laten merken.

Eigenlijk is het in alle gevallen een absurde vraag. Je informeert in feite of een vrouw ervan baalt dat ze nog steeds in leven is.

Ze ademde diep in en uit en glimlachte.

☙

Ken je dat liedje, ironisch gezongen door Annie Lennox? *'Keep young and beautiful, it's your duty to be beautiful. Keep young and beautiful if you want to be loved.'* Als mijn vriendin, schrijfster Marion Pauw, en ik het over nieuw ontdekte rimpels en slappe plekjes hebben, begint ze dat op zeker moment te zingen. We moeten altijd om het liedje lachen en door erom te lachen, lachen we om onszelf en de pogingen die we doen om, tegen beter weten in, de natuur te verslaan. Het lied zat in een jarendertigfilm en werd op de eerste vrouwenprotestmars in Londen in 1971 gespeeld op een grammofoon die in een buggy werd meegereden. De tekst ervan klinkt vandaag de dag idioot, maar de focus op er zo lang mogelijk jong uitzien is er nog steeds niet minder op geworden, getuige de topwinsten in de antirimpelindustrie.

Op Instagram staat de kreet THIS IS FIFTY! meestal onder een foto van een vrouw met een strakgetrokken gezicht en dito lichaam in bikini of jurk, al dan niet bewerkt met filters. Doorgaans staat ze erbij met triomfantelijk geheven armen, in een tadá-houding die zeggen wil: beweer maar wat je wilt over de middelbare leeftijd, maar op míj is het niet van toepassing. Terwijl: je laten voorstaan op hoe jong je er voor je leeftijd uitziet, is niet rebels of cool, het is juist vrij traditioneel.

Het is je goed recht om te kiezen voor ingrepen of elke dag in de gewichten te hangen, en dat zegt wat mij betreft niets over je intelligentie, emancipatiegraad of spirituele ontwikkeling. Waardig ouder worden kun je doen zoals de prachtige Jamie Lee Curtis of Monic Hendrickx dat doet, maar ook zoals de geweldige Jane Fonda dat, niet minder eervol, doet. Wel is het wijs om je beweegredenen voor ingrepen te onderzoeken: worden die van buitenaf door de maatschappij gedicteerd of komen die van binnenuit? Want de 'waardigheid' in 'waardig ouder worden' betekent, volgens de definitie van de Duitse filosoof Immanuel Kant, handelen vanuit een innerlijke wetgeving. Zelf heb ik besloten om geen hete stempels meer te laten zetten op mijn arme gezicht, maar voorlopig nog wel dat ene halfjaarlijkse prikje tegen de fronsrimpel.

De euforie van de THIS IS FIFTY!-vrouw en de bewondering voor bekende vrouwen van middelbare leeftijd die de natuur te slim af zijn en er als een jong meisje uitzien, zoals Jennifer Lopez, zijn tekenend voor de obsessie die de maatschappij heeft met jeugdige schoonheid. Die vrouwen hebben een overwinning behaald op iets slechts waar we allemaal bang voor zouden moeten zijn. Zij laten zien dat het wél mogelijk is om fysiek jong te blijven ogen en dat je gewoon te weinig sport, dieet of je huid verzorgt als dat niet lukt.

Ik was eenendertig toen ik in 2005 in het eerste seizoen van de talkshow *De Wereld Draait Door* af en toe als tafeldame aanschoof. Op een avond was cosmetisch arts Robert Schoemacher te gast. Op zeker moment stelde presentator Matthijs van Nieuwkerk hem de vraag wat hij bijvoorbeeld bij mij 'nodig vond om te doen'. De twee heren bestudeerden mijn gezicht, net als de rest van Nederland, op zoek naar hangend vel en rimpeltjes en ik was zo met stomheid geslagen dat ik niets zei. Waarschijnlijk glimlachte ik er ook nog dommig bij. Goddank koos de cosmetisch arts ervoor om de vraag onbeantwoord te laten, ging hun gesprek verder en kon ik weer ademhalen.

De eerst gerapporteerde facelift werd in 1901 in Berlijn uitgevoerd op verzoek van een Poolse aristocrate die haar wangen en mondhoeken omhoog wilde hebben, maar pas in de jaren zestig en zeventig kwamen er meer vrouwen, vooral beroemdheden, die een facelift namen. Terwijl dat eerst beschamend en zelfs ziekelijk werd gevonden, is het in glossy's inmiddels niet meer de vraag óf en wát je laat doen, maar wanneer je ermee zou moeten beginnen: als twintiger, dertiger of veertiger? Naomi Wolf schreef in *The beauty myth* (1991): 'Nieuwe mogelijkheden worden nieuwe verplichtingen. Het is een kleine stap van "alles kan gedaan worden voor schoonheid" naar "alles móét gedaan worden".'

Dat er iets schuurt, en dat we dat allemaal eigenlijk wel weten, blijkt uit de steun en aanmoediging die iemand als Pamela Anderson krijgt door als vijftiger zonder gezichtsingrepen en make-up op rode lopers te verschijnen. Ze wordt 'moedig' genoemd, maar met die kwalificatie kan ze niets. Voor haar is het een bevrijding om zich te tonen zoals ze is. Over de eerste keer dat ze make-uploos bij een Parijse modeshow verscheen, zegt ze: 'Het was niet bedoeld als statement, maar ik keek in de spiegel en zei: "Je bent bijna zestig, dit is goed genoeg, geniet gewoon van Parijs en speel het spel niet mee."' Kijk, dát is rebels en cool.

Pamela is de positieve uitzondering, want doorgaans kunnen beroemde vrouwen die zichtbaar ouder worden rekenen op beschimping en afkeuring, wat een luide boodschap naar alle vrouwen is – jonger, ouder, bekend en onbekend. Een tijdje geleden plaatste een man op x een oude foto van een tienerster naast een snapshot van haar zoals ze er nu uitziet, met grijze lokken en rimpels. 'Huh?' stond erbij en de reacties eronder waren honend. Ik besloot te reageren. 'Mag een vrouw zichtbaar ouder worden of hengel je naar bespotting en afkeuring?' Nee, dat was niet zo natuurlijk, hij was alleen maar verbaasd, uiteraard. Maar de reacties met 'opgedroogde pruim' hielden daarna wel op.

Het blijft onverteerbaar dat elke willekeurige eikel met een kale kop, viezige snor en dikke buik in een vormeloze spijkerbroek het zich denkt te kunnen permitteren toespelingen te maken op het uiterlijk van meisjes en vrouwen en afkeuring te uiten als hij ze niet sexy genoeg vindt. Kijk naar een talkshow als *VI* en je weet: hij kán het zich permitteren. Om het simpele feit dat hij een man is.

Zeggen dat je een boek schrijft over bloeien in de tweede helft van je leven en het eerste hoofdstuk wijden aan het tanende uiterlijk lijkt misschien tegenstrijdig, maar het moet toch als eerste besproken en uit de weg geruimd worden voor we verder kunnen. Bij vrouwen onderling gaat een gesprek over ouder worden ook meestal eerst over hoe we ons verhouden tot de buitenkant, waarna andere en interessantere aspecten aan bod komen. Maatschappelijk commentaar op een oudere vrouw is bovendien doorgaans gericht op haar uiterlijk, het is de stok om haar mee te slaan en te diskwalificeren, alsof een vrouw kan bederven als melk.

De maatschappij is veel toegeeflijker voor ouder wordende mannen in het publieke domein, die nauwelijks worden aangesproken op hun rimpels, terugtrekkende haargrens en buik. Die dingen komen meestal niet ter sprake als het over hen gaat. Bij knappe mannen in de entertainmentindustrie lijkt zichtbaar ouder worden ook al geen bezwaar voor hun aantrekkelijkheid en begeerlijkheid. Acteur Patrick Dempsey (vooral bekend als McDreamy uit *Grey's Anatomy*) werd in 2023 op zijn zevenenvijftigste benoemd als 'Sexiest Man Alive' in *People Magazine.*

Susan Sontag schreef in 1972 over 'de dubbele moraal van ouder worden' in een gelijknamig essay over mannen, vrouwen en lichamelijk verval. 'Ouder worden is veel meer een sociaal oordeel dan een biologisch gebeuren,' schrijft ze. 'Vrouwen hebben niet zomaar een gezicht, zoals mannen, ze worden vereenzelvigd met hun gezicht. (...) Fysiek aantrekkelijk zijn is veel belangrijker in het leven van een vrouw dan in dat van de man, maar omdat schoonheid bij vrouwen gelijkgesteld wordt aan jeugdigheid, is die niet goed bestand tegen veroudering.'

De normen voor wat aantrekkelijk is bij een man komen overeen met wat mogelijk of natuurlijk is bij hun leeftijd; die voor vrouwen gaan tegen de natuur in en vereisen inspanning en aanpassing. Oudere vrouwen met een publieke functie, zoals politici en zakenvrouwen, worden streng beoordeeld op hun uiterlijk en of dat, met de jaren, nog wel door de beugel kan. Over nieuwslezeres Henny Stoel werd toen ze vijfenvijftig was door een columnist geschreven dat ze 'vreselijk aan het aftakelen is. Net alsof je aan het ziekbed van een oude tante zit die met verkeerde kleurspoelingen en uitbundig gebruik van de poederdoos koortsachtig maar vergeefs probeert binnen de grenzen van het betamelijke te blijven.' In haar talkshow nodigde

Sophie Hilbrand *the real housewives of Amsterdam* Tamara Elbaz en Maria Tailor uit omdat de eerstgenoemde openlijk kritiek had geuit op Sophies natuurlijk verouderende gezicht: 'Alsof ze twintig jaar geleden is gestorven en aan het ontbinden is.' Aan tafel verklaarde Elbaz rimpels er 'niet verzorgd' te vinden uitzien. Ik viel van mijn stoel. Een trui met vlekken is niet verzorgd, maar in de ogen van sommigen geldt dat kennelijk ook voor rimpels – als het om vrouwen gaat dan, want Sophies collega Jeroen Pauw mag gewoon zijn eigen gezicht houden. Als vrouw in het openbare leven ouder worden, laat staan op televisie, is onbetamelijk en slonzig, een schaamtevolle ziekte die je liefst binnenshuis dient te dragen tot je echt doodgaat.

Het is zelfs de vraag of oudere vrouwen wel vrouwen zijn. Regisseur Johan Nijenhuis zei in 2023 dat je het vervolg van *Gooische vrouwen* beter 'Gooise oma's' kon noemen. Want vrouwen boven de vijftig kun je geen vrouwen meer noemen? Nog los van het feit dat niet elke vrouw in haar leven een grootmoeder wordt.

Nijenhuis' opmerking is meer een slip of the tongue dan een standpunt dat je vandaag de dag nog zou durven uitdragen. In 1966 kon dat nog wel gewoon. Toen verscheen het boek *Feminine Forever*, waarin de arts Robert A. Wilson stelt dat vrouwen na hun menopauze 'het equivalent van een eunuch' worden: een man bij wie na de puberteit de geslachtsklieren niet functioneren en er dus geen testosteron wordt aangemaakt. Vrouwen die de vijftig naderen, ervaren 'de dood van hun eigen vrouw-zijn tijdens wat hun beste jaren zouden moeten zijn'. Iets later, in 1969, schreef psychiater David R. Reuben in de besteller *Everything you always wanted to know about sex but were afraid to ask*: 'De postmenopauzale vrouw komt zo dichtbij als het maar kan bij het zijn van een man.' Ze is 'niet echt een man, maar niet langer een functionerende vrouw'.

Wat zijn die noodzakelijke functies die zijn weggevallen dan wel? Vruchtbaar zijn, kinderen baren en zogen – en misschien ook wel seksueel aantrekkelijk zijn voor mannen. Als je dat wegneemt, blijft er in de visie van de vroege jaren zeventig geen vrouwelijkheid meer over.

Ook jonge vrouwen kunnen last hebben van geïnternaliseerde 'oudevrouwenhaat', die onbewust is gevoed door de mannelijke blik die in de samenleving tot norm is verheven. Het is een naar buiten gerichte energie van hun eigen angst om ouder te worden, met alle spookbeelden die daarbij horen. En ze worden erin bevestigd, want als je bewijzen zoekt dat je uiteindelijk overbodig wordt, zul je ze vinden.

In elke jonge vrouw zit de kiem van een oudere vrouw. Als ons geleerd wordt haar te vrezen, wordt ons geleerd ons toekomstige zelf te vrezen.

In *Women don't owe you pretty* schrijft de Britse feministe Florence Given op haar tweeëntwintigste: 'Als je een oudere vrouw met een strakke jurk aan in de club ziet en je eerste gedachte is: "*Bloody hell!* Daar is ze te oud voor!" Draai het eens om en zeg in plaats daarvan: "Wauw, ondanks *ageism* en het seksistische idee dat vrouwen na een bepaalde leeftijd niet meer met hun lichaam mogen pronken, besloot deze vrouw er toch voor te gaan! Wat een f*cking legende."'

Oudere vrouwen kunnen de angst van jongere vrouwen om zelf ouder te worden wegnemen door te laten zien dat er niet zoveel is om te vrezen. De Amerikaanse zangeres Pink schrijft in 2023 op x onder een misprijzende reactie dat ze oud wordt: 'Ja, ik word ouder. Hoewel ik me niet oud voel en nog steeds een gympakje mag dragen naar mijn werk, is ouder worden eigenlijk het eerste waar ik elke dag dankbaar voor ben. Wat een zegen om een leven te hebben, om al die jaren te hebben, om zo sterk te zijn, en blijkbaar in staat te zijn om volslagen vreemden tot razernij te brengen alleen maar door te bestaan. Heerlijk.'

Het ophemelen van jeugdige schoonheid en vruchtbaarheid is politiek. Het is een efficiënt patriarchaal middel om vrouwen klein te houden en vrouwenrechten te ondermijnen. Het dient, met de hulp van patriarchale religie, als ideologische grondslag om anticonceptie, het recht op abortus en bijdragen in de kinderopvang ter discussie te stellen. Het is een manier om vrouwen onderling uit elkaar te spelen (de jongere en de oudere) en tegelijkertijd oudere vrouwen de mond te snoeren en te weren uit het publieke domein. 'De afschuw van veroudering bij vrouwen is het sluitstuk van een hele reeks onderdrukkende structuren die vrouwen hun plaats wijzen,' schreef Sontag.

Er is nog niet veel veranderd, Florence Given zegt het haar vijftig jaar later na: 'De dingen die in ons brein geplant zijn, zorgen ervoor dat we in competitie met elkaar gaan, belemmeren onze ontwikkeling en het ontdekken van onze aangeboren, door god gegeven kracht – dat is het voornaamste doel van het patriarchaat.'

Bij het verschijnen van haar boek *Wie ben ik als niemand kijkt?* interviewde ik Liesbeth Woertman, emeritus hoogleraar psychologie, over de rol van schoonheid en identiteit bij vrouwen boven de veertig. 'Vrouwen bloeien minder dan mogelijk is door het waanzinnige schoonheidsideaal,' zei ze. 'Uiterlijk lijkt triviaal, maar dat is het niet. Jezelf meten met anderen doet je je ongelukkig en onzeker voelen. Het voelen van je lijf, onderzoeken wat je lichaam vertelt, de kennis die in je lichaam is opgeslagen worden niet of nauwelijks gebruikt zolang je jezelf blijft vergelijken met geïdealiseerde schoonheidsbeelden waar alleen een digitale vrouw aan kan voldoen.'

De vermeende waardevermindering hoeft niet eens meer hardop tegen ons gebruikt te worden, want we leiden het zelf wel af aan alle boodschappen uit de cultuur die zich in ons zelfbeeld hebben genesteld. De gemiddelde vrouw van vijfendertig heeft in haar leven minstens 150.000 advertenties gezien met rimpelloze vrouwen wier oneffenheden door de computer zijn weggewerkt. Daarbij realiseer ik me dat ik me als witte, heteroseksuele cisgender vrouw met een gemiddeld gewicht sowieso door reclame-uitingen minder buitengesloten heb hoeven voelen dan veel anderen en hoe bevoorrecht ik ben.

Zo rond haar vijfendertigste komt elke vrouw in de probleemzone, daarvan was ik me al vroeg bewust. Ik herinner me de Oil of Olaz-reclamespot uit de jaren tachtig, die ik gezien moet hebben toen ik een jaar of twaalf was. De vader wilde een foto maken van zijn vrouw met hun kind, zoomde in en liet toen gedesillusioneerd de camera zakken, want er was een – schrik niet – lachrimpel te zien. Daarna ging de vrouw schuldbewust met Oil of Olaz smeren, namen ze een foto zonder rimpels en was alles weer goed. Zichtbaar ouder worden mág dus niet, concludeerde ik al dan niet onbewust, dan verdien je geen liefde of plezier.

Inmiddels weet ik dat er vele soorten schoonheid zijn – en trouwens ook dat liefde gebaseerd op het uiterlijk geen liefde is. Er zit een scène in *Barbie* waarvoor regisseur Greta Gerwig na de eerste screening met de filmbazen en directie van Mattel moest vechten om hem in de film te houden. 'Als dit eruit gaat, weet ik niet meer waar de film over gaat,' zou ze gezegd hebben. Het gaat zo: Barbie zit op een bankje in de echte wereld en kijkt bewonderend opzij naar een bejaarde vrouw. '*You're so beautiful,*' zegt ze. De vrouw sputtert niet tegen, maar zegt glimlachend: '*I know.*' Barbie is niet verbaasd over haar reactie. Zij is in Barbieland nooit gehersenspoeld met het idee dat ouder worden lelijk of iets anders negatiefs zou zijn (al bestaan er, zo moeten we helaas ook vaststellen, nog geen oudere barbies, maar goed, daar kan Greta Gerwig ook niets aan doen).

Veel vrouwen stellen rond hun vijftigste verwonderd vast dat ze 'onzichtbaar' zijn geworden; dit wordt meestal opgevat als een klacht dat mannen niet meer kijken. Dat is volgens mij niet helemaal wat bedoeld wordt, maar het is er wel onderdeel van. Net zoals we in onze puberteit ineens merken dat we bekeken, gewogen en beoordeeld worden, zo merken we naarmate we ouder worden dat de mannelijke taxerende, begeerlijke blik steeds minder vaak op ons rust. Ik kan me nog herinneren dat er op straat een groepje jongemannen op me af kwam lopen en dat hun blikken, die ik onbewust had verwacht, straal langs me heen gingen. O ja, besefte ik gniffelend en beschaamd, ze zijn natuurlijk gewoon vijftien jaar jonger dan ik.

Bregje Hofstede (35), schrijfster, activist en medeoprichter van Stichting Nationaal Heksenmonument, zei eens lachend tegen me dat je als je je haren millimetert, nog veel eerder in je leven onzichtbaar bent als lustobject voor heteromannen. 'Het grappige is dat ik me tegelijk onzichtbaar én extra zichtbaar voel. Ik voel me sterk met dat kapsel, en dat valt op. Ik denk dat het me om die andere soort zichtbaarheid te doen was. Het afscheren van mijn krullen was, denk ik, onbewust een poging om serieuzer genomen te worden, om meer te worden gezien om wie ik ben en wat ik inhoudelijk te bieden heb – een poging tot het transparant maken van mijn uiterlijk, zodat mensen door de buitenkant heen naar de binnenkant zouden kijken. En zo'n transparantie is wat ik me, op hoopvolle dagen, voorstel bij ouderdom: dat die binnenkant steeds helderder door het dunner wordende vel heen schijnt. Bij oudere vrouwen die niet leven in een soort verbittering (waar is mijn jeugd?) of angst (stel dat ze ondanks de fillers zien dat ik toch echt vijftigplus ben?) meen ik zoiets te zien: ze stralen iets krachtigs uit wat ik ontzettend sexy vind.'

Het kan ronduit een opluchting zijn dat je niet langer een lustobject of een seksuele kandidaat bent zodra je je in het openbaar begeeft. Wat je niet zult missen, zijn het gesis, het opdringerig naast je gaan lopen, het geroep van termen die je met veel welwillendheid als nogal grof geformuleerde complimenten kunt beschouwen, meer bedoeld voor de andere jongens dan voor jou. Een bevrijding, absoluut. De Britse schrijfster Doris Lessing, die ik een halfjaar voor ze op achtentachtigjarige leeftijd de Nobelprijs voor de Literatuur won(!) interviewde, omschreef het zo: 'Als je je niet meer voortdurend tentoongesteld voelt, kun je beter observeren. Er valt je veel meer op.'

Door de blikken van anderen zijn we als meisje veranderd. We verinnerlijkten de blikken en werden minder vrij: we gingen anders bewegen, hoger ademen, naar onszelf kijken via de ander. Laatst fietste ik met mijn twaalfjarige dochter langs een groepje studenten toen er gelach opklonk. Ze vroeg geschrokken of ze om ons lachten. Het deed me verheugd beseffen dat het nooit meer in me opkomt dat er naar me gekeken of op me gelet kan worden. De jaren dat ik mijn buik inhield als ik langs een vol terras liep, liggen goddank achter me. 'Iedereen is vooral met zichzelf bezig,' zei ik tegen mijn dochter, 'en áls ze je al zien, is het een vluchtige blik. Niets om bij stil te staan.' Maar ik weet natuurlijk dat ze een jaar of twintig nodig zal hebben om andermans blikken hun plaats te wijzen en haar eigen lichaam niet meer te verlaten.

Als oudere vrouwen zeggen dat ze zich onzichtbaar voelen, gaat het dus deels over niet meer begeerd of versierd worden, maar het gaat natuurlijk vooral om iets fundamentelers. Het gaat over bestaansrecht, meedoen, als betekenisvol erkend worden. De Britse journalist en feminist Victoria Smith schrijft in haar boek *Hags* over mensen die er actief voor kiezen om oudere vrouwen niet te erkennen en waarderen. Ze schrijft dat ze merkt hoe de mannen van haar leeftijd de afgelopen vijf jaar (ze is nu vijftig) met jongere vrouwen spreken alsof ze leeftijdgenoten zijn en haar behandelen alsof ze niet bestaat. In een groepsgesprek wordt ze slechts getolereerd en er minimaal bij betrokken, alsof ze in een gesprek inbreekt dat niet voor haar bedoeld is. 'Dit actieve negeren is niet hetzelfde als het einde van objectiverende of seksualiserende blikken. Je bent nog steeds een object; je status is alleen veranderd van schilderij of beeldhouwwerk naar, zeg, een kapstok.'

Er is inderdaad een bepaald type man dat ik ervan verdenk aardiger tegen me te zijn geweest als ik jonger was geweest, wat natuurlijk lastig te bewijzen valt. Laatst stapte ik met Marion in een taxi en de chauffeur was nogal nors. Hij ging niet in op mijn pogingen een praatje te maken. Toen ik daar, nadat we waren uitgestapt, tegen Marion iets over zei, zei ze dat hij gewoon het soort man was dat er geen enkel nut in ziet om aardig te zijn tegen twee oude wijven: 'Vroeger zou hij zich voor ons hebben uitgesloofd, deur openhouden en alles.' Ik denk dat het bij deze meneer klopte. '*Men grow cold as girls grow old and we all lose our charms in the end,'* zong Marilyn Monroe in 'Diamonds are a girl's best friend'.

Het fenomeen bestaat in elk geval. Als dertiger zat ik voor een tv-programma in de visagieruimte te praten met een man die regelmatig te gast was. 'Aardige vent is dat,' zei ik tegen de visagiste toen hij de ruimte had verlaten. 'Tegen mij zegt hij nooit iets,' zei ze, 'dat doet hij nooit tegen oudere vrouwen, ook niet oudere vrouwen die te gast zijn.' Het punt is: je kunt niet weten hoe een oudere vrouw behandeld wordt tot je er zelf een bent.

Mannen die vrouwen van middelbare leeftijd haten of overbodig vinden, vinden in wezen alle vrouwen overbodig. Ze maken alleen een tijdelijke uitzondering voor de jonge exemplaren die ze seksueel aantrekkelijk vinden, totdat ook deze een zekere leeftijdsgrens bereiken. Haat jegens oudere vrouwen is geen aparte tak van misogynie; het treft ons uiteindelijk allemaal.

Zelf merk ik dat ik, behalve voor jagende mannen die ik toch al nooit zo prettig vond, juist zichtbaarder en meer benaderbaar ben dan ooit. Mijn leeftijd stelt iedereen op zijn gemak. De kapster deelt haar datingavonturen met me, toeristen vragen me naar een goede lunchplek, de kassière biecht op dat ze geen beste dag heeft, oudere dames willen mijn mening in kleedkamers, vaders spuien hun opvoedingsproblemen. Veel leuker dan dat gesis.

En toch, ook nu we dit allemaal vastgesteld hebben, is het belangrijk om jezelf toe te staan te rouwen om je jeugdige schoonheid die verloren gaat. Dat is niet ijdel, oppervlakkig of niet-spiritueel. Je had het en je raakt het kwijt, dat is even slikken. Je hebt er een deel van je identiteit – de een wat meer dan de ander – aan ontleend en daar ontstaat een leegte die met andere dingen gevuld moet worden. Waarschijnlijk zijn dat zaken die je veel gelukkiger maken, maar dat moet je nog gaan ontdekken.

Van mijn zeventiende tot mijn zevenentwintigste deed ik modellenwerk, naast een bestaan als student Nederlands en later journalist. Gek genoeg kwam daardoor mijn zelfbeeld juist losser te staan van mijn uiterlijk. Want wat op de ene set met veel gezucht verbloemd moest worden, werd de volgende dag, op een andere set, juist bejubeld. Ik hoorde van een stylist, visagist of fotograaf elke keer weer iets nieuws en tegenstrijdigs over mijn uiterlijk. Mijn wenkbrauwen zaten te hoog; ik had prachtig gevormde wenkbrauwen. Mijn middel was te smal en mijn heupen waren te breed; ik had een geweldig zandloperfiguur. Mijn ogen gingen niet ver genoeg open en ik loenste; ik had een fotogenieke slaapkamerblik. Ik was te lang, want het mannelijke model met wie ik moest poseren moest op een kistje staan; ik was maar nét lang genoeg voor een jurk. Mijn haar was te dik, te fijn, te blond, niet blond genoeg, krulde lastig, was supermakkelijk te stylen. Naar de Parijse norm, die maat 34 vereist, was ik aan de dikke kant en in Duitsland was ik juist precies goed. En volgens het overgrote deel van mijn middelbare-schoolgenoten was ik helemaal niet knap genoeg om model te zijn. Ik leerde de paradoxale op- en aanmerkingen langs me heen te laten gaan.

En ik had, anders dan veel meisjes van mijn leeftijd, geen last van minderwaardigheidsgevoelens ten opzichte van fotomodellen in tijdschriften omdat ik wist hoe gewoontjes iedereen binnenkomt en hoeveel kunst- en vliegwerk ervoor nodig is om een mooi plaatje te schieten.

Bovendien wist ik dat ik iets heel anders ging doen met mijn leven dan voor menselijke kleerhanger spelen: ik ging de wereld van de letteren bestormen! In hotelkamers, modellenappartementen, op reis naar een klus of wachtend op een set was ik romans aan het lezen of aan het studeren voor een tentamen. Wat ik de wereld te bieden had, zo wist ik zeker, was niet op een foto te zien en had te maken met creativiteit en scheppingskracht.

Aan de andere kant kan ik me ook herinneren dat ik als jonge vrouw in stressvolle situaties houvast zocht bij mijn uiterlijk. Voorafgaand aan iets spannends ging ik me net zo lang opmaken en aankleden tot ik het gevoel had dat mijn buitenkant mijn onzekere binnenkant overstemde. Door de jaren heen viel er steeds minder onzekerheid te compenseren. Het oppoetsen van het exterieur zet ik inmiddels voor dat doel niet meer in, wat goed uitkomt nu ik het kwijtraak.

Want ja, ik raak het kwijt. Ik ben op de hybride leeftijd dat ik er in de ochtend uitzie als zestig, 's middags als vijftig en 's avonds (bij goed licht) als veertig. Er kan nog een hoop opgekalefaterd worden en dat doe ik soms ook, maar daar is steeds méér voor nodig. Ik zit in de fase van schattig tegensputteren: ik slaap op een satijnen kussensloop, neem collageenpoeder (uitzondering op een verder vegetarisch dieet), smeer SPF, doe oefeningen op mijn yogamatje, slik allerhande supplementen en leg bij de schoonheidsspecialiste regelmatig een klein fortuin neer voor onduidelijke behandelingen met licht en trillingen. Het heeft iets weg van het water in een vaas met niet al te frisse bloemen verversen, zodat ze nog even kunnen staan.

Met deze worsteling ga ik om zoals ik met alle worstelingen

in mijn leven omga: ik accepteer dat het een worsteling is, blaas er wat humor en relativering in en ga ervan uit dat het op een dag geen worsteling meer is. Over niet al te lange tijd heb ik definitief afscheid genomen van Lekker Wijf en ben ik tevreden aangekomen bij Leuk Oud Wijf. Ik mag van mezelf nog eventjes treuren om alle delen van mijn lichaam die zuidwaarts beginnen te wijzen en tegenstribbelen bij een leesbril, maar straks wil ik daar echt overheen zijn. Ik wil de verpakking heus nog leuk versieren als ik daar zin in heb, maar me vooral op de inhoud richten.

Mijn persoonlijke doorn in het oog: het buikje dat niet weg te krijgen is, ook al ga ik op dieet. In een bericht op social media schreef ik dat op dieet gaan op je vijfentwintigste geen taart betekent, op je vijfendertigste geen koolhydraten en op je vijfenveertigste niet kijken naar een appel; zelden kreeg ik meer instemmende reacties. Door de afname van vrouwelijke hormonen zet alles wat je eet meer aan en verzamelt het zich ineens rond je middel. Een troost: een buikje schijnt juist goed te zijn, want daar wordt het beetje oestrogeen opgeslagen dat je na je menopauze nog bij je mag houden. Verder zijn daar de lijnen naast mijn mond naar mijn kin die tot mijn afgrijzen 'buikspreekpoplijnen' schijnen te heten, de steeds meer hangende oogleden en billen die de zwaartekracht niet meer wensen te trotseren. Zo, kun je daarop letten als je me eens ziet.

Ik beschouw mijn inspanningen maar als onderhoud dat, net als van het lieve, oude pand waarin ik woon, steeds intensiever wordt. Ondertussen zie ik in de spiegel het onvermijdelijke gebeuren, waar ik ook niet van wakker kan liggen. Het is oké. Ik smeer het velletje elke dag niet bestraffend, maar liefdevol in. Als het om huidverzorging gaat, geloof ik in de kracht van planten, kruiden en bloemen; ik gebruik al jaren de complete lijn van het biologische merk Abloom. Zij gebruiken een term die ik sympathiek en realistisch vind: *slow ageing*. Want ageing is een feit en anti-ageing is propaganda. Je kunt ook niet het bos in lopen en verklaren dat je gaat zorgen voor 'anti-seizoenen'. Het zal herfst worden, of jij dat nu wilt of niet. Maar het proces voor het oog een beetje vertragen en je huid gezond houden is wel mogelijk.

Er is niets mis met je gezicht als het veroudert. Er hoeft niets 'gefixt' te worden. Het is niet onverzorgd of een teken dat je 'je hebt laten gaan' als de lijnen van het leven in je huid staan. Het is, dat zouden we bijna vergeten, een volkomen natuurlijk en gezond gevolg van decennialang lachen, huilen, denken, zingen, praten, juichen en treuren. Van in leven zijn.

Wat is er uiteindelijk zo erg aan zichtbaar ouder worden? Ons zelfvertrouwen hangt, zeker naarmate we ouder worden en beter weten wie we zijn, niet af van (mannelijke) vleierij. Ik geloof ook niet dat het probleem erin is dat we onszelf met andere, jongere vrouwen vergelijken, zoals de boze stiefmoeder in Sneeuwwitje doet als ze in de spiegel kijkt en de vraag stelt: 'Wie is de mooiste van het land?' Mijn theorie: je vergelijkt je eigen gezicht niet met andermans gezicht, maar met dat van jezelf toen je jonger was. Je moet aldoor wennen aan je oudere gezicht en lichaam, omdat je jezelf ook als jongere en strakkere versie kent. Bij andere oudere vrouwen zie je gewoon hoe mooi ze zijn op dit moment en op hun eigen manier. Het is de kunst om jezelf ook zo te leren bekijken, zonder je spiegelbeeld te vergelijken met je uiterlijk van jaren geleden. Verder is er niet zoveel aan de hand.

De Britse dichter en schrijfster Hollie McNish zei treffend: 'Als heteroseksuele vrouw zullen mannen die alleen op vrouwen onder de vijfentwintig vallen op een gegeven moment niet meer op je vallen. Dat is letterlijk het enige wat je verliest. En dat is waar de hele anti-ageing-industrie-obsessie op is gebaseerd. Op die kerels.'

Wat helpt na je veertigste om in het reine te komen met je veranderende voorkomen? Eerdergenoemde Liesbeth Woertman geeft tips die zijn gebaseerd op haar onderzoek naar lichaamsbeelden aan de Universiteit van Utrecht: 'Kijk niet zo vaak in spiegels, camera's en etalageruiten om jezelf te controleren en kijk niet naar gemanipuleerde beelden van vrouwengezichten en -lichamen online. Waardeer je lichaam om wat het doet en kan. Verbreed je idee over wat lichamelijke schoonheid is. Omring je met mensen die je waarderen om wie je bent. Zorg goed voor je lichaam.'

Je kunt er op elke leeftijd aantrekkelijk uitzien. Elke levensfase kent een specifieke schoonheid, net zoals in de natuur elk seizoen op zijn eigen manier prachtig is. Wie het compliment 'je ziet er goed uit... voor je leeftijd' uitdeelt, kan volstaan met 'je ziet er goed uit'. Een mens kan er tenslotte op honderd manieren goed uitzien: voller, slanker, mager en dik, met een kleurtje, een bleke huid of zwart, klein, van gemiddelde lengte of lang en als puber, volwassen of oude vrouw. Je merkt al: ik benoem de dingen gewoon zoals ze zijn en niet met modieuze, verbloemende termen, alsof er iets mis mee zou zijn. Ik zie 'dik', 'mager' en 'oud' als neutrale, beschrijvende woorden, niet als beledigende termen, want dat zou betekenen dat er iets schaamtevols en lelijks aan kleeft.

Het gaat om zijn waar je bent, precies op het moment van je leven waarop je je bevindt, en door niemand laten invullen wat er bij die leeftijd hoort. Om het eigenaarschap over je eigen gezicht en lichaam terugnemen. Om een lichaam hébben en geen lichaam zíjn. Vrouwen bewegen, naarmate ze ouder worden, vanzelf al die kant op. Uit een onderzoek uit 2020, de *Women and Equalities Committee Body Image Survey*, bleek dat oudere mensen positiever over hun lichaam zijn dan jongere mensen (en mannen positiever dan vrouwen, maar dat vermoedden we al). Zo kritisch als je als jong mens over je gezicht, haar en lichaam was, zo mild begin je er bij het ouder worden naar te kijken – juist als het verval heeft ingezet. De Britse actrice Helen

Mirren zegt: 'Ik geloof niet in de mythe van ageing, ik geloof in de mythe van leven. Ik denk dat iedereen er geweldig uit kan zien op elke leeftijd.'

Er ging online een video rond met de tekst 'wat je niet kunt dragen na je veertigste', waarna er een lijst verscheen met 'oordelen van anderen', 'onrealistische normen', 'perfectionisme' en dat soort dingen. Geweldig. Een ander favoriet filmpje van mij is van een vrouw die zich op social media 'The Real Slim Sherri' noemt, die van leer trekt tegen een millennial die beweert dat een pony bij vrouwen van boven de veertig treurig is en echt niet meer kan. Ze zegt: 'Kunnen we alsjeblieft een einde maken aan dicteren hoe mensen zich na een bepaalde leeftijd moeten kleden en gedragen? Kunnen we trouwens gewoon helemáál stoppen met het definiëren van leeftijd door middel van een theorie? Stop met proberen mijn mindset om te vormen zodat hij past bij die van jou. Ik weiger me te conformeren aan andermans idee van wat het betekent om ouder te zijn; ik definieer zelf wel wie en wat ik ben.'

Het is duidelijk dat de veertigplusvrouw van nu restricties rondom haar kledingkeuze, gedrag en uiterlijk niet meer pikt – niet van vrouwen die jonger zijn dan zij en al helemaal niet van mannen. We vegen de vloer aan met wat *age-appropriate*, passend bij je leeftijd, zou zijn. We eisen het recht op om ons te kleden, op te maken en te gedragen zoals wij dat willen. Wanneer ik mijn lange, blonde haar afknip, bepaal ik lekker zelf en niet omdat – hoe ging dat belegen gezegde ook alweer – ik 'van achteren lyceum lijk en van voren museum'. Mijn vriendinnen van eind veertig en begin vijftig lopen op sneakers en in glitterbroeken en willen op een festival ook nog weleens een hoofdtooi opzetten (we kiezen wel opvallend vaak voor stretchstof, trouwens, want die gekkigheid is allemaal prima, maar het moet wel lekker zitten). Dat alles is geen verdacht teken dat we weigeren oud te worden; het is ouder worden op een niet-conventionele manier. Het is weigeren onzichtbaar te worden. We uiten onszelf en nemen ruimte in. Dat mag door sommige, vaak jongere mensen aanstootgevend of sneu gevonden worden, maar de ironie is dat ons dat dus niets meer kan schelen.

De tijdgeest zit ons mee. De vrouwen in het *Sex And The City*-vervolg *And just like that* uit 2020 waren ouder dan de actrices in het eerste seizoen van *Golden Girls* in 1985 en laten geen sexy jurk in de winkel hangen omdat het op hun leeftijd gênant zou zijn die te dragen. Denk aan de scène met Samantha, de oudste in SATC, die een winkeljuffrouw op haar plek zet als ze haar de aankoop van een mini-jurk afraadt en haar wil doorverwijzen naar de 'elegantere' damesafdeling. '*I'm fifty-fucking-two and I will rock this dress.*'

Ik heb me op geen enkele leeftijd laten wijsmaken dat plezier scheppen in uiterlijkheden oppervlakkig en frivool is en ben niet van plan daar op mijn vijftigste mee te beginnen. Of weet je, misschien is het dat wel, maar betekent het gewoon niet dat je daarnaast geen geestelijke diepgang kunt hebben. Het is zelfexpressie, creativiteit en iets feestelijks wat juist een prettig tegenwicht geeft aan een intellectuele en inhoudelijke kant. Ik heb mijn moeder nog nooit zonder make-up en geföhnd haar gezien en zij is een volbloed feministe en lichtwerker, zoals ze dat zelf noemt.

Er is me de afgelopen vijfentwintig jaar tientallen keren geadviseerd om me 'anders te presenteren als ik als romanschrijver serieus genomen wilde worden', maar ik heb altijd moeite gehad om uitbundige vrouwelijkheid gelijk te stellen aan onbekwaamheid. Daar ben ik een heel rare in. Coltruien gaan dragen en hakken weggooien is capituleren, vond ik en vind ik. Met het schrijverscollectief Writers on Heels, dat ik in 2007 met schrijfster Siska Mulder oprichtte, compleet met manifest en een bundel met verhalen door twaalf vrouwelijke auteurs, hebben we daartegen geprotesteerd. Er bestaat zoiets als *pretty privilege*, wat een voordeel, maar net zo goed een beletsel kan zijn. Het opent deuren, zo blijkt uit onderzoek, maar zodra dingen serieus worden, wordt het tegen je gebruikt: 'Wat ze doet, stelt weinig voor, ze heeft alleen succes omdat ze een mooi koppie heeft.' 'Pretty' levert systematische onderschatting op, daar is geen ontkomen aan.

Ervoor kiezen om zonder versierselen en uiterlijke opsmuk door het leven te gaan, zegt trouwens niets over een gebrek aan feestelijkheid in het karakter van de desbetreffende vrouw. Voor een vrouw bestaat er in haar voorkomen niet zoiets als 'onvrouwelijk', net zoals er niet zoiets bestaat als 'te vrouwelijk'. Er is een breed, uitgebreid, verrukkelijk spectrum van begroeide oksels tot hoge hakken, van kortgeknipte of kaalgeschoren koppies tot geblondeerde extensions, waar een vrouw helemaal zelfstandig als heus individu een keuze uit kan maken en verder graag iedereen zijn mond houden, *thankyouverymuch*.

Hoera voor de vrouwen die ervoor kiezen niets van uiterlijke veroudering te verbloemen, want zij verbreden ook voor anderen het spectrum van wat schoonheid is. Op social media is er een trend van vrouwen met prachtig glanzend, lang grijs haar die worden bewierookt en niet zelden modellenklussen doen. Een vriendin van mij, schrijfster en journaliste Janneke Jonkman, besloot op een dag haar grijs wordende haar niet meer te verven: 'Er was een filmpje viraal gegaan van mijn zussen en mij waarin we – alle drie veertigplus – zwanger in beeld waren. We bleken een symbool van hoop te zijn voor vrouwen met een kinderwens, maar een kleine groep vond het nodig hatelijke reacties te plaatsen. Mijn oudste zus is grijs en verft haar haar niet en dat vonden mensen niet kunnen. Ik kwam zelf net van de kapper, waar ik mijn grijze uitgroei had laten bijwerken. Ik werd er strijdlustig van en ben die dag nog gestopt mijn haar te verven. Mannen schamen zich niet voor hun grijze lokken, waarom zouden wij dat wel moeten doen?

Niet alleen de buitenkant, maar ook de binnenkant begint op te spelen. De perimenopauze (de periode, die al ruim voor het veertigste jaar kan beginnen, waarin de hormonen beginnen te schommelen en afnemen in voorbereiding op de laatste menstruatie) en de menopauze (een jaar na de laatste menstruatie) zijn niet voor watjes. Zo'n twee derde van de vrouwen ervaart lichamelijke en geestelijke klachten, van wie één derde hevige klachten. De waaier aan symptomen liegt er niet om: slecht slapen, nachtzweten, stemmingswisselingen, depressieve gevoelens, migraine, opvliegers, botontkalking, vaginale droogheid, vergeetachtigheid. De hormonale storm kan een vrouw compleet uit haar evenwicht slaan – en dat in een fase waarin er zoveel van haar verwacht wordt door (eventuele) opgroeiende kinderen, partners, bazen, opdrachtgevers, klanten en ouder wordende ouders. En de kat, het konijn en de vissen, die zij natuurlijk allemaal verzorgt.

In de NPO-serie *Oogappels*, fenomenaal geschreven door Roos Ouwehand, zien we hoe Merel, totemdier van menige menopauzale vrouw, bij de (mannelijke) huisarts haar klachten beschrijft: niet kunnen slapen, drie keer per dag van blouse moeten wisselen, onuitstaanbaar zijn. De huisarts hoort haar aan en zegt dat het erbij hoort, maar vast lastig is. 'Lastig? Nou ja, zeg. Lástig?!' roept ze. 'U hebt er geen idee van hoe lastig het is.' 'Volgens mij is er geen enkele reden om nu te gaan schreeuwen,' zegt de huisarts kalm. 'Jawel,' zegt ze, 'dat is er wel. Want weet u, als mannen dit zouden hebben, zou er allang baanbrekend onderzoek zijn gedaan. Zo ziet de wereld er anno 2020 nog steeds uit. En ik kóts ervan.' Onze Merel heeft gelijk: als mannen deze enorme verandering zouden ondergaan, of überhaupt een menstruatiecyclus hadden, zou het als iets monumentaals worden beschouwd, compleet met rituelen, rechten, toeslagen, speciale arbeidsvoorwaarden en feestelijkheden.

Ikzelf heb, voor wie het interessant vindt, ook de nodige vinkjes op de perimenopauzale klachtenchecklist staan: migraineaanvallen, heel vroeg wakker worden, rare pijntjes in mijn botten, pijnlijke borsten. De opvliegers, die altijd als eerste worden genoemd, blijven bij mij vooralsnog beperkt tot incidentele gloeiende handen in de nacht. De humeurschommelingen vind ik nog het lastigst. De ene inktzwarte dag die prima te herkennen was als PMS zodra ik mijn agenda erop nasloeg, is veranderd in een paar zwart omrande dagen, onduidelijk verstrooid door mijn grillige cyclus die op zijn einde loopt. De donderwolken die soms ineens boven mijn hoofd hangen, voelen absoluut hormonaal aan. Daarom probeer ik een eventuele wolk niet meer te analyseren of te slim af te zijn, maar behandel ik mezelf liefdevol met chocolade, ashwagandha-pillen, warme baden en het vermijden van taken als de belastingdienst bellen of het oud papier wegbrengen. En zo waggel ik door mijn volstrekt onvoorspelbare, nauwelijks meer bestaande menstruatiecyclus heen.

Al die hitte, in de vorm van opvliegers, natte handen, prikkelbaarheid en woede-uitbarstingen, die eruit moet, zou je kunnen zien als de reinigende vuren van de perimenopauze. Er komt een energie vrij die naar buiten slaat en zich uitspreekt over alles wat oneerlijk en onjuist is. Daarnaast trekt je lichaam je naar binnen, door dieper beleefde, stormachtige emoties en door 's nachts wakker te liggen of vroeg te ontwaken. Het lichaam laat je lang onderdrukte gevoelens ervaren en gebeurtenissen overpeinzen op een niet mis te verstane manier.

De fysieke en emotionele ongemakken rondom de overgang zou je kunnen zien als voorweeën en weeën van de geboorte van een nieuwe levensfase. De biologie roept je op om noodzakelijke wijzigingen aan te brengen in je leven die je dichter bij de verlangens van je ziel brengen. Het lichaam is een barometer, een wegwijzer, een leidraad. Het lichaam fluistert niet langer, maar begint hardop tegen je te praten – niet bestraffend of gebiedend, maar nu eens liefdevol streng en dan weer vreugdevol zingend.

Het protesteert luid als je er niet goed voor zorgt en zijn behoeften negeert en het gedijt en bloeit op als je zijn wenken volgt.

We leven in een tijdperk waarin de boodschappen van het lichaam worden bestreden of zwak worden gevonden. De laatste eeuwen is ons geleerd ons lichaam te wantrouwen. In onze joods-christelijke samenleving speelt nog steeds een onderliggend idee van ongesteldheid als 'de vloek', menstruatiebloed als vies (viezer dan ander bloed) en in gezelschap baby's de borst geven, ook al is het met een doek eroverheen, als iets wat onbehoorlijk is. Het magnifieke vrouwelijke lichaam, op elke leeftijd, wordt voorgesteld als iets schaamtevols. Alleen de strakke, opgepoetste versie die geseksualiseerd wordt en de fitte, olympische versie die in sport uitblinkt, heeft waarde.

Het reduceren van een lichaam tot een functioneel object om prestaties te leveren, als een verzameling van onderdelen die ziek of gezond zijn, gebeurde rond het begin van de verlichting. Het lichaam werd vanaf de zeventiende eeuw beschouwd als een machine die het doet, hapert of het niet doet. Het werd een stuk gereedschap om onder controle te krijgen en onze wil aan op te leggen. De grondleggers van de moderne wetenschap scheurden het lichaam los van de levende wereld die ons omringt en van de ziel en de geest die erin huizen. De menselijke geest maakt geen deel uit van wat tot het lichaam behoort, stelde René Descartes. Het lichaam werd niet langer beschouwd als één geheel dat in harmonie energie en informatie uitwisselt, maar als 'een verzameling ledematen die het menselijk lichaam wordt genoemd' – opnieuw onze vriend Descartes.

Aan de verschillen tussen het mannen- en het vrouwenlichaam werd nauwelijks aandacht besteed. Als men het had over de 'mens', had men het over een man. In de achttiende eeuw werd gedacht dat er één geslacht was: volgens wetenschappers bestond er één geslachtsdeel en waren mannen volgroeide variaties en vrouwen onvoltooide versies van dat geslacht. Dit ga je misschien niet geloven, maar tot 1993 werden er alleen mannen gebruikt in klinische onderzoeken naar menopauze, die dus alleen bij vrouwen voorkomt. Inmiddels begrijpt, zo blijkt uit onderzoek van Respin in de Verenigde Staten, 13 procent van de huisartsen iets van het lichaam in de menopauze. Een ander voorbeeld: in Nederland lijden ongeveer 860.000 vrouwen aan endometriose, een aandoening waarbij het baarmoederslijm buiten de baarmoeder zit en gevaarlijke, pijnlijke ontstekingen veroorzaakt. Het duurt gemiddeld ruim tien jaar voor huisartsen dit na herhaaldelijk 'het hoort erbij, mevrouwtje' zeggen uiteindelijk erkennen en doorverwijzen, omdat ze de klachten niet serieus nemen. Ruim. Tien. Jaar.

De maatschappij is ingericht op mannen. De arbeidsmarkt bijvoorbeeld is toegesneden op een mannenleven, met een rechte, ononderbroken lijn in productiviteit en beschikbaarheid. Mijn vriendin schrijfster Yvonne Keuls kan daarover als negentigjarige sterke verhalen vertellen. Haar generatie, de vrouwen die in de tien jaar na de oorlog trouwden, werd het moeilijk gemaakt om te studeren of te werken. De pil was nog niet uitgevonden, crèches waren er nog niet en een gedeelde zorg met de vader was zeldzaam. Dus schreef ze, met drie kleine kinderen, 's nachts: drie uur slapen, vier uur schrijven. Haar goede vriendin Hella Haasse schreef in de woonkamer, tussen de spelende kinderen, met een kussen op schoot.

'Wist je dat ik, toen ik op mijn tweeëntwintigste trouwde, meteen ontslagen werd als onderwijzeres?' zei ze eens boven een tafel vol Indische hapjes – meer dan we ooit op konden, zodat ik met vijf bakjes naar huis zou gaan. 'En later, toen ik vijf maanden zwanger was, werd ik bij mijn volgende baas geroepen met de vraag of ik in verwachting was. "Gaat u maar naar de kassier," zei hij toen ik dat beaamde, "en laat u uitbetalen tot kwart over drie." En daar stond ik weer op straat.' En die keer dat ze, nadat haar tv-serie van *De boeken der kleine zielen* van

Couperus een groot succes was geworden, door Simon Vestdijk werd gevraagd om zijn roman *De koperen tuin* te bewerken tot een serie. Ze vroeg een stipendium aan dat schrijvers als Mulisch en Hermans aan de lopende band kregen toegekend. Yvonne ontving een afwijzingsbrief. 'Weet je wat erin stond?' Pauze, vinger opgestoken: 'Voor uw levensonderhoud moet u zich tot uw echtgenoot wenden.'

Nog steeds is de werkvloer niet berekend op de vrouwelijke helft van de werkenden. De natuurlijke biologische fases in een vrouwenleven, met menstruaties, eventuele zwangerschappen, borstvoeding, perimenopauze en menopauze, worden genegeerd en 'lastig' gevonden. Vrouwen die willen werken, dienen net te doen alsof dat allemaal niet aan de hand is – en dat doen we meestal ook, zodat het niet echt opvalt.

Het probleem ligt bij hoe het spel georganiseerd is, wil ik maar zeggen, niet bij (ruim) de helft van de spelers. Dus voel je nooit tekortschieten als je 'vrouwenprobleempjes' opspelen, lieve lezeres.

Het lichaam – het enige lichaam dat je in dit leven zult hebben – is een vehikel van de ziel. Het laat je voelen wat losgelaten kan worden, waar je aandacht aan moet schenken en wat er van je gevraagd wordt. 'Het lichaam is de echtgenote van de geest,' schrijft danseres en auteur Gabrielle Roth. 'Leeftijd tast dat huwelijk niet aan, maar verdiept het alleen.' Je lichaam wantrouwen, negeren, verdoven, uithongeren, uitputten of bovenmatig medicaliseren (waarmee ik niet doel op hormoontherapie) betekent uit dat huwelijk stappen of er met één been in staan.

Het lichaam is wijs en leert ons matigheid, niet vanuit straf of zonde, maar als reactie op te veel, te weinig, te snel of te langzaam. Het is onze geest die ons voor het lapje houdt met allerlei weerstanden, eisen en aannames. Het lichaam is altijd eerlijk en heeft het beste met je voor. Lichaam, geest en ziel zijn een uitdrukking van elkaar.

Wat zou er gebeuren als je het lichaam volgt? Als je naar zijn verlangens en behoeften luistert en deze vervult? Dan begeef je je niet op een schadelijk terrein van grenzenloosheid, hedonisme en immoraliteit, maar op dat van een natuurlijke matigheid, toegesneden op hoe jij bent ontworpen en hoe je levensenergie het best kan stromen. Het zal makkelijker worden om onhoudbare eisen over uiterlijkheden en prestaties naast je neer te leggen. Dat geeft een onverwachte bevrijding en tevredenheid.

Je krijgt waardering voor je lieve lichaam dat jou al die jaren heeft gedragen, voor het huis dat je mag bewonen.

In dit verwarrende proces van overgaan van het ene naar het andere ben je niet alleen. Zoek andere vrouwen op die zich in dezelfde levensfase bevinden, als je dat nog niet deed, doorbreek de schroom, mocht je die voelen, en déél. Vraag. Wissel uit. Vergelijk. Herken en verwonder. Lach tranen met tuiten om je wattige hoofd waardoor je ineens niet op het woord 'koelkast' kunt komen, de kamikazemenstruaties die zonder enige regelmaat komen en gaan of je prikkelbaarheid waardoor huisgenoten met een boogje om je heen lopen. Koester verwantschap met je zusters, die veiligheid en verbondenheid kunnen brengen.

Ouder worden wordt gezien als aftakeling, als een berg die je afdaalt, maar als je van perspectief wisselt, zie je dat je een berg op loopt die je brengt naar steeds meer inzichten, empathie, authenticiteit, heling en uitzicht op nieuwe, groene landschappen. De berg volgt de boog van de geest die almaar opwaarts reikt en groeit, terwijl het veranderende lichaam je aanmoedigt om daarin mee te gaan.

Tussen het einde van de ene orde en het begin van de andere orde zit doorgaans chaos. Dat geldt voor maatschappelijke systemen, het einde van relaties, de puberteit en de weg naar een Crone worden. Het is geen zinloze chaos die je moet uitzitten alsof het een griep is, maar een die je kunt benutten voor persoonlijke groei. Het is een vruchtbare, regeneratieve chaos die allerlei offers en geschenken voortbrengt en je leidt naar een nieuwe orde waarin je ten diepste tot je recht komt en waarin je volledig gezag over jezelf voert. De Zwitserse grondlegger van de analytische psychologie Carl Jung beschouwde deze levensfase als een 'spirituele doortocht' naar 'de middag van je leven'.

Wat kan er geboren worden in het vacuüm van tanende schoonheid en lichamelijke prestaties? Daarover gaat de rest van dit boek. Eigenlijk hoef je, om die vraag te beantwoorden, alleen maar om je heen te kijken naar vrouwen die iets ouder zijn dan jij. Wat kunnen zij heerlijk ongeremd, slim, geestig, wijs, warm, hoekig en excentriek zijn. Ikzelf zie mijn Cronegedaante al helemaal voor me. Ik ben van plan te rinkelen met grote armbanden, mijn kleurrijke tuniek nog eens over mijn zachte buik te vouwen en mensen ongevraagd van allerlei liefdevol, gepeperd advies te voorzien en ongepaste knuffels te geven.

Je bent toch al op weg en terug kun je niet, dus ga vol overtuiging en met opgeheven hoofd door de poort naar de tweede helft van je leven. Laat je niet wijsmaken dat alles daar dor en droog is. Er staan gewoon andere bloemen te bloeien.

2 – In het verleden duiken

Het is nacht, maar ze heeft de gordijnen opengetrokken,
maanlicht valt op de sprei van haar kinderbed.
Als ik bij haar ga zitten
verschijnt er een fronsje in haar voorhoofd.

'Soms begrijp ik het niet,' zegt ze,
'dit gezin, deze plek, dit allemaal.'
Ze kijkt me aan.
'Begrijp jij het wel?'
Ik knik.

Ze gaat overeind zitten, zet grote ogen op.
'Vertel het me dan!'
Ik glimlach.
'Op een goede dag zal ik dat doen,' zeg ik.
'Hoelang duurt dat dan nog?'
'Een half leven.'

Ouder worden staat niet gelijk aan je ontwikkelen. Het bewijs daarvoor loopt rond in de vorm van allerlei types die er met de jaren alleen maar wrokkiger, rechtlijniger en starder op zijn geworden. Voor persoonlijke groei zijn ervaringen nodig, die je opdoet door gewoon te leven, maar ook de bereidheid om erop te reflecteren – vooral op je eigen aandeel in de dingen. Louter erop los ervaren levert een smakelijke autobiografie op; louter diep nadenken levert een slim theorielesboek op.

Ervan uitgaande dat jij de tijd neemt om ervaringen uit het verleden tegen het licht te houden en de bijbehorende emoties te doorvoelen, kun je inmiddels bogen op nogal wat persoonlijke groei. Tegelijkertijd kan het voelen alsof je leven zich in seizoen vijf van een serie afspeelt, waarbij de scriptschrijvers allerlei bizarre plotwendingen bedenken om het interessant te houden. De tweede helft vraagt om een grote schoonmaak. Verwaarloosde delen van jezelf vragen om aandacht, ondermijnende overtuigingen moeten worden opgeruimd, zodat je ze de rest van je leven niet met je mee hoeft te zeulen. Je zult daarvoor in het verleden moeten duiken, je ontkomt er niet aan.

Voor de poort van de Crone wordt er door een douanebeambte gevraagd: 'Heb je nog iets aan te geven?' Meestal luidt het antwoord daarop 'ja'.

De perimenopauze, met haar hormoondalingen, slapeloze uren en emotionele uitbarstingen, forceert een verschuiving van je aandacht naar binnen, naar het onbewuste. Ze biedt een kans op het in kaart brengen van je leven, met een ruimer perspectief, en het opmaken van de balans. Ze wil een groeispurt van de geest in gang zetten, zoals dat ook in de puberteit gebeurde, en een nauwere verbinding met de ziel tot stand brengen. Toen ik auteur en hoogleraar maatschappelijk werk Brené Brown voor tijdschrift *Happinez* interviewde, zei ze: 'Ik heb misschien veertien jaar sociologie gestudeerd, maar op een bepaalde manier kan iedereen een researcher van zijn eigen leven zijn. Het vereist een bereidheid om de nodige tekortkomingen bij jezelf te vinden. Als mensen zeggen: "Ik ben klaar, dit is het," word ik daar zo treurig van.'

Mijn vraag aan jou is: heb je nog iets aan te geven?

Duiken in je verleden kan tuimelingen in diepe afgronden omvatten, waarin je door schaduwrijke innerlijke gebieden en periodes van je leven dwaalt die je nog niet goed onder ogen hebt gezien en die jou iets te vertellen hebben. Niet zelden reis je af naar een donkere plek, met spinnenwebben en verroeste sloten omdat je er al zo lang niet bent geweest. Je zult oude pijn en innerlijke obstakels tegenkomen, harde waarheden moeten erkennen en gekoesterde illusies moeten doorprikken. Als je daar de moed voor vindt, zul je gelouterd en getransformeerd terugkeren, het licht in.

Het proces van terugkijken, onderzoeken en verwerken is te vergelijken met de donkere fase van de maancyclus – niet te verwarren met de donkere kant van de maan. In de Oude Religie symboliseerde de maancyclus schepping (nieuwe maan), groei (wassende maan), bloei (volle maan), verzwakking (afnemende maan) en dood (de drie maanloze nachten, ofwel donkere maan), waarna er weer een nieuwe maan (wedergeboorte) aan de hemel te zien was. Door de beweging van de maan aan de hemel en de opvolging van haar donkere en lichte fasen, begrepen mensen dat wat sterft weer herboren wordt. Deze voortdurende circulaire beweging bestaat in het klein en in het groot, op het zichtbare en het onzichtbare vlak, op het individuele en het collectieve niveau.

De fase van de donkere maan is, als je naar de kwantumfysica kijkt, het moment tussen vernietiging en schepping. Kwantumwetenschappers weten dat alle materie onderhevig is aan een constante cyclus van schepping, conservering en vernietiging. Die cyclus beweegt tussen een toestand van vorm, die materie genoemd wordt, en een toestand van vormeloosheid, die energie genoemd wordt. Materie valt uiteen, lost op en wordt opgenomen in de vormeloze staat van niet-zijn; dat geldt voor een vlinder die sterft, op de grond valt en wordt opgenomen in de grond, en voor de manier waarop het universum terugvalt in de zwarte gaten. In het stadium van het uiteengevallen zijn trilt de energie, die je de *prima materia* of de grondstof kunt noemen, sneller dan ooit, wat de energie reinigt, vitaliseert en klaarmaakt om opnieuw een vorm aan te nemen.

Helaas hebben we in onze tijd en maatschappij geleerd om bang te zijn voor de terugtrekkende beweging, voor de afnemende energie en al helemaal voor de dood. We wijzen ervaringen in het stille donker, met alle verdriet, inactiviteit en confronterende waarheden, af, zodat ze in onze onbewuste schaduwkant kunnen uitgroeien tot angsten. In de moderne lineaire manier van denken, waarbij alles van elkaar afgescheiden is, is dood ook echt dood en een einde ook echt een einde. De doorgaande spiraalvormige lijn is verbroken, wat volgt is alleen leegte – en dat is afschrikwekkend. We zijn vergeten dat donker voorafgaat aan licht op dezelfde manier als de nacht voorafgaat aan de dag, de winter voorafgaat aan de lente en zwangerschap voorafgaat aan geboorte. We zijn vergeten dat we allemaal in de donkere moederschoot groeiden voor we werden geboren. De donkere fase ziet eruit als stilstand en leegte, maar is in wezen de meest vruchtbare fase van elke cyclus: er vinden afronding, herstel en vernieuwing plaats. Regeneratie. Het is een fase van mysterie, inzichten, genezing en voorbereiding op een nieuw begin.

Innerlijk werk is geen trap om te beklimmen, waarna je boven bent, want dat is een lineaire manier van denken met een duidelijk begin, een midden en een einde. Energie beweegt zich in cirkels en spiralen. De cirkel is een kringloop, zoals de zon die opkomt en ondergaat. Bij een spiraal beweegt energie zich van of naar een middelpunt, zoals bij een tornado of orkaan. De menselijke bewustzijnsvergroting voltrekt zich in een spiraalbeweging, het is een evolutionaire ontwikkeling. De spiraal beweegt zich van of naar het midden, zodat de geest langs dezelfde plekken komt, maar met een iets ander perspectief, waardoor je steeds een stukje dichter bij de kern van de zaak komt.

Het is onmogelijk om de tweede helft van je leven te bereiken en je niet af te vragen hoe je daar bent beland. Het verstrijken van de tijd staat op je gezicht te lezen en is voelbaar in je lichaam. Als je terugkijkt, kun je patronen aanwijzen, oorzaken aan gevolgen verbinden, zelf aansprakelijkheid aanvaarden voor het ene en anderen verantwoordelijk stellen voor het andere. Er zijn zaken in het verleden die doorwerken in het heden, die om je aandacht beginnen te vragen – eerst subtiel en dan, als je niet luistert, steeds luidruchtiger tot het oorverdovend is. Je zult jezelf de belangrijke vraag stellen: in welke richting ben ik aan het lopen? En wat ligt daaraan ten grondslag?

Het verleden is niet een soort park, een afgebakende plek die je in je verbeelding kunt bezoeken, een hoofdstuk in een boek waar je naar terug kunt bladeren. Het verleden werkt altijd en overal op ons in en door ons heen – het deel dat we niet helemaal begrijpen nog het meest.

De tijd alleen heeft, in weerwil van het gezegde, nog nooit diepe wonden geheeld. Verpleegkundigen weten dat: een wond moet op steriele wijze worden verzorgd, anders kan hij zich uitbreiden tot de patiënt er zelfs aan kan sterven. Een emotionele wond geneest evenmin vanzelf door de tijd (hij zal zich wel afsluiten), alleen door de zorg en aandacht die je eraan besteedt. Elke ervaring of emotie die niet wordt erkend, doorvoeld en verwerkt, dragen we nog bij ons, zoals ik ook in *De wijsheid van de heks* uiteen heb gezet. Een trauma is pijn die is weggestopt omdat het destijds te onveilig was om direct te ervaren, bijvoorbeeld omdat je nog te jong was of omdat de ervaring of periode te schokkend was om in haar volle omvang te beleven. Het trauma is weliswaar weggedrukt, soms zo diep dat we het lijken te zijn vergeten, maar het ís niet weg. Het heeft zich opgeslagen in het gebied van het onbewuste, onze schaduw.

De energie rondom een onverwerkte ervaring 'bevriest' als het ware en zet zich vast in het energieveld en soms zelfs in het lichaam van een mens. De levensenergie kan dan niet meer ongehinderd door dat gebied stromen, maar gaat eromheen. Onze ziel wil het onverwerkte verdriet naar de oppervlakte brengen zodat het gezien, begrepen en ontladen kan worden. En dus herhalen we onbewust soortgelijke pijnlijke ervaringen om ze met terugwerkende kracht te doorvoelen. Niet als straf, niet als pech, niet als noodlot, maar als een poging om het oorspronkelijke trauma in het licht van ons bewustzijn te brengen, te verwerken en te integreren. De ziel orkestreert het proces vanuit het verlangen naar ontwikkeling.

Sigmund Freud noemde de neiging om het pijnlijke verleden te herhalen *Wiederholungszwang* ofwel 'herhalingsdrang'. Mensen met elkaar opvolgende toxische relaties hebben er bijvoorbeeld last van, en hele families kunnen eindeloos alle mogelijke soorten verstoringen doorgeven aan hun kinderen. Deze herhalingen gaan door zolang de wonden niet worden verzorgd en de gemaakte fouten niet worden onderzocht. Zolang we ons dingen uit ons verleden niet herinneren en ons er niet mee verzoenen, worden we opgeroepen om het in welke vorm dan ook te herhalen.

Wat sommige mensen beschouwen als hun lotsbestemming, is in werkelijkheid dus hun niet-verwerkte verleden. Onverwerkte gebeurtenissen zijn als het water in golven dat zich terugtrekt, naar voren wordt geduwd en weer terugstroomt. Het is hetzelfde water. De golven van het verleden worden de toekomst. Als we ons daarvan onbewust blijven en de onverwerkte gebeurtenissen en geblokkeerde energie eromheen hopen zich op, dan kan deze golfbeweging een tsunami worden.

In deze levensfase merk je waarschijnlijk dat je niet langer op je levensweg vooruitsnelt naar steeds nieuwe avonturen, maar dat je je bewust wordt van wat zich herhaaldelijk voordoet en dat je soms een stukje terugloopt om te kijken waar je het voor het eerst gezien hebt – meestal in je jeugd. Dat is het liefste wat je voor jezelf kunt doen, want waar het licht van bewustzijn op schijnt, wordt zichtbaar en kan verzorgd worden. Let op: ik gebruik nergens het woord 'loslaten', want ervaringen kun je niet weggooien, maar wel integreren. Je isoleert en negeert ze niet langer, maar neemt ze in je op. De bevroren, opgehoopte en geblokkeerde levensenergie komt vrij en kan weer stromen. Je hebt het heden van het verleden bevrijd.

De drie nachten dat er geen maan aan de hemel te zien is, de fase van de donkere maan, werd in de Oude Religie beschouwd als een symbool voor het mysterie van leven en dood. In haar donkere fase was de maan het toevluchtsoord van de doden en de nog ongeborenen, die in wezen dezelfden waren. De drie maanloze nachten werden gezien als het einde van een leven, maar in de vierde nacht werd de maan opnieuw geboren. Het was dezelfde maan, met een andere naam, zoals Sneeuwmaan, Hooimaan of Wolfsmaan. Op dezelfde manier werd gedacht over reïncarnatie of zielsverhuizing: na een periode van rust en reiniging werd de ziel opnieuw geboren in een ander lichaam.

Omdat de negenentwintig dagen van de maancyclus en de negenentwintig dagen van de menstruele cyclus van een vrouw overeenkwamen, beschouwden mensen de maan als vrouwelijk en de zon als mannelijk. Ze vereerden haar als de Grote Godin, in al haar fasen en verschijningsvormen. Niet alleen haar levengevende, lichte kant werd vereerd, maar ook haar vernietigende, donkere kant. Allebei waren nodig om de natuur en alle levensprocessen in evenwicht te houden. Alles in het universum is dualistisch van aard en bevat zijn eigen tegendeel. Deze tegengestelden zijn afhankelijk van elkaar; het één ontstaat uit het ander en ze houden elkaar in balans.

De godin is de belichaming van de natuur. Ze zit in alle levende wezens, is de diepste kern, het wezen van de dingen. Ze heeft door de geschiedenis heen veel namen gedragen – Aradia, grote godin, Isis, Diana, Inanna, grote moeder – maar er is er maar één: de drievoudige godin, die drie in één is. Ze is de oeroude drievoudige macht van de Maagd en jageres die hoort bij nieuwe maan, de koesterende Moeder die correspondeert met de volle maan en de wijze Crone, die over de onderwereld heerst en hoort bij de afnemende en donkere maan. Ze is de scheppende, voedende en vernietigende kracht ineen met naast haar de god. Later werd die drie-eenheid gekopieerd door de christelijke kerk. De nieuwe god kreeg de vorm van de Vader, de Zoon en de Heilige Geest en had geen godin meer naast zich.

De dertien volle manen komen precies overeen met de baan die de zon in één jaar tijd maakt. In Europa was de maan het uitgangspunt van de tijdstelling. Er was een maankalender, bestaande uit dertien gelijke maanmaanden, totdat de zonnekalender door Julius Caesar (in navolging van de Egyptenaren) werd ingesteld en aangepast tot de gregoriaanse zonnekalender die we tot op de dag van vandaag gebruiken. In deze tijdstelling van twaalf maanden regeert de zon, wat onhandig is omdat we moeten smokkelen met maanden die niet evenveel dagen bevatten en met schrikkeljaren. De overgang van de maankalender naar de zonnekalender symboliseert een ommezwaai van de verering van de godin (en haar metgezel de god) naar de god. Door de maan te vervangen door de zon werd de vrouwelijke, circulaire benadering van tijd ingeruild voor de mannelijke, lineaire benadering van tijd.

Toen de maancyclus niet langer als symbool van ritme en harmonie tussen tegenstellingen werd beschouwd, kwam de weg vrij voor het 'goed en kwaad'-denken. Aan de tegendelen werd een moreel oordeel verbonden. Tegengestelde polen werden negatief of positief; het ene einde van de schaal was 'goed' en het andere einde 'slecht'. Door de eeuwen heen werd het donker het equivalent van het kwaad, angst, zonde en duivelse krachten. In *De donkere kant van de maan* schrijft Demetra George dat mensen op zeker moment zelfs dachten dat 'het verdwijnen van de maan werd veroorzaakt doordat zij te grazen werd genomen door een donkere en demonische kracht. (...) De donkere maan zou de bevelhebber van geesten en de minnares van zwarte magie zijn.'

De angst voor het donker is ons aangepraat. Om zaken uit het verleden te kunnen transformeren zul je die angst van je af moeten schudden en bereid moeten zijn in je onderbewustzijn af te dalen, naar de schaduw van je eigen psyche. Zoals de donkere maan tegelijk een afsluitende fase van een cyclisch proces is en de overgang naar de volgende spiraal, zo zul je in de schemer oude dingen kunnen achterlaten, helen of nieuw leven inblazen en nieuwe dingen geboren kunnen laten worden.

Verwar het donker niet met een kwade plek; het donker is niets meer dan het oord waar alles verblijft wat nog onbewust is, maar het is verbonden met het licht. Ervaringen zijn niet voor niets naar de schaduw gedrongen en weggedrukt, dus ernaar kijken gaat nooit zonder pijn, moeite en worsteling, maar met de plek is niets mis. Je reist af naar een dimensie waar in mijn ervaring het dieperliggende, de onderlaag van de dingen, zich bevindt.

Het donker is iets anders dan het duister. Het duister – dat wat niet direct verbonden is met het licht en dat het licht afwijst – is óók aanwezig in onze wereld en op alle andere bestaansniveaus, vaak vlak onder onze neus in het volle licht. Maar op een bepaalde, complexe manier heeft zelfs dit duister een rol te spelen in het grotere spel en staat daarmee in dienst van het licht. Toen ik er eens op mediteerde welke rol dat was, kreeg ik dit antwoord: het maakt een keuze mogelijk.

Alles wat je nog niet onder ogen hebt gezien, zal zich in deze levensfase aan je opdringen en dat kan nogal oncomfortabel zijn. Het wil gezien en geheeld worden en daarvoor moet het, soms met horten en stoten, naar boven komen. Het is goed om je daar niet van af te wenden. Schaduwwerk verrichten is noodzakelijk om je van ballast te ontdoen die geen plek heeft in de Cronefase. Er wordt je gevraagd om je ervan te bevrijden, zodat je zonder onnodige bagage verder kunt en er ruimte komt voor andere dingen.

De heldenreis door het donker naar het licht is beschreven door de Amerikaanse filosoof en hoogleraar literatuurwetenschap Joseph Campbell in zijn klassieker *De held met de duizend gezichten* (1949). Hij bestudeerde talloze mythen en sagen en ontdekte dat mythen in elke cultuur verschillen, maar in de basis een vergelijkbaar patroon volgen. Onderdelen daarvan zijn een oproep tot avontuur horen, deze eerst weigeren en er vervolgens gehoor aan geven, obstakels overwinnen, hulp aanvaarden, draken verslaan en als een ander mens terugkeren. De klassieke heldenreis is te lezen als een metafoor voor de reis die we in ons leven ondernemen.

Het was Sharon Blackie die in 2016 in haar boek *If women rose rooted* voor het eerst uiteenzette dat de heldenreis voor een man niet hetzelfde inhoudt als de heldenreis voor een vrouw. In de vrouwelijke variant is de 'oproep tot avontuur' van Campbell een 'oproep tot leven – vol en authentiek leven'. Ze ziet het bovendien meer als een pelgrimage dan als een avontuur. 'Het is de oproep om te ontwaken uit de halfslaap van ons bestaan en ons aandeel in het ontvouwen van de wereld op te pakken. (...) Veel vrouwen horen die oproep rond middelbare leeftijd.'

Jouw heldinnenreis kan in gang worden gezet door aanwijsbare dingen, zoals je kinderen die het nest verlaten, het verlies van een ouder, en minder plezier hebben in je baan of je relatie, maar het kan ook geboren worden vanuit een zeurderig gevoel van onbehagen. Je kunt jezelf dieper voelen wegzinken in onvrede zolang je blijft doorgaan met doen wat je deed. En dan is het op een dag alsof je in een hoek gedrukt staat en geen stap meer kunt zetten. Je ziet iets over het hoofd. Iets diep vanbinnen roept om je aandacht.

Niet voor niets nemen veel vrouwen rond hun vijftigste de stap om te gaan scheiden of van baan te wisselen, een ongezonde vriendschap te beëindigen, mensen te confronteren die hun iets hebben aangedaan, in enige vorm van therapie te gaan of in hun eentje een reis te maken. Soms kom je in aanraking met mensen, dieren, voorwerpen of situaties die iets wat je bijna vergeten was in je activeren of kom je iemand uit een ver verleden tegen die met een schok een trauma oprakelt. Je wordt terug in de tijd gekatapulteerd.

Filosofe, schrijfster en dierbare collega Joke J. Hermsen schrijft in *Onder een andere hemel* hoe ze op haar zestigste bij een borrel oog in oog kwam te staan met de man die haar als tiener aanrandde toen hij haar naar huis bracht nadat ze op zijn kind had gepast. 'De paar meter tussen ons in versmallen zich tot een tunnel, waarin wij alleen nog zichtbaar zijn en het rumoer om ons heen verstomt. We staan daar als twee vooruitgeschoven pionnen op een schaakbord, en ik voel hoe mijn lichaam zich spant en gereedmaakt voor de vlucht. (...) Op dat moment beginnen de beelden als pingpongballen tussen ons heen en weer te schieten: de auto, de versnellingspook, het gesjor aan kleding, de straatlantaren, het gevecht om het portier. (...) Ik voel hoe het vuur naar mijn wangen schiet, alsof ik me moet schamen voor deze herinnering en voor deze waarheid, die zich roodgloeiend aan me openbaart.'

Daarna kon eindelijk het verwerken beginnen.

'Het is moeilijk (...) om je voorover te laten vallen in de wind,' schrijft Blackie, 'om je van de rand af te storten. Het is de eerste stap, deze beweging naar heelheid. Het betekent de veiligheid van familiare, sociale structuren en ondersteuning verlaten. Het is een sprong in het duister, een immens loslaten.'

De donkere maan van de (peri)menopauze, of de heldinnenreis, is een zoektocht naar kennis en inzicht, een zucht naar het integreren van stukken van jezelf die je bent kwijtgeraakt of nog niet had aangeboord. Het is een reis naar heling en heelwording die niet door iedereen begrepen zal worden. Familie en gezinsleden, vrienden en kennissen zijn je gewend zoals je bent en als ze daar baat bij hebben, willen ze dat je zo blijft. Bovendien hebben zij er soms geen zin in om te worden geconfronteerd met zaken uit het verleden. Oude koeien moeten in de sloot blijven, want wat heeft het voor zin om het daar nu nog over te hebben?

Of je nu medewerking of stilzwijgen van anderen krijgt, begrip of weerstand, je zult naar achteren moeten kijken om het heden beter te begrijpen. De laatste jaren merk ik dat herinneringen aan oude situaties zich aandienen, meestal als ik net wakker ben geworden. Ik raak er vaak zo door uit mijn evenwicht alsof het me op hetzelfde ogenblik overkomt. Ik deins er niet voor terug, maar probeer terug te lopen, met een zaklamp in mijn hand, om er iets van te begrijpen. Ik vrees het donker niet, want ik ken zijn geschenken en ik weet dat het licht dat erop volgt nog zuiverder en stralender is dan voorheen.

Als ik in bad zit, met waxinelichtjes om me heen, of op mijn meditatiekussentje, stel ik me open voor het verleden. Ik zie mezelf als kind met mijn gezinsleden of als jonge vrouw in een hachelijke situatie. Ik kan dat meisje of die vrouw zien en voelen wat ze voelt, maar van een kleine afstand, die het brede, heldere overzicht geeft dat toen ontbrak. Het is alsof ik naar mijn dochter kijk of naar iemand anders van wie ik hou. Als de volwassen vrouw die ik nu ben, kan ik me over haar ontfermen, haar vertellen dat het niet haar schuld is, dat ze niet tekortschiet, dat ze het juist goed aanvoelt en zich niet vergist en dat ze dapper is.

Het voelt alsof ik in zekere zin 'terug in de tijd' werk. Mijn woorden en liefde bereiken haar, of het deel dat zij in mij is.

Soms denk ik weleens dat dat meisje zich toen staande kon houden dankzij de liefde die ik nu stuur.

Andere keren krijg ik informatie door te schouwen. Met 'schouwen' bedoel ik in een lichte trance symbolische beelden ontvangen. De laatste tijd verschijnt er regelmatig een witte uil voor mijn geestesoog, en dat interpreteerde ik altijd tamelijk aanmatigend als een symbool dat ik op weg was naar wijsheid en zuiverheid. Tot een vriendin me vertelde dat de uil, als die zich in dromen of visioenen toont, helpt om te navigeren in het donker. Ik voelde dat dit klopte. Het donker kan aanvoelen als een veilige, geborgen cocon waar in alle rust en intimiteit emoties, vragen en antwoorden kunnen opkomen. Het is er niet per se prettig, maar het is geen onveilige of kwaadaardige plek. Je eigen schaduwkant, met alles wat instinctief, irrationeel en verborgen is, voelt zich er thuis. Deze ontspant en ontvouwt zich zodra je leert om te zien in het donker, zoals de uil, wat je de kans geeft de dingen dieper te begrijpen.

Wie eerder een crisis heeft beleefd en die goed heeft benut, zal al veel hebben opgeruimd, geheeld en herschikt. Bij mij was dat op mijn eenenveertigste, toen ik moest toezien hoe het gezin waarvan ik deel uitmaakte werd opgebroken. Ik besloot absolute prioriteit te geven aan het verwerken hiervan, hoelang het ook zou duren en hoe intensief het ook zou zijn. Ik was bereid uiteen te vallen en niets meer te weten. Wat op me afkwam, bleek niet alleen het verlies van de relatie en het volledige gezin te zijn, maar ook mijn vaderwond, mijn houding in de liefde en een huiveringwekkende, irreële angst om mijn kinderen aan een ander te verliezen. In die donkere nacht van de ziel, die ongeveer een jaar duurde, vond ik een soort alchemistische kracht. Een zuivering. Zodra ik me eraan overgaf, afstand deed van alles wat ik dacht te weten over wat goed en fout was, waar en onwaar, en bereid was tot het aanvaarden van elke uitkomst, vond ik rust en helderheid. Ik stond toe dat wat moest sterven, stierf, dat wat genezen kon worden, genas en dat wat geboren mocht worden, geboren werd.

Sindsdien vlucht ik niet meer voor het donker. Ik heb een lampje en ik ken er de weg.

Bij de heldenreis van Campbell zijn het draken die afgeslacht moeten worden, maar 'slachten is niet de heldinnenmanier', zo schrijft Sharon Blackie. 'Ze gaat liever in gesprek met de draak dan hem doden, ze lijft hem liever in om zijn krachten aan te kunnen wenden.' Je zult, met andere woorden, je innerlijke demonen tegenkomen en deze niet proberen te bevechten of te verslaan, maar ze willen ontmantelen, begrijpen en als hulpkracht inzetten.

In de reis door het donker krijg je te maken met allerlei emoties die in de maatschappij als negatief en nutteloos zijn bestempeld, zoals spijt, teleurstelling, schuldgevoel of boosheid. Neem teleurstelling. Met een zwaar hart draai je honderd rondjes om de oorzaak van je onvrede heen. Je strijdt met het idee dat het éígenlijk anders had moeten zijn en zit nog midden in de weerstand tegen hoe het is. Maar als iets op een grandioze mislukking is uitgelopen, kun je er niet omheen, hoe kinderachtig de emotie op het eerste gezicht ook lijkt.

Teleurgesteld zijn is spiritueel gezien niet erg in de mode. Beter kijk je er zo snel mogelijk met een berustende, serene glimlach naar en zeg je dat het 'is zoals het is' of zelfs dat 'het zo heeft moeten zijn'. Als je dat braaf hebt gedaan voordat je er klaar voor was, is de emotie ondergronds gegaan en zul je er op je reis door het donker alsnog mee in het reine moeten komen. Je hevige teleurstelling wil ervaren worden, met al het slachtofferschap en je sneu en zielig voelen dat erbij hoort, alle verwijten en boosheid. Het is een diepmenselijke reactie die je niet kunt overslaan en die zijn plek nodig heeft. Want zolang je teleurstelling de deur wijst zal ze, zoals dat gaat met onderdrukte emoties, onbewust al je volgende ondernemingen saboteren.

Misschien heb je je teleurstelling naar de achtergrond gedwongen omdat je vindt dat ze niet verlicht is, maar het is ook mogelijk dat je bang bent om die teleurstelling ten volle te ervaren omdat het te pijnlijk zou zijn. Je hebt dat nare gevoel in je buik zo snel mogelijk naar boven gedirigeerd, naar je hoofd, om het met positief denken, opbeurende relativeringen, verlicht klinkende oneliners of andere lapmiddelen weg te rationaliseren. Opgeruimd staat netjes. Alleen is het niet opgeruimd. Er is niets mis met relativeren, maar dat is iets voor later. Je hebt een waardevolle fase overgeslagen.

Wat er zo waardevol is aan teleurgesteld in een hoekje zitten? Je voelt wat er te voelen valt, zodat het door je heen gaat en weer kan vertrekken. Dat is één. Iets verwerken gebeurt voor het grootste deel via het voelen, niet via het denken. Niet dat het gevoel dan voor eeuwig helemaal weg is – je zult misschien een steekje gemis voelen als je eraan denkt – maar je hebt je teleurstelling onderdak verleend waardoor de angel eruit is. En twee: iets doet precies zoveel pijn als het waard is. Je diepe teleurstelling doet recht aan wat voor geweldigs je verloren hebt, je misgelopen bent of er van je af is genomen. Je laat je verliezen bij je in huis wonen. Ze horen bij je bestaan, bij je leven zoals je het leidt, bij wie je bent, wie je was en wie je gaat worden.

Het verdriet, de rouw, de verwijten om wat er is gebeurd zijn van jóú. Niemand anders draagt ze, ook niet de daders en betrokkenen. Zij hebben geen last van wat jij voelt en denkt. Hoe oneerlijk het soms ook is, jij hebt ze zelf te dragen. Wat nou als je die gevoelens ook echt besluit te gaan dragen? Als je niet langer pijlen afschiet die geen doel treffen? Als je met een lief oog naar je gevoelens kijkt en besluit er volledige verantwoordelijkheid voor te nemen? Dit ben jij, met dit verleden en die nare gebeurtenissen die je hebben gemaakt tot wie je bent. Niets veroordeel je, niets mag er niet zijn en niets heeft een plaats bij een ander. Jij bent de rechtmatige eigenaar en draagt de plicht ervoor te zorgen.

Je denkt misschien dat het in bezit nemen van het verdriet te zwaar wordt, dat je eronder gebukt zult gaan, dat de wrok nog groter wordt omdat je niet meer naar de anderen kijkt en wijst. Het tegendeel is waar. Je zult je bevrijd voelen. Autonoom. Ontdaan van onzichtbare lijntjes met allerlei mensen aan wie je energie verliest. Je hebt je kracht teruggevorderd. Je bent vrij.

Als je je persoonlijke verliezen en teleurstellingen volledig accepteert, kun je er pas goed naar gaan kijken en je eigen aandeel erin erkennen. Waarom liep het mis? Had je iets anders kunnen doen? Waren er signalen die je hebt gemist? Je kunt gaan inzien dat iets (nog) niet bij je paste, dat iets anders beter bij jouw hogere doelen aansluit. Je kunt aanvoelen dat de tijdgeest of de plek er nog niet rijp voor was, dat je het hebt afgelegd tegen een machtig systeem. Je kunt beseffen dat iets te hoog gegrepen was en begrijpen dat je kunt uitblinken en opbloeien binnen jouw mogelijkheden. Maak vervolgens contact met je verlangen ernaar, zodat je teleurstelling je leidt naar wat je wilt en waar en wanneer het wel levensvatbaar is.

Geef het gevoel ruim baan; juist dan wordt het sneller hanteerbaar en geeft het ruimte aan begrip, inzicht en nieuwe kansen die bij jou passen. Als de ziel iets graag genoeg wil ervaren, creëert zij een volgende kans. Vertrouw daar maar op.

Dan spijt – een oude vriend die zich, als je die eerder niet hebt toegelaten, in het donker zal laten gelden. Hij is een gast die pas vertrekt als je hem zich helemaal welkom hebt laten voelen en geen minuut eerder.

Berouw voelen zou geen zin hebben. We dienen dingen 'los te laten', want het is gelopen zoals het is gelopen. Gedane zaken nemen geen keer. Helemaal waar. Hoe uitvoerig je andere scenario's ook bij elkaar fantaseert of hoe zorgvuldig je ook reproduceert wat er allemaal precies is misgegaan, je kunt het verleden niet repareren. In die zin is spijt hebben inderdaad zinloos. Met herkauwen en je lullig voelen verander je misschien niets aan de geschiedenis zelf, maar reflecteren op je handelen en wat voor gevolgen dat heeft gehad, geeft zelfinzicht. En door zelfinzicht en gezonde zelfkritiek kun je je eigen tekortkomingen in kaart brengen en voorkomen dat je je in het vervolg weer als een complete idioot gedraagt.

Soms doen jij en ik namelijk gewoon echt stomme en domme dingen. We worstelen allemaal met onze eigen onhebbelijkheden en blijven regelmatig in gebreke. Dat erkennen is de eerste stap om de zaak in beweging te krijgen.

Als je spijt ervaart, erken je je aandeel in het gebeurde volledig. Alleen al het feit dat je het niet goedpraat en wegmoffelt is formidabel. Weet je wel hoeveel mensen het beeld van zichzelf als heilige intact proberen te houden door er een verhaal omheen te verzinnen? Ze smeren er naderhand bedachte argumenten overheen en dragen vergoelijkende omstandigheden aan zodat ze de onschuld zelve kunnen blijven. Dat is misschien fijn voor dat mooie zelfbeeld, maar minder voor de persoonlijke ontwikkeling van die persoon. Bovendien zal de ziel altijd blijven protesteren; het verhaal wringt. De waarheid, hoe pijnlijk ook, brengt daarentegen rust, zodat je kunt gaan verwerken.

Het inzien en accepteren van je eigen aandeel, hoe klein of groot het ook was, heeft een helende werking. Niet als je vervolgens jezelf heel hard gaat veroordelen, maar je erkent dat er een deel van het verhaal was waar jij invloed op uitoefende. Het brengt je weg van slachtofferdenken en haatgevoelens. Als jij een deel in handen had, kun je je daarop concentreren (in plaats van op het deel waar je geen invloed op had) en er wijzer van worden. En als je er iets van leert, heeft het voorval meer nut en zin gehad dan wanneer je geen enkele rol in het gebeurde accepteert. Het is louterend omdat je toestaat dat de ervaring je inzichten brengt in jezelf.

Je kunt gaan achterhalen of er een patroon ligt en waar dat vandaan komt. Je kunt je gedrag tegen het licht houden, het eventueel betreuren, je excuses aanbieden, waar mogelijk je fout herstellen, het goedmaken misschien, en besluiten het de volgende keer helemaal anders te doen. Je kunt jezelf vergeven.

Je hoeft de schuld-, schaamte- en spijtgevoelens die je plagen ook niet uit te vergroten en erin te blijven rondwentelen bij wijze van boetedoening en als bewijs van je goede inborst (want je moet wel een heel goed mens zijn als je zó gebukt gaat onder wroeging). Beter zou je naar je onderliggende overtuigingen over schuld en boete kunnen kijken. Geef je jezelf ruimte om iets minder verlicht te zijn dan je zou willen? Mag je 'lelijk' zijn of alleen maar mooi en lief? Ben je opgevoed met zware oordelen over zonde en straf? Vervang 'straf' dan eens door 'les'. Werp je boetekleed en doornenkrans af en kijk eens hoe ongelukkige keuzes tot belangrijke inzichten hebben geleid.

Zelf heb ik altijd de ergste spijt over mijn gedrag en keuzes tegen beter weten in. De zwaarste wroeging voel ik over de keren dat ik diep vanbinnen een stemmetje hoorde dat me vertelde dat ik het beter anders kon aanpakken, maar het tóch niet deed – uit beleefdheid, misplaatste hoop, gemakzucht, opportunisme. Spijt is de prijs die je betaalt voor niet luisteren naar je innerlijke stem. Dat is een serieus rotgevoel, maar ook een geweldige stimulans om het voortaan wel te doen.

Tijdens je reis door het donker, met het maanverlichte schimmenspel van heldere dromen, emotionele erupties en profetische visioenen, ga je misschien anders terugkijken op je jeugd. Met een breder perspectief en meer mildheid zul je naar je geboortefamilie kijken, uitgaande van een situatie waarin er geen zwaar misbruik heeft plaatsgevonden.

Als kind is de situatie waarin je zit normaal voor je omdat je geen vergelijkingsmateriaal hebt, als puber heb je je waarschijnlijk afgezet en nadat je het huis uit ging, was er misschien een periode dat je je ouders of opvoeders dingen (hardop of inwendig) voor de voeten wierp die in jouw ogen waren misgegaan. Er was je iets ontnomen, je was dingen tekortgekomen, je had recht op iets wat je niet gegeven is. Daarna zijn er dingen uitgepraat of bleken ze helaas onbespreekbaar, er waren excuses of uitvluchten van je ouders, je bleef verongelijkt achter of je hebt vergeven. 'De dag dat het kind zich realiseert dat volwassenen imperfect zijn, wordt het een puber,' schreef de Canadese dichter en romancier Alden Nowlan, 'de dag dat hij hen vergeeft, wordt hij een volwassene. De dag dat hij zichzelf vergeeft, wordt hij wijs.'

We horen allemaal bij het rijk der feilbaren. Ook je familieleden.

Op spiritueel niveau kun je stellen dat je ziel ervoor heeft gekozen om als mens in deze familie op te groeien, met juist deze ouders, broers, zussen en grootouders. Je wordt geboren in je familie en later zul je precies begrijpen waarom. Dan zul je inzien wat je van hen te leren had en wat zij van jou te leren hadden. Misschien kun je nu al zien hoeveel van die lessen juist voortkwamen uit hun tekortkomingen, uit de momenten waarop ze het hebben laten afweten, zodat jij kwaliteiten in jezelf hebt moeten activeren waar je nu nog steeds profijt van hebt. Als het je lukt om tijdens je leven al te vertrouwen op die goddelijke ordening en betekenis, verschuift er iets. Er verschuift iets in je teleurstelling, je miskenning, je wrok, je slachtofferschap en je superioriteitsgevoel. Je geeft je over aan een hogere wijsheid, een complexere organisatie van de dingen, en niet aan je ongerief. Jouw idiote, disfunctionele familie heeft je iets gebracht en zal je nog meer brengen als je bereid bent te zoeken naar de manier waarop je je tot hen kunt leren verhouden.

Ook ik heb dat proces doorlopen met mijn vader, die in mijn

jeugd grotendeels ontoegankelijk voor me was door alcoholgebruik. Er moesten de nodige therapie, boosheid, veroordeling, valse hoop en teleurstelling aan te pas komen voordat ik was waar ik nu ben: zonder wrok en oordeel, met liefde, maar zonder verwachting dat hij iemand anders wordt dan hij is. Ik zet hem in gedachten niet langer op de plek waar ik zou wíllen dat hij staat, maar waar hij, op basis van zijn keuzes, nu eenmaal besluit te staan – best een eind weg. Die afstand is passend, want zo is het. Als ik het even vergeet, teken ik het: hier sta ik en hier zou ik willen dat hij staat, maar hij staat dáár. Dat geeft realiteitszin, aanvaarding en zielenrust.

Inmiddels kan ik zien wat zijn bescheiden plaats in mijn leven me heeft gebracht: het hielp me om zelfredzaam en autonoom te worden. Om te begrijpen dat als ik iets wilde – een kamer in Amsterdam, een studie – ik daar zelf achteraan moest gaan. Omdat ik een moeder had die me veel liefde gaf, ontwikkelde ik een gezonde eigenwaarde en zelfliefde, onafhankelijk van aandacht of bevestiging van anderen. Het hielp me te begrijpen dat het niet de taak van anderen is om mij tevreden te stellen of gelukkig te maken. Niemand is verplicht om mijn problemen op te lossen, niemand hoeft in mijn behoeften te voorzien – al kan ik om hulp vragen, maar het is aan hem of haar om die wel of niet te geven. De wereld is mij niets verschuldigd – geen succes, waardering of erkenning, geen *free rides*. Het leerde me om dankbaar te zijn voor wat ik ontvang en voor wat van mij ontvangen wordt, wetende dat niets me toekomt, maar dat het me kennelijk gegund is.

Bovendien kan ik met de jaren zien dat het bij mijn vader geen kwestie van onwil is, maar onvermogen en daarvoor kan ik empathie en sympathie opbrengen. De verhalen over zijn jeugd, die ik van mijn moeder hoorde, zijn als uit een boek van Charles Dickens. Slechts een detail: op zijn elfde werd hij van school gehaald en maandenlang op een schip de zee op gestuurd, met vissersmannen die hem zijn eerste slokken drank gaven.

Je kunt niet geven wat je zelf niet hebt gekregen of hebt kunnen ontwikkelen. Dus kan ik zeggen: het is oké, ik vergeef je, ik hou van je en bedank je voor alles wat je me wél hebt kunnen geven. Want ook dat is er.

Als je leert zien in het donker, zoals de uil, dan kun je op onderzoek uit. In het donker, waar alles zich onverbloemd en ongemaskerd schuilhoudt, kun je kijken naar je bloedverwant en diens tekortkomingen, ontstaan vanuit kwetsuren en onvermogen. Je ziet jouw behoeften en verlangens die door hem of haar niet zijn vervuld en de manieren waarop je die pijn en afwijzing als kind hebt kunnen incasseren. Helaas gaat dat vaak, zeker als het de moeder betreft, op een manier waarbij je jezelf in de steek laat. Mijn vriendin Marian Mudder, actrice, therapeut en auteur van *Wat ik eerder had willen weten*, deed eens een uitspraak die voor veel mensen met een slechte relatie met hun ouders een eyeopener was: 'Wanneer een kind slecht wordt behandeld door ouders houdt het niet op van de ouders te houden, het houdt op van zichzelf te houden.' Zo heeft ze dat zelf ook ervaren, en het kostte jaren therapie om dit uit te vogelen: 'Een kind dat niet krijgt wat het nodig heeft of ronduit slecht wordt behandeld, zal dit op zichzelf betrekken. De loyaliteit die het voelt voor de moeder, als kind dat niet voor zichzelf kan zorgen, is een overlevingsmechanisme. Het kost tijd en aandacht om die blik op jezelf om te buigen.'

Door de jaren heen heb ik Marian zien groeien als mens en als dochter, als een groot voorbeeld van hoe je je kunt blijven toewenden naar een ouder op een manier die tegelijk warm is én niets pijnlijks uit de weg gaat.

Vaak lukt het rond het midden van je leven om een manier te vinden om je te verhouden tot een familielid zonder jezelf geweld aan te doen. Je kunt een passende manier en een mate van contact bepalen – wat ook nauwelijks contact kan inhouden. Je kunt besluiten af te zien van elk ontfutselen, elk 'willen pakken', elk verwijt of 'erboven staan'. Je weet dat je het hele proces hebt doorlopen als je ook oog krijgt voor het moois in de ander. Laat wat zuiver is van de ander tot je komen, laat wat onzuiver is van de ander aan je voorbijgaan. Je bent niet langer een hulpeloos kind; jij bepaalt als volwassen vrouw steeds of je iets wel of niet van de ander aanneemt. En jij bepaalt wat je geeft, waarbij die ander vrij is om het aan te nemen of niet. Je kunt, zo heb ik ontdekt, je liefde ook zo'n beetje om iemand heen draperen als het hart van die persoon gesloten is.

En nog iets: het is niet jouw taak om je familieleden te redden als je een weg uit het familietrauma of familiekarma hebt gevonden. Het is genoeg dat jij op eigen kracht die weg omhoog hebt beklommen, want dat spoor wordt voor hen ook energetisch beschikbaar. Zij kunnen ervoor kiezen je te volgen op het pad dat je gebaand hebt, maar je hoeft hen niet op je rug mee te torsen.

Als je innerlijk werk over je jeugd hebt verricht, zal er in je liefdesrelatie, als je die hebt of krijgt, iets veranderen. In de liefde worden alle jeugdtrauma's namelijk nog eens uitgespeeld, zoals je waarschijnlijk inmiddels wel hebt gemerkt. Je zult minder geneigd zijn om de mechanismen die je je als gekwetst kind hebt aangeleerd in te zetten bij conflicten – of je bent je er meteen van bewust als je dat doet. Wat je bij je geboortefamilie hebt geheeld, zit niet meer vanzelfsprekend klem tussen jou en je partner. Maar als ik voor mezelf spreek: een aandachtspunt blijft het altijd.

Wat mij helpt, is mezelf vragen stellen, losjes gebaseerd op die van de Amerikaanse spreker en auteur Byron Katie met wie ik voor *Wijze vrouwen* een paar dagen mee mocht lopen. Als er een oude, onaangename, beperkende gedachte opduikt, vraag ik mezelf het volgende.

Een: is het waar?

Twee: kan ik er überhaupt over oordelen?

Drie: hoe voel ik me als ik die gedachte heb en is dat handig?

Ten slotte, als ik inzie dat het niet (per se) waar is, verander ik de gedachte in een gedachte waarvan ik wél zeker weet dat ze waar is.

Je geest is als een kind, dat automatisch iedere gedachte gelooft alsof het klopt. Een mens denkt de hele tijd van alles, dat zijn maar creaties van het brein. Als je van een overtuiging in de ban bent geraakt, pak de overtuiging dan bij de schouders en zeg: 'Leuk wat jij daar allemaal beweert, maar ík weet het niet.'

Het donker is, ten slotte, ook de plek waar vergeving kan plaatsvinden zodra je daaraan toe bent. Misschien heb je iemand halfhartig vergeven. Als jou iets is aangedaan, dan vindt men om je heen immers vaak veel eerder dan jij dat je dóór moet en daarom de andere partij dient te vergeven – als 'cadeau aan jezelf' en voor 'closure'. Niemand, ik herhaal, níémand (ook niet je spirituele coach, je therapeut, je moeder of je beste vriendin) mag jou opdragen of en wanneer je iemand moet vergeven. Alleen jijzelf kunt de behoefte voelen om het te doen of om het (nog) niet te doen.

Te vroeg en kunstmatig vergeven omdat je zo graag een mooi mens wilt zijn, betekent namelijk twee stappen achteruitzetten. Iedere keer als er wat boosheid of wrok opborrelt, voel jij je hypocriet, want je hebt immers al zo plechtig vergeven. Dat staat de werkelijke verwerking (die ook een flinke portie woede omvat) alleen maar in de weg. Het vertraagt het proces, want nu is er ook nog zelfveroordeling bij gekomen. Vergeven is wat mij betreft ook geen cadeau aan jezelf. Simpelweg besluiten om geen energie meer te verspillen aan haatgevoelens en de persoon die je wilt onthoofden met onmiddellijke ingang vergeven – is dat werkelijk vergeven vanuit het diepst van je hart of een soort zelfopgelegde gevoelloosheid om ervanaf te zijn?

Een halfhartige vergeving kan in het donker, waar alles is zoals het echt is, niet bestaan; al je werkelijke gevoelens kunnen dat daarentegen wel. In hun volle omvang. Op het moment dat je er eventueel werkelijk aan toe bent om te vergeven, is er sprake van een afgerond verhaal. Je hebt het verwerkt, je hebt het in de context geplaatst, je bent misschien gaan begrijpen wat de ander heeft bezield, er is tijd overheen gegaan. De emotionele lading is ervanaf. Je bent in staat om met mildheid en mededogen naar de ander en de gebeurtenissen te kijken, zonder een grote betrokkenheid te voelen. Het heeft zijn toverkracht verloren. Je kunt verder met je leven zonder hinder van het verleden – wat dan toch dat cadeau aan jezelf blijkt te zijn.

Je zou je vergiffenis aan de persoon zelf kunnen schenken (als diegene nog leeft en beschikbaar is), maar ook hardop voor jezelf kunnen uitspreken of op een andere manier ritueel kunnen vormgeven door je pardon op te schrijven en het papiertje te verbranden of te begraven. De ander hoeft er dus niet bij te zijn als je hem of haar vergeeft. De ander hoeft ook niet om vergiffenis gevraagd te hebben of zelfs maar een snippertje spijt te hebben betuigd. En de ander hoeft ook niet naderhand te horen dat je hem of haar hebt vergeven. Sterker nog: zolang het jou nog te veel uitmaakt wat diegene van jouw vergiffenis vindt, is deze waarschijnlijk niet helemaal zuiver.

Jij doet dit vanuit je hart, zonder verborgen agenda ('en dan wil ik nu graag dat jij mij ook vergeeft, wel zo netjes') en zonder effectbejag ('kijk eens hoe ver ik al ben!'). Je geeft het met volle overtuiging als een geschenk en of de ander het nu mooi vindt, niet eens uitpakt of in de winkel gaat ruilen voor iets anders, is niet van belang. Het is genoeg dat jíj het weet. Want uiteindelijk ben jij het die baat heeft bij de rust, ruimte en vrede die vergiffenis biedt. En tjonge, wat is dat je gegund.

Als je iemand hebt vergeven, betekent dat overigens niet dat je zijn of haar vergrijp goedkeurt of wat diegene andere mensen heeft aangedaan. Het betekent niet dat je de persoon opnieuw verwelkomt in je leven. Het betekent ook niet dat je nooit meer boos wordt om nieuwe vergrijpen van die persoon of met een restje ressentiment en gekwetstheid terugdenkt aan bepaalde pijnlijke voorvallen. Soms kan ik tot mijn eigen verbazing ineens intens verdrietig zijn om een of ander incident dat ik me opeens herinner, zo'n moment waarop het verleden een vinger naar je uitsteekt en de nagel dwars door je huid heen gaat. Vergeving of niet, denk ik dan, maar dát was een klotestreek.

Het heeft lang geduurd voor ik de vader van mijn kinderen werkelijk kon vergeven voor zijn plotselinge vertrek en zijn gedrag erna. Daarvoor was het nodig om dingen vanuit zijn gezichtspunt te bekijken, begrip te krijgen en mededogen te voelen, en dat kreeg ik niet voor elkaar. Ik snapte mezelf niet: ik heb me in mijn romans moeiteloos en met huid en haar verplaatst in vreemdgangers, leugenaars, hoerenlopers en naziliefjes, maar mijn ex begrijpen lukte me maar niet. Hoe kon dat nou? Ik had als schrijfster toch zo'n sterk ontwikkelde empathie? Ineens wist ik het: dat kwam omdat ik het andere personage was in het verhaal. En personages begrijpen elkaar doorgaans niet, half of verkeerd. Maar goed ook, want anders zouden romans nogal dunne en saaie boekjes worden.

Pas toen ik een jaar of drie na de breuk met mijn ex aan tafel zat, de grote emoties tot bedaren waren gekomen en ik niet meer als geliefde naar hem keek, luisterde ik rustig naar hem en doorzag ik hem ineens. Hoe dat kwam? Ik was, zonder het zelf door te hebben, geleidelijk uit het verhaal gestapt. Ik was geen personage meer.

Ons boek was uit. Dus kon ik hem met een heldere, wat afstandelijke blik bekijken. Ik wist ineens: Hij Kan Niet Anders. Nu niet en toen niet. Ik was op een punt gekomen dat ik kon zeggen, zoals mijn moeder vaak opmerkt: 'Ach, hij heeft zichzelf niet gemaakt.' Dit is wie hij is. Door opvoeding, genen, ervaringen, weetikwatnogmeer. Net als ik en wij allemaal. Ik vatte het niet meer persoonlijk op. Ik wilde niet langer tot hem doordringen, hem niet langer met luide stem op dingen wijzen en wenste hem verder het allerbeste toe. Ik kon ermee ontspannen.

Nog weer zes jaar later luisterde ik opnieuw naar hem. Hij had inzichten opgedaan die ik hem destijds wanhopig had toegeroepen. Toen had ik er een moord voor gedaan om die woorden uit zijn mond te horen, nu was ik alleen maar blij voor hem. Iedereen ontwikkelt zich in zijn eigen tempo, van binnenuit, en soms gaat de ontwikkeling van partners niet gelijk op. Er viel niets te vergeven.

Hoeveel innerlijk werk je ook verricht, je zult ook als volbloed Crone nooit helemaal afgerekend hebben met je verleden. Daarover maak ik me geen illusies. Op een onbewaakt moment, met de juiste mix van triggers en een toefje vermoeidheid, val je waarschijnlijk terug in iets ouds – waarna je je herpakt. Verwerking is een dans, geen lichtknopje dat je indrukt. Zodra je weet waar belemmerende mechanismen vandaan komen, ben je er niet meteen zomaar vanaf.

'Mens, daar was je toch allang voorbij?' denk ik vaak als ik overvallen word door een oude pijn, in een maar al te vertrouwd patroon verval of een remmende overtuiging ineens weer heel geloofwaardig vind. Terwijl ik bezig was een verdedigingsstrategie in kaart te brengen, te begrijpen en vrij te maken, dacht ik in de euforie dat het me daarna nooit meer dwars zou zitten. Maar de eerstvolgende keer dat ik iets soortgelijks meemaak, kan ik weer net zo ontredderd zijn – alleen ben ik me ervan bewust en kan ik er ook weer eerder uit stappen. En als ik door iemand getriggerd word en buitensporig of fel reageer, heb ik deze zinnen paraat: 'Het ligt aan mij, ik kan het niet uitleggen. Je mag het gewoon bij mij laten.' Het is een briljante zin om bij de hand te houden: je mag het bij mij laten.

Er is iets grappigs aan een spiraalvorm. Als je een spiraalvorm van de bovenkant bekijkt, zie je meteen dat de cirkelende lijn naar of van een middelpunt leidt. Maar als je je zelf in de spiraal begeeft, dan voel je alleen dat je rondjes loopt en steeds langs dezelfde punten komt. Je zou dan kunnen denken dat je niets bent opgeschoten, terwijl je in werkelijkheid wél dichter bij de kern ervan komt. Of je beweegt je er juist vanaf, waarbij het steeds minder vat op je heeft en het zijn betovering verliest. Het is vooruitgang, evolutie; geen herhaling van zetten.

De eerstvolgende keer dat je weer in de pijn en verwarring van een bekend vraagstuk terechtkomt, probeer dan eens na te gaan op welke manieren je wel met het thema bent 'opgeschoten'. Je zit weer een laag dieper in het proces, wat wel net zo pijnlijk aan kan voelen als eerder, maar waarbij je nader tot de essentie komt. Waarna je er bij de volgende cirkel van verwerking weer langs komt en... enfin.

We bewegen door te avonturieren, aan te rommelen, te reflecteren en soms te worstelen langzaam naar ons eigen midden, onze diepste kern. Dat afdalen naar ons binnenste wordt soms door een persoonlijke crisis in gang gezet, maar kan ook op een zachtere manier plaatsvinden als we gehoor geven aan de roep om ergens aandacht aan te schenken. Beweeg mee en heb vertrouwen dat de dingen hun loop hebben. En probeer dat te doen zonder schaamte, zelfverwijt, slachtofferschap of haast.

We cirkelen naar ons eigen middelpunt; dat is de evolutie van de geest. Of zoals romanschrijfster Rachel Cusk het zegt: *'I don't feel like I am getting older, I feel like I am getting closer.'*

3 – Wijsheid, woede en waarheid

Toen je nog strikken in je haar droeg
en afzakkende sokken,
riep je uit volle borst, je schreeuwde,
steigerde en protesteerde.

Zachtjes toch, kalm aan, meisje.
Wees aardig en beleefd,
gedraag je bescheiden en denk aan een ander.

Je verstopte en verzweeg,
verdonkeremaande, veraangenaamde,
verbloemde, verborg en verdoezelde.
Je verloochende.
Je veranderde.
Je verdween.

Maar nu vraag ik je, vrouw,
verhef je stem,
verklaar, verkondig,
veropenbaar en vermorzel.
Verhonderdvoudig jezelf.

Misschien denk je bij een oude, wijze vrouw aan een sereen glimlachende dame die je wijze raad geeft en koekjes serveert. Dat is niet het soort wijsheid waar ik het hier over wil hebben.

Ik wil met je praten over oudere vrouwen die met hun scherpe onderscheidingsvermogen en ongemakkelijke waarheden, aangevuurd door rechtvaardigheidsgevoel, empathie en maling aan conventies, de wereld om hen heen beter kunnen maken.

Wijsheid, als distillaat van decennialange ervaringen, reflectie en intuïtie, is een bedreiging voor heersende machten. Ze betwijfelt, weegt, oordeelt, tornt aan en tart dogma's op een manier die hout snijdt. Ze laat zich geen rad voor ogen draaien. Wijsheid is als een zwaard dat in naam van de waarheid illusies en hypocrisie doorklieft. Voor mensen die baat hebben bij het systeem, met de verdeling van macht en geld zoals die is, is de oudere, eigenwijze vrouw die zich uitspreekt een doorn in het oog. Ze proberen haar te diskwalificeren en ridiculiseren, doorgaans met venijnig commentaar op haar verschijning of anders op haar karakter, dat lastig of 'hysterisch' zou zijn.

'De maatschappij probeert ons wijs te maken dat onze waarde vermindert naarmate we ouder worden,' zei Sharon Stone in 2023 tegen Oprah, 'maar ik denk dat onze waarde juist toeneemt. Als we veertig zijn, worden we ontzettend krachtig en dán begint het: "Je hebt geen macht meer, want je bent niet meer aantrekkelijk." Ik denk dat dit fenomeen gepland, voorbereid en opzettelijk onderdrukkend is, zodat vrouwen zich onbewust blijven van hun persoonlijke kracht en macht.'

Van oudsher wordt de oudere vrouw door patriarchale machten gevreesd. Volgens patriarchale normen wordt haar marktwaarde minder, maar rond dezelfde tijd begint ze sowieso te weigeren om het spel volgens de regels te spelen. Ze kan leunen op kennis, kunde en ervaring, heeft niemands goedkeuring nodig en heeft geleerd om oordelen van de buitenwereld naast zich neer te leggen. Doordat haar hormoonspiegel verandert en haar oestrogeenniveau daalt – ik hoorde iemand oestrogeen laatst omschrijven als *nice lady hormones* – wordt ze minder plooibaar. Vooral in vroegere eeuwen was ze in een levensfase waarin ze haar handen vrij had omdat de zorg voor een gezin en huishouden haar niet langer opslorpte. Ze hoefde niet meer bang te zijn om ongewenst in verwachting te raken en kon haar seksualiteit vrij beleven. Als ze haar echtgenoot overleefde, was ze als weduwe een alleenstaande vrouw met middelen, zonder mannelijke autoriteit boven zich. Die persoonlijke macht en autonomie maakten oudere vrouwen gevaarlijk – een bedreiging voor de orde waarin de dominee of pastoor, de landheer en de dorpsdokter de dienst uitmaakten. En macht is bij vrouwen brandbaar.

Mijn historische roman *De heks van Limbricht* vertelt het verhaal van Entgen Luijten, die in 1674 op hoge leeftijd als heks werd aangewezen en gevangen werd gehouden in de kerker van kasteel Limbricht. Haar proces verliep niet zoals je zou verwachten, zonder het plot te verklappen. Ze had eerder in haar leven laten zien daadkrachtig en niet bang te zijn toen een buurman haar er na de dood van zijn koe van betichtte het dier te hebben betoverd. In plaats van de 'schade' te vergoeden, een koe te schenken en zo een heksenproces te voorkomen, zoals de meeste vrouwen deden, klaagde ze hem bij de rechtbank aan voor smaad. Ze was een mondige, autonome weduwe met een eigen boerderij en had waarschijnlijk openlijk kritiek op de landheer die meer 'tienden' van de oogst vroeg dan gebruikelijk. Haar onverzettelijkheid, waarheidsliefde en gevoel voor rechtvaardigheid hebben haar de kerker in gedreven en diezelfde kwaliteiten zorgden ervoor dat ze, ondanks zeer waarschijnlijk marteling, honger en gevangenschap, nooit andere vrouwen als heks heeft aangewezen en nooit heeft bekend. Ze hield stand.

In de dossiers van heksenprocessen van vrouwen die nog bewaard zijn gebleven (de meeste zijn vernietigd), kun je in bijna alle gevallen, naast andere beschuldigingen van tovenarij, eenzelfde aantijging vinden: de verdachte in kwestie heeft 'een scherpe tong' of is 'vlot van tong'. Anne Llewellyn Barstow geeft in haar boek *Witchcraze* het voorbeeld van de Schotse vroedvrouw Margaret Lang uit Erskine, die te boek stond als 'wijs en exact in haar ambacht'. Nadat ze als heks was aangeklaagd, verdedigde ze zich tegenover de rechters kalm en welsprekend. Juist haar eloquentie werd gezien als het bewijs dat ze een heks was. Ze werd opgehangen, waarna haar lichaam, zoals gebruikelijk bij ter dood veroordeelde heksen, werd verbrand om de ziel te wassen van duivelse invloeden.

Bregje Hofstede schrijft in een essay over vrouwenhaat door de eeuwen heen dat vrouwen met een sterke mening soms, in plaats van een heksensproces te ondergaan, het dragen van een *scold's bridle* of *witch's bridle* als straf kregen opgelegd. Dit was een metalen kooi die om het hoofd werd geplaatst met een bit in de mond waaraan een scherpe pin was bevestigd die de draagster het spreken onmogelijk maakte. Haar werd, letterlijk, de mond gesnoerd. Er waren geen mannen die deze pijnlijke berisping moesten ondergaan: *scold* kun je vertalen als 'viswijf'.

Bij een heksenproces konden mensen het in de rechtbank opnemen voor de verdachte, maar het woord van een vrouw woog niet zo zwaar: de getuigenissen van twee vrouwen stonden gelijk aan die van één man. Het was voor een vrouw die het opnam voor de verdachte bovendien oppassen geblazen dat ze daarna niet zelf werd aangeklaagd. De heksenjager Martin Del Rio waarschuwde in zijn *Disquisitionum Magicarum Libri Seks*: 'Het is bewijs voor hekserij om heksen te verdedigen.' De diepe angst, die voor veel vrouwen tot op de dag van vandaag voelbaar is, om gestraft te worden voor het uitspreken van een onpopulaire waarheid, het uitdagen van de status quo, heb ik 'brandstapelangst' genoemd. Het is de angst voor de meute die achter je aan komt zodra je je mond opendoet. Dit overblijfsel van de traumatische vrouwelijke onderdrukking dat in ons onderbewustzijn en in het collectieve veld is blijven hangen, ondermijnt onze moed om ons niet kleiner of acceptabeler te maken dan we zijn.

De lijst van slachtoffers van wie we weten dat ze op het huidige Nederlandse grondgebied als heks zijn geëxecuteerd, geboekstaafd op de website van Stichting Nationaal Heksenmonument, telt bijna driehonderdvijftig namen – een lijst die nog steeds wordt aangevuld en die maar een gedeelte van het werkelijke aantal moet omvatten. Maar zelfs als een vrouw tijdens haar leven maar had gehoord van één enkele vrouw die moest branden om haar grote mond, dan nog moet het afschrikwekkende effect enorm zijn geweest. Barstow schrijft dat vrouwen sinds de heksenvervolging 'in het algemeen minder begonnen te protesteren. In de middeleeuwen hadden ze nog de reputatie van viswijven, schunnig en fel, en daarna begonnen ze te veranderen in de passieve, onderdanige types die in de negentiende eeuw werden bewierookt.'

Vrouwelijke mondigheid en strijdbaarheid werden in een kwaad daglicht gesteld. Een vrouw als Kenau Simonsdochter Hasselaer (1526-1589), die volgens een tijdverslag vanaf de wallen met brandend stro en kokende pek de Spaanse belegeraars van Haarlem bevocht, werd in latere eeuwen volgens andere standaarden beoordeeld. Tijdgenoot Arcerius, een Friese geleerde, noemde Kenau in zijn lofdicht nog, bewonderend, een vrouw, die 'met arbeid, wapens en tegenweer het algemene welzijn voorstond en met spijt en schimpen de vijand onophoudelijk tergde'. Inmiddels is een kenau genoemd worden gedegradeerd tot een belediging en betekent het 'bazige, onvriendelijke vrouw'.

Ook andere slagvaardige vrouwelijke volksheiligen die eens werden vereerd, kregen met de tijd een slechte naam aangesmeerd. De Heilige Margaretha, patrones van de kraamvrouwen, ging in de legende de duivel te lijf en werd vereerd om haar moed. De naam Sint-Margriet, afgekort als Griet, ontwikkelde zich in de eeuwen daarna als een soortnaam voor bazige, eenkennige vrouwen. Ook bij de heilige Catharina, Catharina van Alexandrië in Egypte, die zich volgens de legende met verwijten tot de keizer durfde te richten, gebeurde dat. Haar naam leeft nog voort in de soortnaam ka. Als een vrouw een ka genoemd wordt, duidt dat op een bazigheid en mondigheid die 'onprettig' is.

Soms is er nog maar een druppeltje nodig om de emmer te doen overlopen van alle godvergeten plooibaarheid die je in je leven hebt opgebracht. Ik herinner me dat er in de metro een man wijdbeens naast me ging zitten, terwijl er overal lege zitplaatsen waren. Ik maakte me klein, zoals ik gewend was, om zo min mogelijk lichamelijk contact te maken. Eigenlijk wilde ik weg, maar dat deed ik niet omdat dit voor de ander een ongemakkelijk moment zou opleveren. Tot ik dacht: maar ík voel me nu ongemakkelijk en is dat niet ook iets waard? Er welde kwaadheid in me op omdat de man steeds meer ruimte innam en dat gaf me de kracht om op te staan. Ik wurmde me langs hem heen en nam verderop plaats. Het stelde niets voor en toch voelde ik me, toen begin veertig, een bevrijde vrouw. Eindelijk had ik korte metten gemaakt met mijn eigen inschikkelijkheid en angst om 'onaardig te zijn'.

Bij mannen vinden we een zeker agressieniveau acceptabel, omdat dit hoort bij hun traditionele taak van beschermer en jager. Jongens vertonen gezond gedrag als ze vechten, terwijl vooral meisjes wordt aangeleerd om hun woede te onderdrukken en zo lang mogelijk aardig en beleefd te blijven. Zij worden geprezen om hun toegeeflijkheid en berispt om het laten horen van een krachtig 'nee' tegen wat verkeerd aanvoelt. Beheers je, krijgen meisjes en jonge vrouwen nog steeds vaak te horen. Houd je aan de sociale code: zorg dat niemand zich ongemakkelijk voelt. Zo zijn schrikbarend veel vrouwen huiverig geworden voor hun eigen boosheid. Ze hebben geleerd hun eigen woede te wantrouwen en te verbergen. Gevolg: ze zijn agressiegeremd, slaan al die onderdrukte woede op in het lichaam en verliezen hun antenne voor wanneer hun grenzen worden overschreden.

De Amerikaanse journaliste, feministe en activiste Gloria Steinem heeft vaak opgemerkt dat vrouwen met het ouder worden radicaler worden, terwijl mannen eerder radicaal zullen zijn in hun jeugd en later in het leven conservatiever worden. Ook als je naar onze hormonen kijkt, bewegen mannen en vrouwen in tegengestelde richting. Mannen maken na hun vijfendertigste heel gestaag minder testosteron aan en bij vrouwen dalen het oestrogeen- en het progesteronniveau in een scherpe lijn tijdens de perimenopauze; terwijl mannen zachter worden, worden wij hoekiger. Niets is voor niets in de natuur en ik geloof dat het de bedoeling is dat de vrouw naarmate ze ouder wordt minder gericht raakt op zorgen voor haar dierbaren en haar scherpe, onderscheidende blik richt op de maatschappij.

Bij oorspronkelijke Noord-Amerikaanse stammen is het de functie van de oudere vrouw om dingen te zuiveren en los te laten – niet alleen voor henzelf, maar voor de hele gemeenschap. 'Er is een oudere wijze vrouw voor nodig om te zeggen wat niet goed voelt, wat uit balans is,' zei de Amerikaanse sjamane Ike West toen ik haar sprak voor *Wijze vrouwen*. 'Dat is binnen Noord-Amerikaanse stammen geaccepteerd. Aanwijzen waar iets scheef zit, hoort bij dit stadium van een vrouwenleven.'

Jean Shinoda Bolen spreekt over 'heilige woede': een zuivere, gezonde woede die zich richt op het veranderen van een onaanvaardbare situatie. Elke oudere vrouw die als fel wordt ervaren, heeft een heel leven achter de rug waarin haar verteld werd dat ze te luid was, te aanwezig, te uitgesproken, te expressief, te eigenwijs, en die eindelijk is gestopt met ernaar luisteren. Ze maakt zich los uit de houdgreep van aardig, beleefd en meegaand. Haar heilige woede is een transformerende toorn die in toom wordt gehouden door wijsheid en mededogen. 'Wanneer wijze strategie en heilige woede samenkomen verandert een oudere vrouw in een formidabele Crone,' schrijft Bolen.

Heilige woede is de brandstof die nodig is om kwalijke zaken aan te kaarten. Felle verontwaardiging kan aanzetten tot verandering en verzwakking van doctrines en regels die de wereld niet dienen. Het verdrijft cynisme en ontgoocheling over de wereld, die soms op een gekkenhuis lijkt, en maakt baan voor geëngageerde actie. Heilige woede verschuift dingen op wereldniveau en maakt nieuwe wetten mogelijk. De suffragettes waren razend, de eerste vakbondsleiders waren ziedend, Martin Luther King was bloedlink. In demonstraties voor milieu, mensen- en dierenrechten zie je opvallend veel oudere vrouwen meelopen.

Een activistengroep van alleen vrouwen in de leeftijd van vijftig tot tachtig jaar noemt zichzelf de Raging Grannies. In 1987 demonstreerden ze voor het eerst in Victoria, Brits-Columbia, tegen de vervuilende Amerikaanse oorlogsschepen in hun wateren. Ze speelden met stereotypen en gingen gekleed in gebloemde schorten en jurken, hoedjes en grijze pruiken. Sindsdien rukken er Raging Grannies op in Amerika, Canada en Europa om te strijden voor vrede, natuurbehoud en sociale rechtvaardigheid. 'We zijn geweldloos,' stelt de organisatie op haar website. 'We geloven alleen in vredig protest (met veel gelach) en zien ons werk als de wijd uitgestrekte groene takken van een grote boom, die bescherming en onderdak biedt aan hen die na ons komen. Grannies zijn toegerust om verborgen, corrupte zaken publiek te maken. Grannies checken hun feiten voordat ze handelen en schuiven geruchten, complottheorieën en andermans agenda's terzijde. Ze wachten geduldig tot het hele plaatje duidelijk is voor ze de straat op gaan.'

Je wijsheid, woede en waarheidsliefde zijn in deze fase van je leven niet alleen bedoeld voor je onmiddellijke omgeving, maar ook voor de grotere wereld – net zoals in de tijd dat de Crone zich hoorde te bemoeien met de gemeenschap en haar stem bij beslissingen voor het collectief zwaar telde. 'Bitterheid is als kanker,' zei de Amerikaanse auteur Maya Angelou, 'het eet de gastheer op. Woede is gezond. Woede is als vuur; het brandt alle troep weg. Ik denk dat het wijs is om het te tonen, om onrecht te bestrijden dat wie dan ook wordt aangedaan.'

Zelf vond ik het op mijn negenenveertigste tijd worden om niet alleen boeken te schrijven, en lezingen en interviews te geven over het vergeten hoofdstuk van de heksenvervolging in onze vaderlandse geschiedenis, maar de barricaden op te gaan. Ik ervaarde een groot contrast tussen de vijandigheid na het verschijnen van *Heks* in 2001 en de welwillendheid na *De wijsheid van de heks* in 2023. Na *Heks* ontving ik vrij concrete bedreigingen uit christelijke en islamitische hoek, kreeg ik politiebegeleiding naar lezingen en waren er zelfs weleens demonstraties bij de locatie waar ik optrad (op de spandoeken: JEZUS REDT), twintig jaar later was er vooral rustige, serieuze belangstelling. De tijd en ik waren rijp voor een volgende stap: het op een of andere manier activistisch zichtbaar maken van het onrecht dat al zoveel eeuwen onder het tapijt is geveegd. Het geven van eerherstel en het postuum kwijtschelden van schuld aan de slachtoffers.

Op een avond traden Manja Bedner, theatermaker van en actrice in het toneelstuk *De heks van Almen*, en ik samen op. Voor we het wisten, zaten we met betraande ogen en onze handen in elkaar geklemd naar elkaar te kijken met een groot gevoel van verwantschap: zij scheen met haar werk licht op de eerste vrouw in het gebied dat nu Nederland is die ooit als heks werd verbrand (vroedvrouw Aleyda) en ik op de laatste die veroordeeld werd (Entgen). Eén lijn verbond die twee vrouwen en één lijn verbond ons. Ik voelde me, om het dramatisch te zeggen, ineens niet meer alleen staan in de strijd om landelijke bewustwording. Samen verzamelden we vrouwen om ons heen, met Bregje Hofstede als belangrijkste bondgenoot, richtten een stichting op, publiceerden een pamflet met bijdragen van auteurs, zetten een landelijke herdenking op touw en zamelden geld in voor een nationaal heksenmonument, dat inmiddels bijna is gerealiseerd.

Ik ben in de basis geen boos mens; ik moet die emotie actief in mezelf oproepen om in verzet te komen. Maar bij het aangaan van deze strijd, en alle flauwe tot ronduit boosaardige reacties die ik weer zou moeten aanhoren, hielp het oproepen van mijn kwaadheid over onrecht en onwetendheid me om door te zetten. Elke keer dat ik werd geconfronteerd met het wegmoffelen, ridiculiseren en kleinmaken van de onuitsprekelijke pijn die onschuldige mensen is aangedaan, voedde mijn verontwaardiging mijn strijdlust: elke keer als er tijdens carnaval stropoppen in de vorm van een heks op een bezemsteel in de boom werden opgehangen en verbrand. Elke keer dat iemand me een foto stuurde van een leerboek van de middelbare school waarin heksen 'beoefenaars van kwade magie' werden genoemd zonder dat er over hun onschuld werd geschreven. Elke keer dat ik bij een tuincentrum op een 'geinig' tafelornament stuitte van een brandstapel met een heks erop, compleet met lichtgevende sintels. Elke keer dat een columnist in de krant schreef dat het slechts om incidenten ging, dat het geen institutionele vrouwenhaat betrof en bovendien al zó lang geleden was: 'klepkolder over hekserij'.

Op 3 juni 2023 stroomde de Dam in Amsterdam vol met honderden mensen die bosjes gipskruid, lelietjes-van-dalen, witte jasmijn, margrieten en witte lelies vasthielden. Ze gingen als vanzelf in een grote kring van rijen dik staan, net als op vijfentwintig andere plekken in Nederland. De klok van het Paleis op de Dam sloeg twaalf. Toen het weer stil was, nam Manja Bedner het woord. Ze noemde de namen van acht vrouwen en een man die op deze plek werden geëxecuteerd wegens 'kwade toverij' en het jaar waarin dat gebeurde. De eerste naam: Engel Dirks.

Eind 1541 werd Engel Dircx dr. opgepakt op verdenking van 'het sluiten van een verbond met de duivel' en 'schadelijke tovenarij'. Omdat het de schout en schepenen ontbrak aan een ervaren heksenmeester, werd de hulp ingeroepen van de Utrechtse secretaris van justitie Meester Dirk van Zuylen, een beruchte heksenjager die veel succes had met het breken van de wil van verdachten. Hij liet hen martelen met de gebruikelijke foltermethode, waarbij verdachten urenlang aan hun polsen werden opgehangen, gegeseld en met brandende kaarsen werden geschroeid. Daarbij waren verdachten geheel ontkleed, naar goede gewoonte, in aanwezigheid van de heren van de rechtspraak en de staat. Er ontbrak nog slechts één instituut: dat van de religie, in dit geval het christendom, nooit te beroerd om een ideologische rechtvaardiging te geven voor het klein krijgen van lastige vrouwen en andere onwelgevalligen. Het ging immers om de heilige strijd tegen 'het kwaad', veroorzaakt door de duivel. Bij het vervolgen, martelen en straffen van zijn handlangers was alles geoorloofd.

De drie machten Rechtspraak, Staat en Kerk waren compleet toen Meester Dirk van Zuylen oordeelde dat Engel ook een exorcismeritueel moest ondergaan, uitgevoerd door een franciscaner pater. Hij moest de duivel met heilige teksten en rituelen bij haar uitdrijven en waarschijnlijk moest ze daarbij wijwater drinken met daarin een stukje wierook, een snippertje priesterstola of wat schaafsel van een palmpasentak.

Dat werkte. Op 7 januari 1542 bekende Engel dat ze God had verlaten, een verbond met Satan had gesloten en tovenarij had beoefend. De Amsterdamse rechtbank veroordeelde haar ter dood. Een begrafenis was haar niet toegestaan, want haar duivelse lichaam en ziel moesten volledig vergaan door vuur, zodat ze ook na haar dood geen kwaad meer kon aanrichten. Drie dagen later werd ze op de Dam aan een staak vastgemaakt en voorover in het vuur geworpen. Ze verbrandde levend.

Nadat Manja alle namen had uitgesproken, droeg ik een tekst voor die op hetzelfde moment bij alle bloemleggingen klonk: 'We leggen deze bloemen om alle onschuldige vrouwen, kinderen en mannen die op deze plek door een heksenproces de dood hebben gevonden of schade hebben opgelopen te gedenken en te eren.'

De een na de ander kwam naar het midden van de cirkel en legde bloemen neer, tot er een witte bloemenzee ontstond. Ik keek ernaar met tranen in mijn ogen. Mensen hielden elkaars hand vast. Iemand begon te zingen.

Daarna voelde ik geen boosheid meer. Er was een zwaarte verlicht, zelfs nog voor het fysieke monument gerealiseerd was, in mij en in het collectieve verleden. Het gebeurde had op een magische, symbolische wijze zijn rechtmatige plek in het verleden ingenomen. De waarheid en de woede hebben hun nut gehad. 3 juni wordt geen jaarlijkse herdenking – niet als het aan mij ligt. Slachtofferschap en identificatie liggen dan op de loer, terwijl de vooruitgang ligt in bewustwording, vergeving en vernieuwing.

In een patriarchaat bestaan er alleen maar slechte voorbeelden van vrouwelijke boosheid, samengebald in het stereotype van de furie die dood en verderf zaait. Dat stereotype kan je als vrouw belemmeren om rechtvaardige boosheid in jezelf toe te laten. 'Furie' betekent niet alleen meer een 'boze vrouw', maar ook een 'boosaardige vrouw', terwijl dat toch echt twee verschillende dingen zijn. Je kunt bang zijn voor je eigen woede, vanuit een intergenerationele inprenting, omdat je huivert voor de kwalificatie 'waanzinnig' en 'hysterisch' die zoveel vrouwen in de recente geschiedenis opgeplakt kregen.

Hysterie, het verlies van zelfbeheersing, komt van het Oudgriekse *hystera* en betekent 'baarmoeder'. Er werd gedacht dat woede bij vrouwen werd veroorzaakt door een onregelmatige bloedstroom van de baarmoeder naar de hersenen. Hysterica's en lijders aan 'zenuwziekte', die ook beschouwd werd als een vrouwenziekte, moesten worden behandeld en werden soms zelfs opgesloten. Anna, de hoofdpersoon van *Tropenbruid*, en

Isadora in *Alles wat beweegt* overkwam dat en misschien ken je het voorbeeld van beeldhouwster Camille Claudel, die door haar broer dertig jaar lang, tot haar dood in 1915, werd opgesloten in een psychiatrisch ziekenhuis.

De tijd waarin een temperamentvolle vrouw in opdracht van een echtgenoot, vader of broer zonder al te veel problemen in een instelling kon worden opgesloten, is voorbij. Al hebben we uiteindelijk allemaal recentelijk vol verbijstering gekeken naar het *conservatorship* van Britney Spears. Maar je hoeft de diagnose 'zenuwziek' of 'neurasthenie' niet meer te vrezen waarbij boosheid als zo onvrouwelijk werd beschouwd dat het gold als een psychische aandoening. Na de diagnose werd niet zelden de beruchte 'rustkuur' voorgeschreven, waarbij de vrouw absolute bedrust moest houden, geen bezoek mocht ontvangen en haar werd verboden om boeken te lezen. Als je al niet waanzinnig was, zou je het van verveling en eenzaamheid wel worden. Halverwege de twintigste eeuw raakte lobotomie in zwang, het doorsnijden van een verbinding van de hersenen met het zenuwstelsel, waarna kalmte verzekerd was.

De angst voor vrouwelijke woede, die in sprookjes en mythen tot rampspoed leidt, is ons aangepraat en heeft zich in ons onderbewustzijn genesteld. Het is hoog tijd om die angst door te prikken en los te laten. Zeker als oudere vrouw mag je erop vertrouwen dat de matigende krachten van gerijpt inzicht en compassie een stevig tegenwicht vormen. Je woede zal niet uitmonden in wilde razernij, want je hebt de wijsheid en het mededogen verworven die je woede temperen en zinvol maken. Het vuur is jou toevertrouwd.

Als je je innerlijke vuur probeert te smoren, zal het niet uitdoven maar naar binnen slaan – en je mogelijk zuur of verongelijkt maken. Verzorg je vuur liever: geef het precies genoeg zuurstof om te blijven branden, klaar om op te laaien als een situatie daarom vraagt, zonder dat het een uitslaande brand wordt.

Boosheid is een kracht die jou doet voelen waar je grenzen liggen en die je helpt om die te bewaken. De furie in je behartigt jouw belangen.

De hitte van opvliegers, klamme handen en prikkelbaarheid stijgt naar de oppervlakte van je huid en slaat naar buiten. Je trekt je trui uit of slaat het dekbed van je af, maar het blijft als een oplaaiend vuur in je binnenste branden. Je kunt een kamer verlaten met slaande deuren en hem weer binnenlopen met: 'En dan nog wat!' Het kan aanvoelen als een schoonmaak, een reiniging van alles wat jouw kracht en zeggingskracht al die jaren heeft bedekt. Voor de poort van de menopauze komt er een roodgloeiende energie naar boven die groter is dan je verlegenheid, angst en bescheidenheid bij elkaar en die je in verzet doet komen. Het is een energie die je terugbrengt naar jezelf nadat je misschien jarenlang je stem hebt gesmoord.

Je hartslag schiet omhoog, het onrecht klopt in je slapen, alles in jou komt in opstand, want wat gebeurt, is niet juist, niet waar, niet oké. En daar vlieg je uit de bocht – ter plekke met overslaande stem of later met een zorgvuldig voorbereide afrekening. Je laat dingen niet lijdzaam gebeuren, maar spreekt je met kracht uit – voor jezelf, een ander en het grotere geheel.

Het vuur in jou is een zuiverend vuur dat transformeert. De waarheden die zo vurig door jou worden verdedigd of verkondigd, zijn bedoeld om in doeltreffende actie voor het welzijn van allen omgezet te worden. Jij kunt, met al je levenservaring, onderscheiden welke waarheden het waard zijn om de harmonie voor te verbreken en welke niet. Je weet wanneer en tegen wie je je grieven moet uiten, of zoals Marion altijd zegt: 'Bezorg de post aan het juiste adres. Richt je gerechtvaardigde woede op de juiste persoon, niet op de kassière, je partner of de hond.' Je begint in te zien waar je bijdrage zin heeft en waar niet. Ik ben jaren een fervent twitteraar geweest, maar sinds de pestkoppen het daar voor het zeggen hebben, heb ik de app van mijn telefoon verwijderd. Een van mijn laatste reacties daar luidde: 'Ik ben bijna vijftig, ik ga geen discussie meer aan met mensen die vastbesloten zijn me verkeerd te begrijpen.'

Ook in bepaalde spirituele kringen geldt boosheid als een negatieve emotie, wat onterecht is. Er bestaan op zich geen negatieve emoties; iedere emotie heeft waarde en draagt een boodschap in zich. Wel kun je een emotie op een zo buitensporige of onzuivere manier uiten of juist onderdrukken dat anderen er last van hebben en het negatief wordt. Door je woede te accepteren neem je jezelf serieus en komt er energie vrij om actie te ondernemen. Als je je boosheid als iets slechts beschouwt en jezelf erom veroordeelt, dan belemmert dit je om de aanleiding voor je boosheid op een aanvaardbare manier aan te kaarten bij de persoon die je woede heeft opgewekt.

Toen de vader van mijn kinderen plotseling vertrok en er een ander in het spel bleek te zijn, was mijn boosheid voor het eerst zo groot en onbeheersbaar dat het mijn wens om de harmonie te bewaren compleet overschaduwde – en eigenlijk was dat weleens gezond. In de eerste weken na zijn vertrek was ik als een geslagen hond, berouwvol om alles wat ik kennelijk verkeerd had gedaan en ongeveer zo klein dat ik in zijn broekzak paste. Tot ik ineens boosheid voelde opborrelen – een enorme, allesverzengende woede. Elke keer als hij de kinderen ophaalde, lukte het me niet om de deur zachtjes in het slot te laten vallen. 'Ik ben nu heel boos op je,' zei ik in die tijd tegen hem, als ik niet aan het gillen was. 'Dat gaat weer voorbij, maar nu nog niet.' Na een maand of vijf ging de boosheid inderdaad voorbij en toen was ik het ook kwijt. Er zaten nauwelijks restjes ressentiment in me die me zouden kunnen verbitteren. Ik had alles eruit getierd, geventileerd in notitieboeken en er met slaande deuren uit geknald. Er was alleen nog verdriet over.

De boosheid heeft zich niet opgeslagen in mijn systeem en als ik toen verder, beter of beheerster wilde zijn dan ik in werkelijkheid was, was dat misschien wel het geval geweest. Door mijn boosheid in al haar lelijkheid toe te laten, heb ik die boze periode niet verlengd maar juist bekort, zo geloof ik. Het duikt niet steeds weer op, het heeft zich niet vermomd als bitterheid, ik heb me er niet mee geïdentificeerd. Mijn boosheid was een furie die als een grote, sterke vriendin naast me stond en me hielp om een goede omgangsregeling voor de kinderen te treffen en de weg terug te vinden naar mijn eigenwaarde. Ik had haar nodig en ben haar dank verschuldigd.

Ooit stond vrouwelijke wijsheid hoog aangeschreven in matriarchale samenlevingen waarin de Grote Godin werd vereerd. Veel mensen denken bij het woord 'matriarchaat' aan vrouwen die over mannen heersen, maar een matriarchaat is geen Barbieland waarin vrouwen de baas zijn en mannen als een Ken om hun gunsten dingen. Gewend als we zijn om in hiërarchie te denken, onder invloed van zoveel eeuwen patriarchaat, kunnen we ons niets anders meer voorstellen. Een matriarchaat was een egalitaire samenleving op basis van gelijkwaardigheid, gelijke rechten en plichten; geen machtssysteem. Het patriarchaat zou ik overigens ook niet omschrijven als een systeem waarin mannen de baas zijn, maar een systeem waarin men over elkaar heerst: man over vrouw, volk over volk, rijk over arm, machtig over onmachtig en mens over dier en natuur. Genocide, kolonisatie, uitbuiting, verkrachting, slavernij en misleiding, met de ideologische rechtvaardiging van de patriarchale abrahamitische religies christendom, jodendom en islam, hebben daar altijd deel van uitgemaakt.

In *Women, Race and Class* schrijft Angela Davis over de tot slaaf gemaakte, Amerikaanse zwarte vrouw: 'Ze had door haar werk op het land geleerd dat haar capaciteiten als vrouw gelijkwaardig waren aan die van een man.' Ze moesten net zo hard werken als de mannen, kregen net zo vaak met de zweep en waren hun vrijheid net zozeer kwijt. Davis: 'Maar de vrouwen werden niet alleen afgeranseld en verminkt, ze werden óók verkracht.' En ze werden ongewenst zwanger en moesten hun kinderen alleen voeden en alleen opvoeden. De historische onderdrukking van de zwarte Amerikaanse vrouw is een dubbele onderdrukking.

Sylvana Simons, voormalig presentatrice, partijleider en Tweede Kamerlid van BIJ1, die ik ken van onze deelname aan het tv-programma *Maestro*, is het desgevraagd eens met de analyse van Davis. 'De zwarte vrouw heeft naast seksisme ook nog eens met racisme te maken. Haar gevecht is dus breder, haar tegenstanders zijn met meer. Zij heeft te vrezen van witte en zwarte mannen én witte vrouwen. Die kunnen immers verder groeien door haar op te offeren. De emancipatiestrijd van de zwarte vrouw is dan ook een heel andere dan die van haar witte zusters. Terwijl de witte vrouw streeft naar gelijkheid met de witte man, heeft de zwarte vrouw weinig gewonnen als ze gelijk wordt behandeld als de zwarte man.'

Voor het bestaan van een matriarchaat is bewijs aan te voeren. De verering van de moedergodin gaat terug tot in de oude steentijd, zo'n 30.000 jaar voor Christus. Uit onderzoek van graven uit die tijd blijkt geen enkele ongelijkheid tussen de seksen. Vrouwen en mannen werden met evenveel goederen en respect begraven. Nederzettingen hadden geen verdedigingswerken en werden niet gebouwd op een makkelijk te verdedigen plek. Er zijn geen kunstuitingen gevonden over geweld of oorlogsvoering en er zijn geen wapens gevonden die werden gebruikt om anderen mee te lijf te gaan. Dat zijn ironisch genoeg wel voorwaarden om in de geschiedschrijving voor een 'beschaving' door te mogen gaan. Wel zijn er resten van gebouwen, muurschilderingen, sculpturen en keramische kunst gevonden, maar hé, laten we dat vooral geen beschaving noemen. De families waren matrilineair georganiseerd, omdat men wist wie haar of zijn moeder was, maar niet met zekerheid de vader kon aanwijzen. *It's a mothers baby, but a fathers maybe.* Uit een recente vondst van grafkamers van een Keltische vorstenfamilie in Zuid-Duitsland, die 500 tot 700 jaar voor Christus rondom Stuttgart leefde, bleek dat adellijke titels via de vrouwen werden doorgegeven.

In patriarchale geschiedschrijving en theologie is informatie over de godinnenreligie onvolledig weergegeven, verkeerd geïnterpreteerd en ondergewaardeerd, ook al zijn er duizenden afbeeldingen van godinnen, vrouwenfiguurtjes, graveringen van abstracte vulva's, beeldjes van vrouwen met enorme borsten, buiken en billen, en tempels in de vorm van een vrouwenlichaam gevonden. In de meeste archeologische teksten wordt de verering van de vrouwelijke godheid – degene die het universum schiep, wetten vaststelde, uitvond, heelde en joeg – afgedaan als een 'vruchtbaarheidscultus'. Als ze geluk had, werd ze door de historici betiteld als Moeder Aarde. De geschiedenis wordt geschreven door de overwinnaars, luidt het gezegde niet voor niets.

De aanbidding van de moedergodin, die duizenden jaren heeft bestaan in het Oude Europa en het Nabije en Midden-Oosten, is door invasies van noordelijke en oostelijke stammen ten val gebracht. De meeste historici en archeologen zijn het erover eens dat de half nomadische Indo-Europeanen, die als 'strijdbijlculturen' bekendstaan, van 2500 tot 1500 voor Christus de bestaande vrouwvriendelijke samenlevingen binnenvielen, onderdrukten en uiteindelijk omvormden. Wat volgde, waren een krijgselite, hemelgoden en een mannelijke overheersing waarin vrouwen degradeerden tot persoonlijk bezit van mannen – en in delen van de wereld zijn ze dat nog steeds.

De klassieke oudheid wordt vaak als begin van de beschaving en de democratie aangewezen. Voor vrouwen was het minder beschaafd en democratisch: alle Atheense vrouwen stonden wettelijk onder voogdij van mannen die het gezag over hen en hun bezittingen voerden. 'Waarom wordt het klassieke Griekenland als de eerste belangrijke cultuur gezien,' schrijft Jean Shinoda Bolen, 'terwijl er minstens vijfentwintig eeuwen eerder al schrift bestond en indrukwekkende steden werden gebouwd? Waarom wordt toch voortdurend de conclusie getrokken dat het tijdperk van de "heidense" religies, de tijd waarin vrouwelijke godheden werden vereerd, duister en chaotisch was, geheimzinnig en boosaardig, verstoken van het licht van de orde en de rede dat met de latere mannelijke religie zou zijn gekomen, terwijl archeologisch onderzoek heeft bevestigd dat de vroegste wetten, regeringsvormen, geneeskunde, landbouw, architectuur, metaalbewerking, voertuigen op wielen, keramiek en textielsoorten zijn ontwikkeld in samenlevingen waarin de Godin werd vereerd?'

De Griekse mythologie is patriarchaal, maar de echo's van matriarchale symbolen en denkbeelden zijn nog te horen. Zo begon de schepping voor de Grieken bij Gaia, de moedergodin, de godin Aarde, die ontstond uit de chaos van het begin van de dingen. Zij baarde de eerste god Uranus. Daarna worden de Griekse godinnen, die lager geplaatst zijn dan de mannelijke goden, vooral uit de hoofden en dijen van mannelijke goden geboren. De godinnen van de wijsheid, een kwaliteit die traditiegetrouw bij vrouwen hoorde, werden in Griekse mythen stelselmatig ontkracht, onderdrukt en niet zelden gedemoniseerd.

Jean Shinoda Bolen schrijft in *Godinnen in de ouder wordende vrouw* over Metis, een van de preolympische Griekse godinnen van de wijsheid. In het Grieks betekende *metis* 'wijze raad' of 'praktische wijsheid'. Zeus trouwde met haar, slikte haar in en beweerde dat ze hem vanuit zijn buik nog raad kon geven. 'Hij nam haar in zich op en eigende zich haar attributen en vermogens toe,' merkt Bolen fijntjes op.

Ook de Griekse godin Medusa onderging een dergelijk lot. Medusa (afgeleid van metis) was de slangengodin van de Nubische amazones en symboliseerde vrouwelijke wijsheid. Ze was het vernietigende aspect van de drievoudige godin, die correspondeerde met de afnemende maan en de oude wijze vrouw. Medusa was de derde dochter van oude zeegoden. Haar twee zusters waren leeftijdloos en onsterfelijk, Medusa was sterfelijk en werd ouder. Als jonge vrouw stond ze bekend om haar schoonheid en weelderige haardos, maar ze veranderde in een monster bij wie de haarlokken waren veranderd in slangen. De slang, met de kracht om zijn huid af te werpen en te vernieuwen, was een eeuwenoud symbool voor vrouwelijke wijsheid en de donkere maan waaruit de nieuwe maan voortkomt. Kijken naar het gezicht van Medusa kon mannen in steen doen veranderen. De held Perseus hakte haar hoofd af, waarna het onderdeel werd van de *aegis*, die werd bevestigd aan de borstplaat of het schild van Zeus om vijanden te bevechten. Opnieuw werd een vrouwelijke kracht, die van vernietiging als onderdeel van de cyclus van de natuur, ingelijfd door een man, en niet langer op een harmonische en wijze manier gebruikt.

De Crone werd van haar kracht ontdaan en ontheiligd, tot op de dag van vandaag. Haar betekenis van 'oude wijze vrouw' is, zoals gezegd, gedegradeerd tot 'oud besje' of 'lelijke, onaangename oude vrouw'. 'Iemand de kroon van het hoofd nemen' betekent iemand door laster van zijn eer beroven, zijn goede naam bezoedelen. Wat je als oudere vrouw kunt doen, is deze kroon terugvorderen. Je kunt het zogenaamde scheldwoord Crone zelf gaan gebruiken in de oorspronkelijke, goede betekenis – precies zoals de gays hebben gedaan met 'gay' en de moderne heksen met 'heks'.

Eis de kroon terug en zet hem met trots op je hoofd, als je het kroonjaar vijftig bereikt of al hebt bereikt. Serieus, ga een keer rustig zitten met je ogen dicht en stel je dat maar eens heel goed voor.

Zolang de oudere vrouw wordt gedemoniseerd en genegeerd, zitten we vast in een vicieuze cirkel van oudere vrouwen die hun wijsheid niet kwijt kunnen en jongere vrouwen die geen voorbeelden hebben van inspirerende wijze vrouwen en geen idee hebben wat ouder worden hun voor goeds kan brengen. Om die reden schreef ik op mijn dertigste *Wijze vrouwen* en op mijn vijftigste dit boek.

Een van de vrouwen die ik voor dat boek sprak, was Marianne Williamson, de Amerikaanse schrijfster, spreker en politica. In zijn beroemde inaugurele speech citeerde Nelson Mandela haar uitspraak over de menselijke angst voor ons licht. 'Het is niet onze grootste angst om ontoereikend te zijn,' schrijft ze, 'maar om onmetelijk krachtig te zijn. We vragen ons af: wie ben ik om stralend, mooi en begaafd te zijn? Ik zou willen zeggen: wie ben je om dat níét te zijn? We zijn allemaal kinderen van God. Het is niet verlicht om jezelf kleiner te maken zodat anderen zich niet onzeker voelen in jouw aanwezigheid.'

Een van de angsten die we naarmate we ouder worden van ons afwerpen, is om bedreigend over te komen en ons maar niet te zelfverzekerd op te stellen. Onze gezichten, die anderen zoveel jaren op hun gemak moesten stellen en welkom laten voelen, die gewend waren te glimlachen, worden weer van onszelf. Vrouwen van middelbare leeftijd glimlachen niet vanzelfsprekend, maar áls we lachen, is dat een oprechte lach – en niet zelden een onbehoorlijk luide, borrelende schaterlach. We leren om onze ruimte in te nemen, zonder excuses en zonder behaagzucht.

'De wereld is een projectie van onze psyche,' zei Williamson tijdens ons gesprek ruim twintig jaar geleden, maar het zou net zo goed vandaag gezegd kunnen zijn. 'We zullen de haat die zoveel schade aanricht, moeten aanpakken. Haat reageert niet op rationeel verwoorde argumenten. Wat tegenwicht kan bieden tegen haat, komt niet uit het hoofd, maar uit het hart. Wij hebben de kracht van liefde nog niet omarmd zoals mensen de kracht van haat hebben omarmd. Als wij met net zoveel overtuiging en toewijding liefhebben als sommige mensen haten, dan zullen de zaken zich keren.' Ze voegde de daad bij het woord en stichtte onder andere The Peace Alliance, een stichting die ijvert voor internationale en huiselijke vrede.

Er zijn veel voorbeelden van wijze vrouwen die zich voor een rechtvaardigere samenleving hebben ingezet. Alleen al op politiek gebied was er bij ons bijvoorbeeld de eerste vrouwelijke minister, Marga Klompé, die de Algemene Bijstandswet invoerde. Aletta Jacobs, de eerste aan een universiteit afgestudeerde vrouwelijke arts in Nederland, eiste met twee vriendinnen vrouwenkiesrecht op, waarna dat werd bereikt. Esther Ouwehand, voorvrouw van de Partij voor de Dieren, strijdt al vijftien jaar in een vaak vijandige Tweede Kamer onvermoeibaar voor dieren en milieu.

Als je je verdiept in vrouwen die zich in of buiten de politiek sterk maken voor mensen-, natuur- en dierenrechten, ondanks tegenwerking en ridiculisering, dan zie je hoe eigenaardig het is om vrouwen te beoordelen op hun uiterlijk. Dan spelen we het spel mee. Nog maar een eeuw geleden werden de suffragettes die vrouwenkiesrecht eisten in antifeministische propaganda 'lelijke mannelijke feeksen' genoemd. Elke generatie vrouwen staat op de schouders van de generaties voor hen, die hebben gestreden voor wat zij inmiddels als vanzelfsprekend ervaren. Ze verdienen waardering en respect. 'Reken me niet af op mijn jaren, maar op mijn prestaties,' zei Madonna in 2024 en elke oudere vrouw zou het haar na willen zeggen – of zelfs: 'Vier me om mijn jaren en mijn prestaties.'

Het probleem van het onrecht in de wereld is niet mannen, het is het patriarchaat. Net zoals het probleem niet witte mensen is, maar racisme. Het gaat om het systeem – het systeem van kapitalisme en onderdrukking van machtelozen. Het gaat niet om mannen en vrouwen: er zijn genoeg vrouwen in dienst van het patriarchaat en genoeg mannen in dienst van matriarchale waarden. Patriarchale waarden zitten in mij en zitten in jou, of we nu willen of niet. We hebben ze geïnternaliseerd en het kost tijd om ze uit te bannen.

Het patriarchaat als systeem is ook voor mannen niet bevorderlijk, zoals ik in *Wijze mannen* (2010) uiteen heb proberen te zetten, want ook de vrouwelijke energie in de man is beschadigd geraakt. Wat we van mannen verwachten in onze samenleving, verdrukt allerlei andere mannelijke kwaliteiten ten faveure van die van het archetype van de strijder. Het geeft een eenzijdig en schraal model van mannelijkheid, waarin het vaderlijke, wijze, wilde, creatieve, mystieke, nobele en liefhebbende nauwelijks plek heeft. Het is net zo noodzakelijk om mannelijkheid te herdefiniëren als het is om vrouwelijkheid te herdefiniëren tot iets wat ruimte geeft aan het hoogste in ons.

De oudere vrouw kan zich ook, als dat zo uitkomt, kritisch uitspreken over het gedrag of een uitspraak van een seksegenoot. Wie dat als vrouw, zeker als oudere vrouw, doet, krijgt vaak de beschuldiging dat haar kritiek voortkomt uit bitterheid. Ze is 'gewoon jaloers'. Een tijdje geleden bracht ik mijn bezwaren naar voren over een bericht vol complotbeschuldigingen dat een bekende Nederlandse vrouw deelde, waarbij ze toevoegde dat ze niet zeker wist of het waar was. Ze had enkele miljoenen volgers, waardoor ik het belangrijk vond om er iets van te zeggen. De reacties die ik van alle kanten kreeg, waren niet inhoudelijk, maar gingen erover dat ik het als vrouw had gewaagd kritiek te leveren op een andere vrouw. Dat was op zichzelf verraad. Niet-solidair. Al mijn gepraat en geschrijf over 'zusterschap' was hypocriet gebleken.

Kritiek verklaren uit een gebrek aan zusterschap zou betekenen dat de helft van de wereldbevolking het altijd en op alle punten eens moet zijn met elkaar. Het zou betekenen dat elke vrouw die inhoudelijke kritiek op een seksegenoot uit, gedreven wordt door haat en afgunst. Hiermee neem je de vrouw niet serieus als persoon met integriteit en de intelligentie om op inhoudelijke gronden kanttekeningen te plaatsen. Hiermee ontken je de vrouw als serieuze gesprekpartner en denkend wezen en plaats je jezelf in de traditie van de kerkvaders en inquisiteurs die in de *Malleus Malificarum* schreven: 'Een zelfstandig denkende vrouw heeft kwaad in de zin.' De vrouw, zo valt te lezen in de *Malleus Malificarum* ofwel 'de heksenhamer', de bestseller uit 1486 met een voorwoord van de toenmalige paus, moet geen kennis willen najagen, want 'vrouwen zijn verstandelijk als kinderen'. Vrouwen werden, mede op basis van dit wettelijke handboek, dat gebruikt werd bij aanklachten van tovenarij, vaker dan mannen voor heks uitgemaakt (85 procent van de veroordeelden was vrouw) en verbannen of ter dood gebracht. De meerderheid van deze zogenaamde heksen, die in vlammen moesten opgaan, was ouder dan vijftig.

Niet het betwisten van een standpunt van een gendergenoot of lid van dezelfde groep (op basis van kenmerken als religie, nationaliteit, gender, geaardheid of wat dan ook) is verraad plegen. Elke keer dat je ervoor kiest om twijfels en vragen in te slikken om niet uit de gratie te vallen, iedere keer dat je de mening van anderen overneemt zonder goed voor jezelf na te denken, pleeg je verraad. Aan jezelf. En, ironisch genoeg, aan de anderen. Elkaar bevragen, corrigeren en betwisten over onderwerpen die ons allemaal aangaan, zorgt voor een natuurlijke vernieuwing, aanscherping en opschoning van denkbeelden.

Ook groepen of organisaties zelf gedijen bij intern debat. Zonder dat gezonde zelfreinigende vermogen ontaardt elke beweging uiteindelijk in fanatisme. Hoe lekker strijdbaar het ook mag klinken, zwart-witdenken radicaliseert en helpt niet mee aan oplossingen voor de thema's waarvoor gevochten wordt. 'Als je niet onverdeeld voor ons bent, dan ben je tegen ons' vervreemdt bovendien mensen die sympathiseren. Als elke nuance moet worden onderdrukt, volgt tirannie. Als de gematigde stem niet meer mag klinken zonder wantrouwen op te roepen, slaan we een gevaarlijke weg in. Het zorgt voor het opklimmen in de groepshiërarchie van mensen die het felst van leer trekken en het meest radicaal zijn, en voor het verdacht maken van mensen die gematigder zijn. Het geeft voeding aan egotrips, geldingsdrang en grimmigheid. Aan zogenaamde ontmaskeringen, aan klopjachten op tegenstanders. Niet aan werkelijke verandering ten goede.

We leven in een wereld vol politieke verdeeldheid, pro en contra, slachtoffers en schuldigen. Onze tijd kent scherpe lijnen: je bent ofwel vóór ofwel tégen kwesties. Je bent woke of discriminerend en slapend. Wappie of schaap. Spiritueel of sceptisch. Alles en iedereen lijkt tegenwoordig opgedeeld in hokjes met grote hekken eromheen waar je niet overheen moet proberen te klimmen. Je lijkt je mening in pakketvorm te moeten aanschaffen: jij vindt dit en dus hoor je bij deze groep die dit of dat ook vindt.

Geen enkele tegenwerping of nuancering is geoorloofd, want dat wordt ambigu gevonden en gezien als een bewijs van gebrek aan moed om een kant te kiezen. Je kunt geen feministe zijn én een andere vrouw aanspreken op iets wat in jouw ogen uitleg behoeft, want dan ben je 'hypocriet'. Als je jezelf spiritueel noemt en aanmerkingen hebt op bepaalde uitwassen van moderne spiritualiteit, dan 'val je hen af'. Als je je zorgen maakt om het milieu en je stapt een keer in het vliegtuig, dan ben je 'fake' en hoeft niemand ooit meer naar je zorgen te luisteren. En als je opkomt voor iemand die op basis van kenmerken van seksuele voorkeur, gender, etnische achtergrond en religieuze identiteit niet tot jouw hokje behoort, dan doe je aan 'toe-eigening'.

'Identiteitspolitiek' wordt dat wel genoemd, dat alleen mogen handelen en spreken vanuit de sociale identiteit van de groep waarin je valt en vanuit de gedeelde ervaring van maatschappelijk onrecht. Als je het nog verder voert (en dat gebeurt al), zou een psychologe niets mogen beweren over depressie, omdat zijzelf nooit depressief is geweest. Een romanschrijver zou niet meer mogen schrijven vanuit het personage van een alleenstaande moeder, omdat hij een man is.

Identiteitsdenken wijst elke empathie, kennis, ethiek en elk voorstellingsvermogen af en reduceert mensen tot hun kenmerken: seksuele voorkeur, gender, etnische achtergrond, religieuze identiteit. Het deelt mensen in groepen in, zorgt voor afstand, werkt 'alleen je eigen stoepje schoonvegen' in de hand. Precies wat we niet willen, zou je denken. Er worden misdaden tegen de menselijkheid, dieren en de aarde gepleegd en daar mogen we allemaal tegen vechten. Als je alleen nog onrecht aan mag kaarten als je er zelf direct mee te maken hebt, wordt de wereld er niet beter en veiliger op.

Ik ben een autonoom mens met een groot verlangen naar echte verbinding. Ik behoor tot geen enkele groep, maar ik behoor wel tot de samenleving; die veelsoortige, pluriforme groep personen vol schijnbare tegenstellingen en dieper gelegen overeenkomsten. Preken voor eigen parochie vind ik minder interessant dan toenadering zoeken tot iemand die zichzelf als een tegenstander verklaart of iets aankaarten bij een medestander. Dan is er beweging, dialoog, analyse. Dan begint er iets te stromen wat vastzat. Alleen gematigde krachten kunnen ons redden van de radicale krachten.

Weg met de poortjes, de hekken en de hokjes, met de toegangspasjes en de zwarte lijsten. Groepsdenken drijft ons als samenleving alleen maar verder uit elkaar. Laten we de mildheid en nuance op blijven zoeken. Laten we dwars door alle hokjes heen breken, zodat de hekken eromheen omvallen en we allemaal vrij rond kunnen lopen. Laten we vooral kritisch, maar nooit wantrouwig zijn. Laten we elk mens als een individu beschouwen van wie de belangrijkste kenmerken niet zichtbaar zijn. Laten we vragend en zoekend om elk onderwerp heen lopen, op weg naar oplossingen, in dienst van het grotere geheel.

Ik hoor bij geen enkele groep. Ik hoor bij mezelf. En ik hoor bij jou.

Ruimte krijgen om te spreken en gehoord te worden in het openbaar gaat voor een vrouw niet vanzelf, het moet opgeëist worden. Met dat opeisen alleen al, zeker als oudere vrouw, laad je de verdenking op je een kreng te zijn – of een, sorry voor het woord, 'aandachtshoer'. Het lijkt of de vrouw naarmate ze ouder wordt, in tegenstelling tot hoe het in natuurreligies was, moeilijker een podium krijgt om te spreken. In plaats van meer is er mínder bereidheid om naar haar te luisteren. Bij ouder wordende mannen is dat niet het geval.

In de *NRC* van 2 november 2023 stond een grafiek van de verdeling van mannen en vrouwen per leeftijdscategorie aan de talkshowtafel van het programma *Op1* tussen 2020 en 2023. Er is van meet af aan een onevenwichtigheid in het voordeel van de man, maar vanaf 45 jaar lopen de percentages drastisch uiteen. Was de gast 55? Dan was het 34 procent vrouwen, tegen 66 procent mannen. Was de gast 65? Dan bleek er maar in 23 procent van de gevallen een vrouw aan tafel te zitten, tegenover 77 procent man. Ook bij de presentatoren is het grote leeftijdsverschil tussen mannen en vrouwen duidelijk te zien. De oudste presentatrice Margje Fikse is alsnog jonger dan de jongste mannelijke presentatoren Tijs van den Brink en Sven Kockelmann – laat dat gegeven even goed tot je doordringen.

Toen ik op mijn zevenentwintigste voor het eerst in talkshows en op podia zat om te spreken over moderne heksen en heksenvervolgingen, kreeg ik langzaam in de gaten dat mijn leeftijd in mijn voordeel werkte. Zo goed als elk interview (we hebben het over 2001) werd geopend met de opmerking hoezeer mijn jonge, blonde, verzorgde voorkomen in tegenstelling was met dat van de stereotiepe heks. Ik zag er niet uit als een heks, was geen (daar gaan we weer) oude, lelijke vrouw met een wrat op mijn neus, dus waren ze benieuwd: wat betekende het dan als ik mezelf een moderne heks noemde? Waarna ik uitgebreid kon vertellen over alle vooroordelen en misverstanden rondom de Oude Religie, hoe de kerkvaders er hun uitvinding van de duivel op hadden geprojecteerd en hoe dat hedendaagse vrouwbeelden heeft beïnvloed. Tegelijk dacht ik altijd bozig: maar ik ben ook ooit oud. En dan? Luisteren jullie dan niet meer naar me?

Ook in man-vrouwrelaties is er vaak een ongelijkheid in gehoord worden, afgaande op wat vriendinnen me vertellen en wat ik zelf ervaar. De meeste mannen met wie ik een relatie heb gehad, hadden er geen moeite mee om vermoedens als feiten te poneren. Ikzelf en de meeste vrouwen die ik ken durven iets alleen als we het heel zeker weten als een feit te presenteren, waarna de man doorgaans de vraag stelt of dit wel klopt, want hij wist het nog niet, en niet zelden begint hij te googelen om het te checken. Iets aannemen van een vrouw is lastig. Dat vond ik om gillend gek van te worden, tot ik bedacht: veel mannen denken gewoon dat wij net als zij gewoon maar iets zeggen, en dus wantrouwen ze het. Terwijl wij ervan uitgaan dat als iemand iets zegt te weten, dat dan wel zo zal zijn. Zo de waard is, vertrouwt hij zijn gasten.

Terwijl de middelbare leeftijd een tijd is waarin vrouwen zeggen zich genegeerd te voelen, is het ook een tijd waarin veel vrouwen de carrièreladder opklimmen en invloedrijke posities bekleden. Ze hebben geen dienende rol meer, maar nemen de leiding. Of nou ja, ze dienen het geheel vanuit een leidende houding. Aanmerkingen dat ze te aanwezig zijn of een kreng zijn, kunnen ze hebben. Ze hebben door hun jarenlange ervaring een groot netwerk en in hun privéleven een al even groot netwerk van ondersteuning. Ze zijn bereid risico's te nemen en controversieel te zijn, want ze hebben minder te verliezen. Justine Bateman, vroeger actrice en nu filmmaker, zegt op haar achtenvijftigste: 'Ik ben nooit slimmer geweest dan op deze leeftijd. Ik heb nooit méér connecties gehad. Als je twintig bent ken je de uitsmijter van de dansclub, als je vijftig bent, ken je de eigenaar van het gebouw waar de dansclub in zit.'

Zoals ik al schreef, is 80 procent van de Most Powerful Women van 2023 volgens *Forbes* ouder dan vijftig jaar en de cijfers in Nederland zullen daar niet rigoureus van afwijken. De carrière van een vrouw is een langeafstandsloop. In haar loopbaan zijn natuurlijke pauzes, langere onderbrekingen en verschuivingen, maar die zijn niet definitief. Juist rond je vijftigste kun je de tijd, energie en noodzaak vinden om een verschil te maken in de wereld en neer te zetten wat jij belangrijk vindt. Om te onderzoeken, te hervormen, het systeem te begrijpen als bron van zijn eigen problemen. Om je radicaal te uiten, zonder overmoedig of naïef te zijn, wat je eerder misschien was. Pak die lange baan. Mannelijke marathonlopers zijn sneller, behalve bij wedstrijden boven de 312 kilometer: dan zijn vrouwen 0,6 procent sneller dan mannen.

Het begrip 'macht' heeft een negatief imago – vooral bij vrouwen, die de laatste eeuwen weinig macht bezaten en er allerlei verdenkingen mee op zich laden. Wie haar macht omarmt, zal snel voor dominant worden versleten. Wie bekent graag meer invloed te willen, loopt het risico voor een machtswellustelinge te worden aangezien. Eigenlijk is dat heel gek. Macht op zichzelf is tenslotte niet verkeerd, net zoals geld op zichzelf niet verkeerd is, maar neutraal: met geld kun je bommen en bruggen bouwen. Wat je dóét met het geld of de macht, maakt het beschadigend of helend voor de wereld. Macht geeft slechts meer gewicht aan je verantwoordelijkheid.

Deze maatschappij zonder machtigen is onmogelijk, zoals dat ook in de dierenwereld niet bestaat. We moeten een veilige structuur creëren waarbij de zwakkeren worden beschermd en de sterkeren boven zichzelf uit kunnen stijgen. In een roedel wolven leidt het alfapaar, en is de wolvin veelal de baas, niet de mannetjeswolf. De rangorde wordt niet bepaald door kracht, maar door persoonlijkheid. In een olifantenkolonie hebben de oudere, wijze vrouwtjesolifanten, de matriarchen, de meeste macht. Dat werkt: de kolonie is een voor zichzelf zorgend geheel waarbij jonge en zwakke olifanten worden gesteund, maar niet meer als dat betekent dat de hele kolonie eraan onderdoor gaat. Als een lid van de kolonie bijvoorbeeld te verzwakt is om door te lopen naar de drinkplaats, dan zal de groep eerst vertragen of stoppen, maar als de rest van de kudde in gevaar komt, besluit de matriarch om verder te gaan.

Even terzijde: toen ik zojuist het woord 'matriarchen' typte, gaf de spellingscheck een fout aan. Het moest 'patriarchen' zijn: aartsvaders, stamvaders. Dank voor de suggestie, Microsoft Word, en ook voor dit zoveelste teken dat er iets goed mis is gegaan met de geschiedschrijving.

Als wijze en kundige mensen terugdeinzen voor macht omdat het een negatieve en megalomane bijklank heeft, zal dat voor de wereld slecht uitpakken. Dan is er alle ruimte voor personen die macht zoeken vanuit een verlangen om te overheersen. Macht uitoefenen kan ook zijn: betrokkenheid voelen, het beste voorhebben met anderen, een visie hebben, de handen uit de mouwen steken, initiatief tonen, idealistisch zijn en het voortouw nemen. Met de verkeerde mensen aan de macht zal er een schrikbewind ontstaan; met alleen maar onmachtigen valt de samenleving als los zand uit elkaar. Maar als goedwillende mensen hun invloed en gezag doen gelden is er hoop voor de toekomst. Dus, queenagers en Crones die zich geroepen voelen, pak je macht!

Jouw vrijgevochten voorbeeld en krachtige stem zijn nodig voor de meisjes en jonge vrouwen van nu. Uit onderzoek van de *Financial Times* blijkt dat gen Z-vrouwen wereldwijd steeds progressiever worden en gen Z-mannen conservatiever, wat de *ideology* gap wordt genoemd. '*A new global gender divide is emerging*' kopte de krant. Ook het Vlaamse Jeugdonderzoeksplatform constateerde in 2024 een genderkloof: meisjes maken zich vaker druk over het klimaat, jongens zijn vaker negatief over homoseksualiteit. Bij jongens is Vlaams Belang de grootste partij, bij meisjes Groen. Rechts-conservatieve mannelijke rolmodellen als Andrew Tate, Jordan Peterson en Thierry Baudet proberen jongeren via social media terug te sleuren naar de jaren vijftig en dat lijkt te lukken: het fenomeen *tradwife*, de jonge vrouw die kiest voor een traditionele rolverdeling waarbij de man kostwinner is en zij thuisblijft en zich aan het 'hoofd van het gezin' onderwerpt, wordt steeds populairder.

De Amsterdamse burgemeester Femke Halsema zei in 2024 bij haar bezoeken aan Amsterdamse middelbare scholen 'een nieuw soort preutsheid' onder jongeren te bespeuren: 'Ik heb het gevoel dat we qua emancipatie achteruit bewegen.' Enkele jongens zeggen in dezelfde reportage in *de Volkskrant* onbekommerd dat vrouwen niet moeten werken en de man thuis de 'kapitein' is, de meisjes zijn het er voorzichtig mee oneens. Publiciste Aleid Truijens denkt dat ook meespeelt dat meisjes het al jarenlang beter doen dan jongens in het onderwijs. Jongens stranden vaker op school, meisjes halen glanzende diploma's. 'Het is een triest beeld,' schrijft ze, 'roedels gefrustreerde jongens die zichzelf op de borst roffelen, terwijl meisjes glimlachend wegkijken.'

Achteruit bewegen – en dat terwijl de vrouwenemancipatie, ook in Nederland, nog niet eens goed en wel voltooid is. Dit zijn de cijfers (via Women Inc.). Vrouwen verdienen ruim 13 procent minder dan mannen. De helft van alle jonge vrouwen is slachtoffer geweest van seksueel grensoverschrijdend gedrag. 43 procent ervaart zwangerschapsdiscriminatie op de werkvloer.

Ik heb een wild idee: in plaats van vrouwen evenveel als mannen te gaan betalen voor hetzelfde werk, zouden we ook mannen hetzelfde kunnen gaan betalen als vrouwen en kijken hoe boos ze worden. Zullen we dat gewoon doen?!

De vrouw van middelbare leeftijd en ouder heeft haar eigen strijd gestreden en ziet sommige verworvenheden, zoals het recht op abortus, weer ter discussie staan. I CAN'T BELIEVE I HAVE TO PROTEST THIS SH*T AGAIN staat op de spandoeken van vrouwen die in Amerika al eens eerder in vrouwenmarsen liepen. Het 'baas in eigen buik' kan weer uit de mottenballen. Als een Crone voor dit soort vrouwenrechten strijdt, doet ze dat voor de jongere vrouwen, want zijzelf hoeft ongewenste zwangerschap niet meer te vrezen. Ze is solidair.

Lilianne Ploumen, voormalig politica en adviseur van Bureau Clara Wichmann, dat juridische procedures voert om de juridische en maatschappelijke positie van vrouwen te verbeteren en drie Vrouwenrechtswinkels runt, is een levend voorbeeld van wat de ervaren vrouw voor het feminisme kan betekenen. Ze nam het eerste exemplaar van *De wijsheid van de heks* in ontvangst en sindsdien hebben we weleens contact. 'Ik vind dat ik bof,' zegt ze als ik vraag hoe zij haar rol ziet als zestigplusvrouw, 'ik kan mijn ervaringen in werk en leven inzetten om anderen te helpen om hun recht te halen. De feministische beweging is op haar sterkst als alle generaties een stem hebben en zichtbaar zijn, en ik vind het geweldig om samen te werken met jongere vrouwen en te zorgen dat zij een podium krijgen.'

De wijsheid, heilige woede en waarheidsliefde van de Crone laat zich steeds minder dempen. Het is belangrijk de aandacht te vestigen op alles wat niet deugt, maar daarna toe te werken naar een oplossing. Want wat hebben wij, en de generaties na ons, nood aan oplossingen. In de wereld om ons heen is het aan het rommelen en kraken. Verschillende crises maken duidelijk dat de ingeslagen weg van hyperkapitalisme, onderdrukking en corruptie een doodlopende weg is voor alles wat leeft. Misschien teken je petities, steun je goede doelen, doe je vrijwilligerswerk, deel je berichten online en probeer je in je persoonlijke keuzes zo bewust, groen en sociaal mogelijk te zijn. En hoogstwaarschijnlijk voel je je toch tekortschieten tegenover alle levensgrote uitdagingen.

Wat deze tijd van je vraagt, is te onderzoeken wat jouw specifieke rol is. Het is maar weinigen gegeven om in de voorste linies te kunnen vechten voor verandering en tegelijk kracht te behouden. De meesten van ons hebben andere kwaliteiten die altijd (altijd!) in lijn zijn met de hogere doelen die we onszelf voor dit leven hebben gesteld. Als je deze vermogens in gebruik neemt, zullen ze niet te veel kracht aan je onttrekken. Je zult ze kunnen inzetten op een bestendige manier.

De wereld is aan het veranderen en dat proces is nog lang niet klaar. Er is een lange adem nodig, incasseringsvermogen en meerdere generaties. Sta me hier een kort spiritueel perspectief toe: energetisch gezien stáát er al een nieuwe wereld, en veel mensen voelen die al en maken er deel van uit, maar je hebt je ook nog te verhouden tot de oude wereld. Dat is pijnlijk, want veel onverwerkte pijn uit het verleden komt door de scheuren heen naar boven om opgeruimd te worden. Het móét omhoogkomen, het móét gezien worden, om opgenomen te kunnen worden in de cyclus van transformatie en op te lossen.

Blijf daarom bij jezelf, lieve vrouw. Laat je door anderen niet opjutten of actie opdringen, maar houd jouw bijdrage aan veranderingen ten goede in eigen beheer. Sta in contact met de wereld van nu met een afstand of nabijheid die passend voelt en draag bij op de manier die bij jouw persoonlijkheid en hogere doelen aansluit. En pik niets meer wat onwaar, smadelijk of stompzinnig is. Basta!

4 – Dans van de liefde

Ouder worden is een last voor het lichaam,
maar een zegen als het gaat om vertellen over de liefde.
Ik ben de schroom kwijtgeraakt.
Ik ben niet meer bang om belachelijk te lijken,
te overdrijven,
want ik weet dat aan de liefde niets overdreven is,
dat de kracht ervan ons weerloos maakt.

Dit hoofdstuk gaat niet over liefde die vriendschappelijk, familiair of platonisch is. Het gaat ook niet over zelfliefde of over goddelijke liefde. Ik wil het hebben over de meest complexe, meeslepende en verwarrende liefde die er bestaat: de romantische liefde. Want ach, wat houdt die ons bezig, met alle machtsspelletjes, fantasieën, kwetsuren en projecties die erbij horen. Ikzelf heb verreweg de pijnlijkste en meest glorieuze levenslessen in mijn liefdesrelaties geleerd. Op andere gebieden in mijn leven heb ik het gevoel dat ik mijn intuïtie vrij goed volg, maar zodra er liefde in het spel is, vertroebelen oude mechanismen en oplaaiende passies de zaak. En dan fluit mijn romantische inborst ook nog een deuntje mee en kleurt alles roze, sust mijn innerlijk weten en fluistert me toe: dit is hem, dit is hem! Liefde overwint alles!

De ene na de andere valkuil ben ik in gestapt: liefde zoeken op de verkeerde plekken, geen risico's durven nemen, alleen mijn opgesmukte versie durven tonen, de ander willen redden en zijn gedrag goedpraten, zijn waardering nodig hebben om me goed te voelen, me beschermen met een dikke vestingmuur, me verliezen in romantische waanbeelden, denken dat ik liefde kan verdienen als ik maar genoeg mijn best doe. Godallemachtig, wat ben ik vaak languit in de modder gevallen, maar niets daarvan had ik kunnen en willen missen en ongetwijfeld ligt er nog het nodige lesmateriaal op me te wachten.

We vragen nogal wat van de romantische liefde: het moet ons extatisch geluk, verterende passie en paradoxaal genoeg veilige koestering brengen, liefst met een snufje zielsverwantschap en eventueel bekroond met een rijtje blozende nakomelingen. Ga er maar aan staan. De botsing – want botsen zal het – van wensfantasieën met de werkelijkheid biedt enorme mogelijkheden tot inzicht en zelfkennis. Misschien en hopelijk heb je in de decennia waarin je hier rondloopt en liefhebt hier en daar wat opgestoken en anders is de perimenopauze vriendelijk genoeg om je met de neus op de feiten te drukken.

Ikzelf heb ook heus wel wat geleerd, maar voor mij is liefde nog steeds kwikzilver. Onnavolgbaar. Zodra ik het denk te kennen, verandert het alweer in iets anders. Aan mijn verstand heb ik niet zoveel, want de liefde laat zich niet verklaren. Mijn lichaam is ineens geen instrument van mijn intuïtie meer, maar een speelbal van lust. Mijn hart durf ik ook niet blind te volgen, want het hart gelooft wat het wil geloven en is grillig. De ziel dan, zou je denken, maar zij lijkt boven de romantische liefde te staan en me alleen te willen leiden naar een hogere, mystieke vorm van liefde.

Ik kan er gewoon niet goed bij. Om die reden heb ik nog nooit een roman geschreven zonder dat de liefde daar een uitgebreide rol in speelde, zodat ik het in ieder geval in mijn fictie, via de comfortabele omweg van een verhaal, kan uitpluizen tot een acceptabel niveau van begrip. In *Tropenbruid* trouwt weesmeisje Anna 'met de handschoen' en reist naar de Oost om haar stugge echtgenoot te ontmoeten. In *De eerste vrouw* verliest operazangeres Geraldine haar hart aan een acteur die vooral verliefd is op zichzelf. In *Vloed* ontkent Adriana bijna een leven lang haar gevoelens voor een visser. In *Wat er niet meer is* rouwt een componist om zijn overleden heimelijke geliefde. In *Gisèle* draaien toneelspeelster Mies en dichter Jany om elkaar heen, bang voor zichzelf en elkaar. Al deze mensen hebben aan het einde van de roman een ontwikkeling doorgemaakt wat betreft hun houding in de liefde, en daardoor in zichzelf, wat, als je het mij vraagt, precies de functie van al die ingewikkelde liefdesverbindingen is.

Er is veel wat we in de liefde op de ander projecteren: in het prille begin allerlei fantastische eigenschappen die ons zullen aanvullen en later in de relatie de irritante trekjes die ons verleiden om afstand te nemen. Het ligt aan de ander! Wij reageren slechts. Natuurlijk zit het anders. De geliefde is een spiegel die genadeloos terugkaatst hoe jij eraan toe bent. De geliefde is de eerste die het merkt als je vrolijk en energiek bent, maar ook als je prikkelbaar en humeurig bent. Hij (ik houd in dit hoofdstuk de cisgender-heterovorm aan, maar lees overal vooral 'zij' of 'die' als dat beter klopt) ontvangt als eerste en soms als enige je sappige vruchten én je scherpe doornen en jij omgekeerd ook die van hem.

Sommige mensen dekken de spiegels in hun relatie af met doeken om niet langer op hun pijnpunten te worden geraakt en beginnen rustig langs elkaar heen te leven. Anderen begrijpen dat het geen last of obstakel is, maar niets minder dan het hoogste doel van de liefde om elkaars wonden aan te raken en zo oude, onverwerkte pijn op te rakelen. Ze begrijpen zelfs dat ze de ander onbewust om die reden hebben uitgekozen. Zoals schrijfster Connie Palmen het in een interview met *Volkskrant Magazine* verwoordt: 'Toen ik Ischa [Meijer] leerde kennen, was het niet het talent waar ik het meest van hield, maar de wond. Dat wat iemand níét kan. En dat heeft natuurlijk met mijn eigen wonden te maken, je herkent iets in een ander. Wond vindt wond.'

Als je in de spiegel blijft kijken op het moment dat je partner je raakt waar het zeer doet, dan voel je geen woede of teleurstelling naar de ander, alleen nog maar je eigen pijn. Als je de moed hebt om die pijn toe te laten, terug te leiden naar waar de wond ooit is ontstaan en van zijn lading te ontdoen, dan kun je jezelf helen. Het zal een gevoelig gebied blijven en elke keer dat het geraakt wordt, vind je jezelf terug in oude patronen, maar dan heb je er bewustzijn op gekregen. Je denkt dan: o, ik doe het weer. Het spiegelbeeld is niet langer troebel, maar helder. En zie, er is een wonder gebeurd. De wond is veranderd in een litteken.

Wat mijn wond dan wel is? Een gebrek aan vertrouwen in heteromannen. Al mijn vertrouwen stellen in een geliefde is voor mij, en misschien ook wel voor jou, niet gemakkelijk. Ik heb het niet over seksuele trouw als je dat samen zo hebt afgesproken, maar over het soort vertrouwen dat gaat over de vraag of je partner je te hulp schiet als het nodig is. Over ervan uitgaan dat de ander naast je staat als je bent gevallen, zoals jij dat zelf voor de ander zou doen. Over loyaliteit. Daarin geloven voelt voor mij riskant. Tegelijkertijd heb ik een grote hang naar de allesverzengende versmelting en koester ik hoogromantische illusies. Bindingsangst met een scheutje romantische wanen; ziehier het recept voor liefdesrampspoed.

Veel lange relaties gaan op de fles als de vrouw in de buurt van de menopauze komt. Ineens pikken vrouwen de dingen die ze jarenlang geslikt hebben niet langer, komen ze erachter dat een deel van hun persoonlijkheid niet kan bestaan binnen de relatie of komen er grote realisaties bovendrijven. Volgens de cijfers zijn het veelal vrouwen die een scheiding aanvragen (70 procent, volgens een onderzoek van de universiteit van Iowa), en hebben mannen volgens datzelfde onderzoek sneller een nieuwe partner.

Halverwege hun leven zijn vrouwen minder afhankelijk van de goedkeuring van hun partners en minder geneigd om het hun naar de zin te maken, maar worden ze zich bewuster van hun eigen, echte verlangens en behoeften. Ze nemen geen genoegen meer met een emotioneel afgesloten man, een dominante en dwingende of een jaloerse, bezitterige partner. Ze willen lol. Echtheid. Inhoud. Vreugde. Ruimte. Elkaar de wereld gunnen. Geen bevestiging, want ze weten wat ze waard zijn. Niet iemand die ervoor zorgt dat ze zich goed voelen, want ze weten dat dit hun eigen taak is. Wel iemand die het leven nog leuker maakt. En anders maar niet, dan nemen ze een minnaar of een huisdier en waarschijnlijk allebei.

Zodra de nice lady hormones afnemen, stellen vrouwen voorwaarden en grenzen aan alles in hun leven, dus ook in de liefde. Herken je daar iets in? Dat is dus normaal. Je bent niet zelfzuchtiger of onaardiger geworden; je bent gewoon moeilijker te manipuleren. Verwar die twee niet met elkaar. En je begint je wat meer op jezelf te richten – of flink wat meer. Linda Evangelista, een van de *supermodels* in de jaren negentig die nooit te beroerd is om een pittige uitspraak te doen, zei laatst in een interview: 'Ik wil naast niemand meer slapen. Ik wil niemand horen ademen.'

Queenagers en Crones schikken zich in de liefde minder snel en maken een tegengestelde beweging: ze worden creatiever en vormen de liefde naar hun behoeften. Journaliste Corine Koole, die meer dan duizend interviews, podcasts, reportages en verhalen over de liefde maakte, ziet dat veel vijftigplusvrouwen kiezen voor non-conformistische relatievormen, zoals een open relatie, vriendschap met seks of samen zijn zonder samen te wonen. Zelf had ik van mijn tweeënveertigste tot mijn vijftigste een *visiting husband*, zoals dat vroeger heette. Ik woon met mijn twee kinderen, nu tien en dertien, en mijn echtgenoot woonde op twintig minuten fietsen bij me vandaan. Hij kwam een paar keer per week langs, maar er kon ook zomaar een week voorbijgaan dat we elkaar niet zagen. Na acht jaar relatie, waarvan bijna vijf jaar huwelijk, ging ik bij hem weg. Zijn wond had, zoals Palmen dat zegt, mijn wond gevonden en hoezeer we ons ook hadden voorgenomen om die wonden samen te helen, de werkelijkheid bleek weerbarstiger.

Het huwelijk is voor mij nooit een droom of een vanzelfsprekendheid geweest. Dat van mijn ouders was niet bepaald een ideaal om na te volgen en zelf dacht ik lange tijd het nooit te willen. Je kon me horen oreren over 'liefde die niet in een contractje te vatten valt', 'besluiten om bij elkaar te blijven zonder inmenging van Staat en Kerk' en 'de liefde niet moeten willen verstikken met zogenaamde zekerheden, maar haar vrij laten bewegen' (ik heb er even een oud columnpje op nageslagen).

'Weet je wat het met liefde is,' laat ik een vriendin tegen de hoofdpersoon Isadora in *Alles wat beweegt* zeggen, 'het wordt aan ons vrouwen voorgespiegeld als het redmiddel voor elke tragedie, de oplossing voor elk probleem, de eindbestemming van een vrouwenleven. Maar dat is een leugen die tot grote teleurstelling leidt. We moeten ons lot leren losmaken van onze geliefden, zoals mannen al eeuwen doen.'

Het huwelijk moet ooit bedacht zijn als steunpilaar van de patriarchale samenleving, omdat je anders in een matriarchaal georganiseerde familieverdeling komt waarin een kind wel de moeder, maar niet met zekerheid de vader kan aanwijzen. Het is een bedenksel waarbij de mannenlijn en niet de vrouwenlijn – wat veel logischer zou zijn – gevolgd wordt. Het is geboren uit angst voor vrouwelijke promiscuïteit en vanuit een patriarchaal familiesysteem met een mannelijk gezinshoofd, de mannelijke achternaam en (lange tijd) titelovererving.

Isadora Duncan, de bekende danseres die ik in *Alles wat beweegt* portretteerde, was fel gekant tegen het huwelijk. Rond 1900 was dat ook niet gek, gezien de rechten die je daarmee als vrouw opgaf, waaronder de zeggenschap over je eigen geld en bezittingen. 'De vrouwenbeweging zou zichzelf niet de vrouwelijke onafhankelijkheidsbeweging mogen noemen totdat al haar leden het huwelijk hebben afgezworen,' zei ze tijdens een lezing in Berlijn die eigenlijk over dans zou gaan. 'Van alle menselijke instellingen is het huwelijk het meest vernederende en absurde instituut.' De helft van het publiek gooide vuile zakdoeken en brokken pepermunt op het podium en verliet de zaal en toen de krantenartikelen verschenen, ontstond er een nationaal schandaal. Maar ze had wel, nogal, een punt.

Ik wilde dus ook niet trouwen – tot ik het wel graag wilde en mezelf 'ja' hoorde zeggen op de vraag die ik, laten we eerlijk zijn, al een beetje zag aankomen. Die 'ja' was voor mij een enorme stap. Het had veel meer te maken met het maken van een vertrouwenssprong dan met een boterbriefje dat zekerheid zou opleveren. De verlovingstijd daarna had ik hard nodig om dingen in mezelf aan te kijken en op te ruimen zodat ik ook op de huwelijksdag volmondig 'ja' kon antwoorden. Om uit te leggen wat er dan wel uit de weg geruimd moest worden, en wat jaren later toch nog niet helemaal uit de weg geruimd bleek, keek ik terug op mijn vijfendertig jaar gestruikel in de liefde. Omdat ik zo goed als alle liefdesvalkuilen buitengewoon efficiënt heb afgevinkt, zal ik ze in dit hoofdstuk met je delen. Je herkent er vast een paar nu je als queenager of Crone zelf de balans opmaakt en hopelijk heb je er iets aan. Daar gaan we.

Als adolescent was ik vooral aangenaam verrast door het betoverende effect dat je – van de ene op de andere dag, zo leek het – als meisje op jongens hebt. Zo vlinderde ik vrijblijvend rond, dronken van mijn eigen pas ontdekte afrodisiacum en macht. Ik kende de ander niet en liet me niet kennen, maar nam genoegen met de amusante dans van de liefde. Daarmee beginnen we met valkuil 1: spelletjes spelen in de liefde, met daaraan verwant valkuil nummer 2: alleen je beste zelf serveren.

Gerust zijn in de liefde is het einde ervan, geloofde ik toen. Zekerheid is de deken die het vuur van de lust smoort. 'Een man moet altijd een beetje meer van jou houden dan jij van hem,' werd me vroeger verteld, net als zoveel meisjes en jonge vrouwen. Laat hem maar flink zijn best doen. Geef je niet te snel. Diep in mij nestelde zich het idee dat de belangstelling van een geliefde zal afnemen als je je werkelijk aan hem overgeeft. Dat je als vrouw begeerlijk bent zolang je een enigma blijft, met een deel van jou achtergehouden dat hij kan najagen. En dat, zodra je dat laatste beetje voorbehoud gewonnen geeft, de ander klaar is met zijn territoriale strijd en hij je verlaat.

In die prille kalverliefdes zocht ik enerzijds koortsachtig naar liefde, begeerte en bewondering en anderzijds voelde ik me zelf ook veilig bij een zekere afstand. In die afstand kon zich een spanningsveld opbouwen dat zorgde voor de aantrekking en bleef ik onaantastbaar en autonoom.

Als 'de aanbedene' houd je van iemand om de manier waarop die persoon van jou houdt. Je kijkt je geliefde in de ogen en ziet jezelf erin weerspiegelt – je beste zelf, welteverstaan. De opgepoetste versie. Voor die blik, die ogen, ga je leven. De adoratie, vertedering en opwinding die je teweegbrengt, geven je het gevoel dat je bijzonder bent. Goedbeschouwd ben je verliefd op jezelf.

Je ziet in de ander vooral een persoon die van jou houdt of jou begeert, niet de ander zelf. Er gaat zoveel aandacht naar het perfectioneren van jouw rol als object van begeerte, dat de ander maar mondjesmaat wordt bestudeerd – hoogstens om te weten hoe hij moet worden bekoord. Je bent de beminde en vergeet te beminnen. Alle inspanning wordt ingezet om de betovering in stand te houden; het humeur is opgewekt, het ondergoed past bij elkaar, de grapjes zijn spitsvondig en de opmerkingen scherpzinnig, om niet te zeggen hyperintelligent. Lange tijd lijkt zoiets goed te gaan. De verhouding is de goed gelukte, geloofde leugen die jou de waarheid over jezelf doet vergeten. Tot het echte leven zich ermee gaat bemoeien natuurlijk. De eerste scheurtjes in het zorgvuldig opgebouwde beeld ontstaan onherroepelijk. Er wordt een drankje te veel gedronken, je hebt een oogontsteking en kunt je lenzen niet in, de stemming zakt eens in, er wordt een gevoelige snaar geraakt en er vallen kwade woorden.

Zodra je als aanbedene het masker hebt laten vallen, je hebt laten gaan, een lelijke kant van jezelf hebt laten zien, wordt de weerspiegeling in de ogen van de geliefde minder flatteus. Prompt verbleekt de verliefdheid tot een onverdraaglijke alledaagsheid. De relatie wordt op dit punt vaak afgebroken. Ergens aan de horizon verschijnt een nieuwe aanbidder, klaar om te veroveren en betoveren. En opnieuw. En opnieuw.

Alleen: de betovering vindt niet bij de aanbidder plaats, maar bij de aanbedene zelf. Via de liefde van de ander kan de aanbedene van zichzelf houden, via de ogen van de ander kan de aanbedene het verdragen naar zichzelf te kijken. Dat is de werkelijke bedwelming.

Pas als je erop vertrouwt dat jouw onvolmaakte zelf volmaakt genoeg is, heeft echte liefde een kans. Pas als je toestaat jezelf volledig te laten kennen en de ander te leren kennen, kan er een duurzame en diepgaande relatie ontstaan. Pas dan kun je elkaar spiegels voorhouden – geen lachspiegels, maar echte spiegels die mild en confronterend tegelijk kunnen zijn. Pas dan kun je werkelijk worden liefgehad en, nog veel belangrijker, werkelijk liefhebben.

Als model in Parijs had ik een absolute allergie voor zogenoemde *modeldaters* (mannen met geld die alleen met modellen en vooral met veel modellen tegelijk daten) die in ons modellenappartement rondzwermden en leefde ik dus als een non. Ik vertrouwde geen enkele man, waarmee ik in valkuil 3 belandde: je uit zelfbehoud afsluiten voor de mogelijkheid van liefde. Daarmee bevestig je als vanzelf je eigen stelling, want zodra je je afsluit, dringt er ook niemand meer door je pantser heen. Geen idee of ik toen een Grote Liefde heb laten liggen, want als die er al was geweest, had ik hem niet gezien.

Eenmaal terug in Nederland en op de universiteit vormden zich allerlei relaties om me heen, maar ik durfde niet, want dat zou betekenen dat ik me echt zou moeten openstellen, wat natuurlijk geen optie was. Toen mijn beste vriend, met wie ik kon praten en lachen en naar bandjes ging kijken, verliefd op me bleek te zijn en de vonken er in bed bleken af te vliegen, ging ik overstag. Deze innige, passionele vriendschap mondde uit in een elfjarige relatie, met samenwonen, een huis kopen, een kat nemen en alles.

Toen ik als dertiger in de spiegel keek, besefte ik dat ik me in deze relatie, hoeveel ik ook van hem hield, niet helemaal gaf. Ik leefde náást hem, niet mét hem en zorgde in alle opzichten voor mezelf. Dat kwam door dat vertrouwensgebrek in de man, waar deze specifieke man niets aan kon doen, maar wat hij ook niet uitdaagde – ik denk zelfs dat hij het oprecht niet in de gaten had. Ik bevond me al langere tijd op de bodem van valkuil 4: je niet durven overgeven in de liefde en een muurtje om je hart bouwen om niet gekwetst te raken.

Ik had mijn gebrek aan vertrouwen weggepoetst door gewoon maar helemaal niets te verwachten. Want als je niets verwacht, kan het alleen maar meevallen, nietwaar? Dat zag ik mijn moeder altijd doen en het leek prima te werken. Ik had geen last van een laag zelfbeeld of het idee dat ik geen liefde waard zou zijn, maar ik dacht dat heteromannen gewoon niet tot diepgaande liefde en betrouwbare steun in staat waren. Bij mijn homovrienden had ik dat idee niet, maar ja, dat waren vrienden.

Je hoeft geen psycholoog te zijn om te begrijpen dat een dergelijke hardnekkige overtuiging in je jeugd is ontstaan. Voor een vrouw werken hechtingsproblemen met je moeder door in je eigen zelfbeeld en die met je vader in je hechtingsstijl in de liefde. Als je, zoals ik, vaderissues hebt, dan kan het onveilig voelen om liefde te ontvangen in relaties omdat je verwacht teleurgesteld te raken. Je kunt ook onbewust 'veilige' relaties opzoeken: vrijblijvende verhoudingen met gebonden of anderszins niet beschikbare geliefden of relaties met iemand die een afstand tussen hem en jou accepteert of meer van jou houdt dan andersom. Het zijn allemaal *lousy* tactieken om pijn te vermijden.

Mijn situatie valt te vatten in één herinnering. Ik ben een jaar of zeven en sta voor mijn vader in zijn stoel. Hij heeft een krant op schoot, maar leest niet. Ik begin iets te vertellen – enthousiast, maar gaandeweg weifelend omdat mijn woorden niet door zijn roes dringen en zijn ogen langs me heen staren. Uiteindelijk stop ik midden in een zin met praten. Hij merkt het niet op. Mijn eigenwaarde en eigenliefde bleven ook na dat moment intact; ik heb nooit getwijfeld aan de waarde van mijn verhalen en of ik als persoon mijn vaders liefde, of die van welke man ook, waard zou zijn. Mijn moeders liefdevolle aandacht had me er tegen die tijd al van verzekerd dat ik ertoe deed. Wat ik opgaf, was het idee dat mijn vader en mannen in het algemeen mij iets te geven hebben of dat ze mijn liefde in ontvangst kunnen nemen.

Bij een gebrek aan vertrouwen in de romantische liefde is er de neiging om die af te weren, te controleren of te saboteren. We blokkeren dan alle liefde die onze kant op stroomt. Het hart is gesloten – behalve wanneer we tot over onze oren verliefd zijn. Dan gaat het hart open, lijkt alles mogelijk, geweldig en volmaakt, totdat dat gevoel wegebt, de eerste hobbel in de weg verschijnt en de twijfels weer de kop opsteken. De oude wond wordt opengereten (zie je wel, de liefde is niet te vertrouwen) en we raken extra teleurgesteld. Resultaat: het hart raakt nog meer gepantserd.

Het ergste wat er kan gebeuren, is niet dat de ander je verlaat.

Je kunt een gebroken hart overleven, dat heb je misschien ook al ervaren (en neem het anders maar van mij aan). Het ergste wat er kan gebeuren, is dat er liefde voor je is – echte, zuivere en optillende liefde, recht voor je neus – en dat jij je ervan afwendt omdat je niet durft.

Na elf jaar besloot ik om het uit te maken – vlak voor een vakantie die we samen hadden geboekt en die ik hem niet wilde onthouden, waarna het er natuurlijk na vier cocktails alsnog uit kwam en ik drie maandsalarissen aan tickets uitgaf om halsoverkop terug te vliegen. Liefde hoeft niet te eindigen met een grote ruzie, hoogverraad of zelfs maar een aanwijsbaar conflict. Het kan ook zijn dat de liefde bijna ongemerkt is bekoeld. Je zit samen in een bad dat langzaam koud is geworden en een van tweeën stapt er als eerste uit. De ander probeert het bad misschien nog aan te vullen met warm water, maar het is te laat.

Gevoelens zijn vergankelijk, zelfs de hevigste gevoelens. Dat is, zeker in de liefde, een bijna onverdraaglijke gedachte, maar toch is het waar. Je kunt iemand met heel je wezen hebben bemind, begeerd, aanbeden en dan ineens is de behoefte om bij die persoon te zijn weg. Je kunt proberen, vechten, forceren en geduld hebben, maar uiteindelijk moet je eerlijk zijn tegen jezelf. Moeten opstaan uit dat bad, waar jullie samen zo lang en fijn in hebben gelegen, is hartverscheurend. Maar blijven zitten, alleen om het mooie verleden en om de ander geen pijn te doen, is verraad aan het leven, aan jezelf en bovenal aan de ander – want de ander verdient niets minder dan een door kaarsen omringd bad met bubbelend badschuim waar de damp van afslaat.

Ik wilde afrekenen met de gecontroleerde, veilige liefde, en mijn ziel vond kennelijk dat het tijd was voor een allesverzengende verliefdheid op een onbereikbare, want gebonden man – zo'n verliefdheid waarbij je amper kunt eten, slapen of je concentreren op je werk en elk liedje dat je hoort over hem gaat. Met open ogen liep ik in valkuil 5: verliefd zijn op de liefde.

Als je verliefd bent, ben je tijdelijk verminderd toerekeningsvatbaar. Ieder mens die weleens verliefd is geweest, kan en zal je dat vertellen. Niet dat het zin heeft: je hoort het anderen zeggen, maar midden in de hallucinatie waarin je zit, lijkt juist niets ooit zo echt, belangrijk en reëel geweest te zijn als wat je nu ervaart. Als de liefde wederzijds is, is verliefdheid hemels. Als zij onbeantwoord blijft, is ze gekmakend en tragisch.

Voor een deel is verliefdheid projectie. Je kent de begeerde ander nog niet helemaal; er valt van alles bij te fabuleren. Jouw object van verlangen neemt goddelijke proporties aan en ook jullie band is waarschijnlijk niets minder dan kosmisch: het is duidelijk dat jullie al héél veel levens samen hebben geleefd. Op de golven van je illusies, projecties, lusthormonen en fantasieën voel je hartstocht en euforie, afgewisseld met wanhoop, zenuwen, ongeduld en vertwijfeling. Verliefd zijn kost ongelofelijk veel energie, maar boort ook een onvermoede bron aan waaruit je eindeloos lijkt te kunnen putten. Het brengt je in contact met je hart. Het is een drift die op geen enkele manier maatschappelijk getemd is, die niet verfijnd, beleefd of tactvol is. Je creativiteit en gevoelsleven verdiepen zich, je bruist, je borrelt, je wilt eropuit en eropaf.

Ik verloor me in een redeloze, bodemloze, hopeloze verliefdheid op een man met wie ik een jaar lang afspraakjes had, maar met wie ik nooit naar bed ging – wat het verlangen alleen maar meer opstuwde natuurlijk. Bovendien kon ik respect voor hem houden omdat hij zo edel en zuiver was om niet ontrouw te zijn. En omdat we elkaar maar eens in de paar weken zagen, hoefden mijn wensfantasieën niet met de alledaagse werkelijkheid te botsen en kon de zinsbegoocheling in stand blijven. Geen idee of wij werkelijk bij elkaar pasten, maar mijn verliefde, vertroebelde ziel dacht van wel.

Gedurende dat jaar raakte steeds meer van mijn leven met hem besmet. De plek waar we een keer hadden geluncht, het jurkje dat ik toen droeg, die ene vriend die ik over hem had verteld. Ik vulde alles met zijn energie en uiteindelijk werd mijn hele leven één grote liefdesaffaire, alleen de geliefde was er niet bij. Fysiek dan. Want net zoals een romanpersonage bij me is als ik een boek schrijf, zo was hij bij me als ik over straat fietste of een café binnenstapte. En hé, misschien zou ik hem daar zelfs wel tegenkomen!

In mijn hoofd groeide deze meneer uit tot de Ware. Juist het onvervulde, het onbekende, het 'wat had kunnen zijn' voedde mijn gekte. Er was genoeg lege ruimte om naar eigen inzicht en behoefte op te vullen. Natuurlijk was hij mijn perfecte man; ik had hem zelf in elkaar gezet.

Het leidde tot niets en toch heb ik er geen spijt van. Verliefdheid is een magisch gevoel om je in onder te dompelen, zo lang als het duurt. Het doet je vol ontzag beseffen wat een natuurkracht de liefde eigenlijk is. Er is niets dwaas aan. Je kunt voelen hoe je hart uit je borst bonkt en schudt meewarig je hoofd om andere, niet-verliefde mensen die niet begrijpen dat de liefde, en alleen de liefde, ertoe doet.

Was het een storm in een glas water? Achteraf denk ik van wel. Maar jee, wat een schitterende storm.

Daarna welde een verlangen naar een diepere verbinding en uitwisseling in me op en die dacht ik te vinden bij een, laten we zeggen, hulpbehoevende man. Het was tijd voor valkuil 6a: een hulpvraag aanzien voor liefde, die doorgaans samengaat met 6b: iemand denken te kunnen 'redden'. Ik was, zoals Lady Gaga zingt, '*caught in a bad romance*'.

In het begin van die relatie vielen mijn troost en steun in vruchtbare aarde, maar op den duur bleek dat de man in kwestie niet zat te wachten op mijn bemoedigende woorden. Positief heette ineens naïef, opbeuren betekende 'niet serieus nemen' en hem van zelfdestructief gedrag afhouden betekende dat ik in de weg stond van wat hij toch niet kon laten. 'Als je de demonen van je geliefde wilt bedwingen, word jij een van zijn demonen,' zei de inmiddels overleden schrijver Hafid Bouazza in die tijd eens tegen me. De geliefde richtte zich niet meer op mij eigenhandig op een voetstuk zetten, maar op me in de kuil trekken waar hij zelf in zat, terwijl ik gewoon met mijn voeten op de grond wilde staan.

Toen hij aanvoelde dat ik me van hem losmaakte, mondden zijn controledwang, jaloezie, woedeaanvallen en gaslighting uit in huiselijk geweld. Ik draaide rond in een carrousel van het opbouwen van spanning, explosie, spijtbetuiging, toenadering en ontspanning, waarna de spanning zich weer opbouwde. Ik weet hoe het voelt om tegen de grond gewerkt te worden, tegen een muur geduwd, dat je keel wordt dichtgeknepen, om jezelf op te sluiten in een kamer om veilig te zijn. Ik weet hoe het is om altijd een huissleutel en telefoon op zak te hebben en je gympen aan, klaar om de deur uit te kunnen rennen. Ik ken de teleurstelling in jezelf omdat je nauwelijks terugslaat of schopt uit angst hem nog kwaaier te maken. Ik ken de verwarring als hij zegt dat hij gewelddadig was juist omdát hij zoveel van je houdt, dat jij het bent die hem zo ver drijft. Ik ken ook het mengsel van medelijden en weerzin dat je kunt voelen als hij je berouwvol om vergeving vraagt en belooft dat het nooit meer zal gebeuren. En ik ken de schaamte als je over straat loopt met lange mouwen om blauwe plekken te verbergen.

Ik vond niet dat ik zijn geestelijke en lichamelijke mishandeling waard was, zoals je soms hoort, daarvoor had ik te veel eigenwaarde, al moet ik eerlijk zeggen dat die langzaam begon af te brokkelen. Misschien ligt de aantrekkelijkheid ervan hierin: als je al je energie op de moeilijkheden van de ander richt, kom je niet aan die van jezelf toe. Terwijl je bezig bent andermans kastanjes uit het vuur te halen en je af te vragen hoe de ander zich voelt, hoef je je niet bezig te houden met je eigen problemen en gevoelens. En dat is wel zo comfortabel. Je bent verblind door je eigen hoogmoed en overmoed. Jij bent zó evenwichtig, zó levenslustig en zó optimistisch, dat je zijn problemen er makkelijk bij kunt hebben. Even lijkt dat te werken, want je lost de problemen van de ander op en voelt je tegelijkertijd gesterkt in het rooskleurige beeld van jezelf. Jij bent krachtig! Jij bent liefdevol! Jij bent onmisbaar! Zo bekeken is het Florence Nightingale-syndroom niet meer zo altruïstisch, want je dient er vooral jezelf mee. Het is aanmatigend en destructief.

Jouw inspanningen houden juist het probleem van de ander in stand. Je bent, zoals dat in de verslavingszorg heet, de *enabler*. Zolang jij de gevolgen van andermans gedrag oplost of incasseert, hoeft de ander er niet echt mee aan de slag. Jouw dienstbaarheid dient de oplossing niet. De Libanese dichter Kahlil Gibran schreef: 'Vul elkaars beker, maar drink niet uit elkaars beker.' Steun en help elkaar, maar maak de problemen van de ander niet tot de jouwe. Een mens kan alleen zichzelf redden. En de enige persoon voor wie je onmisbaar bent, ben jij zelf.

Tegen iedereen die dit leest en die vastzit in een ongezonde relatie, wil ik dit zeggen: hoeveel je ook van je partner houdt, hoezeer je ook begrijpt waar het schadelijke gedrag vandaan komt en hoeveel mooie beloften en excuses er ook worden gegeven, jij bent alleen verantwoordelijk voor jezelf. Vrouwen zijn geen rehabilitatiecentra voor beschadigde mannen, en andersom ook niet. Al je energie, liefde en aandacht steken in de ander wegtrekken van het pad dat hij verkiest te belopen, is verspilling. Die energie is bedoeld voor het bewandelen van je eigen pad.

Tegen het einde van de relatie las ik een passage in 'Een lied aan de hemel', het slotdeel van de memoires van Maya Angelou, waarin ze haar relatie met een dominante man beschrijft. 'Binnen een maand nadat ik het gezag over mij en mijn leven aan een ander had overgedragen, drong tot me door wat een verschrikkelijke vergissing ik had begaan. Als ik kip wilde, zei hij dat hij lam wilde en daar was ik het snel mee eens. De eerste keer dat ik op wilde blijven om te lezen en hij naar bed wilde, maar niet zonder mij, begon ik de beklemming van zijn intieme omhelzing te voelen. Maar, zo voegde hij eraan toe, hij had me nodig. Daar was ik het mee eens.' Tot ze op een dag dacht: 'Je hebt me nodig? Nodig als een extra deken? Als meer peper in de soep? Ik verfoeide het om als ding beschouwd te worden, maar ik moest toegeven dat ik de situatie zelf had laten ontstaan en over niemand anders dan mezelf ontevreden kon zijn.'

Me losmaken uit de greep van deze geliefde ging, zoals meestal in dit soort giftige relaties, niet makkelijk. Ik heb op banken en in logeerkamers geslapen van vele vrienden als de situatie uit de hand dreigde te lopen. Toen het me eenmaal lukte om weg te gaan, moest ik een rechtszaak aanspannen (want er was een huis gekocht en er bleken financiële zaken oneerlijk geregeld) en was er een hoop angst om te bezweren. Tegen die tijd was ik uitgeput en graatmager, maar ik had iets belangrijks geleerd: zelftrouw is het hoogste goed in je leven. De ziel protesteert als je jezelf geweld aan moet doen om de harmonie te bewaren. Van iemand houden is prachtig, de ander helpen is belangrijk, je overgeven aan je geliefde is mooi, maar alleen als je daarbij trouw kunt blijven aan jezelf. Het is niet nodig, nóóit nodig, om jouw levensvervulling te verzaken, alleen maar omwille van de relatie. Je hebt de plicht om jezelf in ere te houden.

Toen ik was opgekrabbeld, zo rond mijn drieëndertigste, probeerde ik losjes liaisons en amourettes uit. Ik gaf mezelf toestemming om niet precies te weten wat ik aan het doen was en het zonder regels en afspraken te ervaren. Sommige kortstondige affaires lijken dan oppervlakkig, maar snijden diep en veranderen je voor altijd. Je kunt een glimp van zuivere liefde opvangen, van gezien en begrepen worden, ook al weet je dat het om andere redenen niet kan en zal duren. Andere avontuurtjes spreken vooral je veerkracht aan en laten je zien wat niet bij je past.

Heimelijk bevond ik me in valkuil 7: denken dat single zijn een wachttijd is. Als je louter films zou kijken, boeken zou lezen en liedjes zou beluisteren, zou je bijna kunnen denken dat het leven alleen de moeite waard is met een geliefde aan je zijde. Single zijn is in deze misvatting een soort 'tussentijd'; zoiets als tussen twee banen zitten. En dat terwijl perioden zonder partner zeer vruchtbaar en waardevol kunnen zijn. Ze bieden de mogelijkheid om jezelf te ontwikkelen, zoals je ook binnen een relatie doet. In verbinding met anderen kom je jezelf tegen, maar in solitaire afzondering ook. Omdat je geen rekening hoeft te houden met een partner kun je je automatisch meer richten op jezelf en dingen in het leven die je anders misschien niet eens waren opgevallen. Wie weet bevalt het wel zo goed, dat je het lekker zo houdt – eventueel met een minnaar zo hier en daar.

Ik heb een vriendin die al zo lang als ik haar ken zoekt naar de ware liefde. Zij bezocht een medium om te horen hoe haar grote liefde eruit zou zien, zodat ze hem zou herkennen. In plaats daarvan zei de man iets wat ze liever niet wilde horen, maar wat voor haar toch als een frappante waarheid voelde: 'In vorige levens heb je jezelf vaak in dienst gesteld van je echtgenoot en in dit leven is het de bedoeling dat je nu eens aan jezelf toekomt.'

Toch kun je je bij vlagen sneu, eenzaam en tekortgeschoten voelen als je single bent. Als dat op dit moment bij jou zo is, mag ik je dan iets in herinnering brengen? Iets wat je, als je terugdenkt aan je eigen liefdesverleden, vast ook nog wel weet? Je kunt je ook heel eenzaam voelen met zijn tweeën. En dat is, als je het mij vraagt, een grotere belasting voor de ziel. Mijn moeder, alweer dertig jaar single, zegt dat ze 'gelukkig gescheiden' is. Vaak verzucht ze hoe verknocht ze is geraakt aan de stilte, het in haar eigen gezelschap verkeren en enkel mensen opzoeken bij wie zij wil zijn en die bij haar willen zijn. Eenzaam is ze sinds de scheiding niet meer, maar ze kan zich soms wel even alleen voelen.

Wie vreugdevol single kan zijn, zal realistischere verwachtingen hebben van de romantische liefde. Het 'maak me gelukkig, maak me compleet, vertel me wie ik ben' is naar de achtergrond gedrongen. Je belast je toekomstige geliefden niet langer met het opvullen van een leegte en het aanvullen van je tekortkomingen en gebreken. Trap niet in het sprookje; niemand anders dan jij kan jou tevredenstellen.

Ik hield moedig alleen stand tot ik op een vrijdagavond in de kroeg een man ontmoette die met zijn ondoorgrondelijke blik door de barrière brak: de man die de vader van mijn kinderen zou worden. Dat bedachten we al vrij snel en binnen vier jaar kregen we er twee. Midden in de mistbanken en gebroken nachten van het jonge moederschap tuimelde ik in valkuil 8: zijn liefde proberen te winnen. Want het werd steeds duidelijker merkbaar dat hij niet met twee benen in de relatie stond.

Als iemand halfhartig in een relatie zit, voel je dat onherroepelijk. Waarschijnlijk wil je dat niet voelen en stop je het weg, maar je registreert alles. Elke afgemeten omhelzing. Elk lauw onthaal. Elk plichtmatig 'ik ook van jou'. Elke afdwalende blik. Elke routineuze kus. Elk mat afscheid. Elke bloedeloze omhelzing. Elke doffe reactie. Eerst zeg je tegen jezelf dat je het je inbeeldt, dan pols je hem voorzichtig en word je gerustgesteld ('nee hoor, er is niets aan de hand') en daarna ben je er waarschijnlijk omheen gaan leven. Het is te pijnlijk om onder ogen te zien, dus maar al te graag laat je je voor de gek houden. Het heeft vast te maken met de stress op zijn werk, het sombere weer van de laatste tijd, zijn opvoeding, jouw overgevoeligheid.

Onbewust ga je een tandje bijzetten om zijn liefde te (her) winnen. Je doet vrolijk, slikt eventuele kritische opmerkingen in, juicht alle zakenreizen toe en zorgt voor een altijd verzorgde bikinilijn, frisse adem en leuk haar. Dat is op de lange termijn uitputtend en werkt bovendien doorgaans contraproductief. Hoe meer jij gaat behagen en op je tenen gaat lopen, hoe minder leuk en begeerlijk je bent. En andersom (hoe oneerlijk werkt de economie van de liefde!) zal de ander, die zich steeds meer terugtrekt, in jouw ogen steeds begeerlijker worden. Hij geeft zich niet helemaal en liefde waarvoor je moet vechten, wordt in jouw ogen steeds belangwekkender. Ziehier de oorzaak van scheefgroei in relaties. Jij zet een stap in zijn richting, hij zet een stap achteruit. Jij zet twee stappen in zijn richting, hij zet twee stappen achteruit. Het voelt alsof je elke dag opgetogen voor zijn deur staat om een pakketje af te leveren, maar de brievenbus is dichtgetimmerd. Daar sta je dan met je liefdespakketje te drentelen en uiteindelijk keer je terug naar huis. Morgen maar opnieuw proberen.

Ik maakte in die tijd lijstjes met dingen die ik beter moest doen zodat hij zich weer voor me ging openstellen ('geen monologen over actuele kwesties, geen vragen stellen over de dag als hij net thuiskomt van zijn werk, namen onthouden, niet te veel aan hem plakken of knuffelen'). Dat lijstje lees ik nog weleens na. Ik voel dan een gek soort mededogen met de vrouw die radeloos wegen zocht naar zijn hart en hard op weg was om 'zichzelf kwijt te raken', zoals dat in relatietermen nu eenmaal heet. Ik ging steeds harder werken voor steeds minder liefde. Dat hield ik vervolgens niet vol, waardoor ik woede-uitbarstingen kreeg en bij wijze van wraak koeler werd dan hij ooit was geweest, om hem maar open te breken en te bereiken. Als hij mijn liefdespakket bij de deur niet wilde aannemen, dan gooide ik wel een brandbom naar binnen. En precies om dat gedrag ging ik hem vanbinnen gelijk geven dat hij niet meer van me hield. Ik was een onbeminbaar monster.

Inmiddels weet ik dat er in dat stadium precies niets is wat ik had kunnen doen om hem tevreden te stemmen en weer van me te laten houden. Als iemand de deur van zijn hart voor je dichtdoet, dan kun jij hem niet openmaken; die deur gaat alleen van binnenuit open. Ik dacht dat ik zijn liefde kon verdienen door punten te scoren. Maar echte liefde hoef je niet te verdienen. Inmiddels weet ik ook dat het me nooit was gelukt om 'geen discussies over de wereld!' meer aan te zwengelen of me te houden aan het 'nooit meer snibben' als ik, uitgeput van een nacht met spokende kinderen de havermoutpap stond op te warmen.

Ergens was die afstand tussen hem en mij me niet vreemd. Ik kende het van vroeger, toen mijn moeder haar eigen leven had en mijn vader het zijne, zonder ooit affectie te tonen. Het voelde niet abnormaal voor me, dus ik had het volgehouden. Ik had er genoegen mee genomen, tot het bittere eind. Dankzij het feit dat ik hem in een duistere nacht bleef vragen of hij twijfelde, er uiteindelijk een 'ja' kwam en hij binnen een maand vertrokken was, heb ik dat niet hoeven doen. Daarna lag ik in duizend stukjes, maar er is me ook een leven lang halfbakken liefde en onmacht bespaard gebleven. Ik leerde dankzij zijn vertrek, en na een hele poos rouwen en verwerken, dat je geen genoegen hoeft te nemen met wat van een afstandje op liefde lijkt, maar om allerlei redenen geen liefde meer is. En dat ondoorgrondelijkheid soms ondoorgrondelijk blijft. Iemand laat zich alleen kennen tot op het niveau waarop hij zichzelf kent.

In mijn roman *Tropenbruid* zegt de residentsvrouw: 'We denken onze echtgenoten na een aantal jaren misschien te kennen, alleen maar omdat we met hen leven. We denken dat we, door ons nog beter naar hen te plooien, hun liefde kunnen verdienen of op hen kunnen inspelen voor ons eigen gewin. We willen hen begrijpen,' en dit zei ze met een zucht, 'zodat wij onszelf minder onbegrepen door hen voelen.'

Verlaten worden en alleen komen te staan met kinderen van één en vier was een klap die me ontredderde en ontwrichtte. Het gezin waar ik mijn leven omheen had gebouwd en mijn toekomst op baseerde, was plotseling uit elkaar gevallen. Er volgden vernietigend zelfverwijt, boosheid op hem en bezetenheid om de relatie te analyseren – alsof er een code te kraken viel waarmee de breuk verklaard kon worden en daarmee ongedaan kon worden gemaakt. Alsof ik het verleden kon repareren. Daarna kwam het zware, inktzwarte verdriet om het verlies van de geliefde en het intacte gezin. De absolute verlatenheid leek eerst alleen door hem, de verlater, te kunnen worden opgeheven, maar langzaamaan ontdekte ik dat ik het zelf was. Rouw is intiem en lokt je naar binnen, naar een plek in jezelf waar je kunt uitrusten en bijkomen. Het was de meest intense periode van mijn leven, waarin ik afwisselend diepbedroefd, snel ontroerd én uiterst gelukkig was.

'*If you desire healing, let yourself fall ill, let yourself fall ill*'; dat zijn de woorden van Rumi die Marion Pauw en ik als motto kozen voor *Hotel Hartzeer*, het boek over liefdesverdriet dat we toen schreven. Laat jezelf maar vallen, en je zult merken dat je op een bodem belandt die sterker is dan de grond van schijnzekerheden waarop je eerder stond. Het is namelijk jouw eigen bodem en daar kun je niet doorheen vallen. Deze periode hielp me om inzichten te krijgen in mezelf, mijn verstoring in de liefde en de partners die ik koos. Het stimuleerde me om dieper te graven, mijn liefdesleven tot dan toe tegen het licht te houden en oude shit op te ruimen. Als jij op dit moment liefdesverdriet hebt, benut die crisis dan ten volle. Vertrouw erop dat je inzicht uit verwarring kunt scheppen, verdriet in kracht kunt omsmeden en moed uit angst en teleurstelling kunt putten.

Ik beloofde mezelf dat ik op een dag zou durven vliegen in de liefde, zoals ik nog nooit gedaan had, omdat ik bereid was te vallen. Vallen is niet erg. Ik had geleerd hoe weer op te staan.

Met de enige man met wie ik ooit trouwde, durfde ik dat vliegen te oefenen. Ik experimenteerde met het vragen van kleine gunsten en het koesteren van iets hogere verwachtingen. Onhandig genoeg kon mijn visiting husband door zijn eigen jeugdwonden juist niet altijd meteen goed reageren op een beroep dat op hem gedaan werd. Doordat we onze blokkades allebei zo goed in beeld hadden en ze wilden ontmantelen, beloofden we elkaar dat we zouden proberen ze samen te boven te komen.

Met hem aan mijn zijde kreeg ik mijn verstoringen nog scherper in beeld en kon ik mijn eigen aandeel in het mislopen van eerdere relaties zien. Ooit besloot ik mijn vader niet nodig te hebben en het zonder hem te doen en voor ik het weet, verleidt iets me om hetzelfde te doen: mezelf terugtrekken en dingen alleen oplossen. Ik verlaat de ander. Ik laat in de steek voordat die ander mij in de steek kan laten. Ik ontzeg de ander verbondenheid met mij.

Een geliefde expliciet om hulp verzoeken voelde aan als balanceren op de rand van een afgrond waar ik vrijwel zeker in zou vallen en dus deed ik het niet. In deze relatie durfde ik dat wel en als mijn man niet meteen te hulp schoot, hoorde ik mezelf 'laat maar, ik doe het wel zelf!' zeggen om weg te stappen van dat ravijn. En hopla, daar kreeg ik weer de bevestiging dat niets verwachten toch echt het verstandigst is. Als vertrouwen te voet komt en te paard gaat, was mijn paard al weggegaloppeerd als het antwoord even op zich liet wachten.

Ik realiseerde me dat niets verwachten iets anders is dan verwachten niets te krijgen. Dat is een verkeerde veronderstelling die ik veel te snel bevestigd dacht te zien. Ik moest ten diepste erkennen dat de liefdesstijl van de vader iets zegt over de vader, niet over alle mannen, en – maar dat wist ik gelukkig al – al helemaal niet iets over mij.

Het beste wat je in deze tweede levensfase voor jezelf kunt doen, als je dat nog niet gedaan hebt, lieve lezeres, is in kaart brengen welke strategie je als kind koos om het leven aan te kunnen. Je kunt je realiseren: wat me als kind hielp te overleven, houdt me nu tegen om volledig lief te hebben. Het is niet meer nodig. Ik ben nu oud en sterk genoeg. Elke keer als je zenuwstelsel reageert op een situatie die lijkt op een eerdere, pijnlijke situatie (want dat blijft het gewoon doen, maak je geen illusies), stel je je reactie uit. Je wacht en ondergaat je emoties, hoe kinderachtig of grotesk ze ook zijn. Hevige emoties proberen je iets te vertellen en meestal is het een oud en eentonig verhaal. Misschien kun je op dat moment al begrijpen hoe het te maken heeft met vroeger, en anders doe je dat later. Je pakt de hand van dat kleine meisje dat zich wil beschermen of verdedigen en zegt tegen haar: 'Het komt goed. Ik ben erbij, we doen het samen.'

Ik draag het kind dat ik was nog in me en als jonge vrouw droeg ik de kiemen van de vrouw die ik nu ben in me. Ik kijk, begrijp en heel – naar achteren, naar het heden en naar voren, naar de oudere vrouw die ik zal worden. Ze zal me er dankbaar voor zijn.

Terwijl ik me ontfermde over mijn jongere zelf, begonnen er dingen te verschuiven. Bij het vragen om kleine dingen die soms praktisch, soms emotioneel van aard waren, ontdekte ik iets belangrijks: er hoeft niet per se een 'ja' te komen om te durven blijven vragen. De groei schuilt juist in de angst om in een afgrond te vallen na een 'nee' of 'nu niet' te bedwingen, om het ongemak te verdragen en te merken dat het vanzelf wegebt. Als jong meisje donderde ik na een weigering van mijn vader dan wel in het ravijn, maar als volwassen vrouw niet. Ik merkte dat ik gewoon kon blijven staan en na een tijdje kon doorlopen, in het vertrouwen dat mijn partner er voor me zou zijn wanneer hij er klaar voor was. Of niet.

Mijn vermogen te vragen om wat ik nodig heb is niet afhankelijk van de vraag of het me wordt toegekend of niet. De hulpvraag werd minder beladen. Het ravijn begon te verdwijnen.

Tegelijkertijd merkte ik dat mijn echtgenoot zijn eigen mechanisme wel wilde maar moeilijk kón ontmantelen – of dat zijn tempo anders was. Ik was in mijn eentje aan het oefenen. Langzaam groeide het besef dat ik niet langer in een dynamiek wilde blijven die vast leek te zitten en heel 'oud' voelde. Het thema had zijn betovering op me verloren, ik was ermee uitgegoocheld. Hoezeer ik hem ook liefhad, ik had mezelf ook lief en besloot alleen door te gaan.

Romantische relaties en affaires behoren tot de innigste en meest complexe banden die we in ons leven aangaan. Ze vormen ons, confronteren ons met onze pijnpunten, beschadigen ons en verrijken ons; ze houden ons in beweging. Misschien dat ik de liefde nooit helemaal zal vatten, maar ik mag haar in elk geval ervaren. En het is mijn eigen taak en verantwoordelijkheid om die ervaring zo open mogelijk tegemoet te treden, om alle innerlijke beletsels die ik ertegen opgeworpen heb omver te duwen.

Opnieuw ben ik single, op mijn vijftigste, maar deze keer voelt het niet aan als een wachttijd. Ik ben uit volle overtuiging en in volle tevredenheid alleen. Er ontbreekt niets, er is niets verkeerd gegaan, ik heb in elke relatie geleerd en ik had mijn huwelijk nooit willen missen. Misschien ben ik gewoon een van die mensen die diepe liefde vinden bij hartsvrienden en hartsvriendinnen, kinderen, huisdieren, de levende natuur en de goddelijke bron. En bij mezelf.

Ik heb lief. Mijn hart is zacht en open. Ik verwacht véél van het leven.

5 – Je ware vorm aannemen

Net toen erbij horen bijna was gelukt
ging de glans ervanaf
en begon die van je binnenste
aanlokkelijk te schitteren.
Intrigerend en onweerstaanbaar
trok je eigen vreemdheid
je naar zich toe.

Je begon te begrijpen
dat je behoort tot de aarde,
de groeisels en de schepselen,
en tot de onbevattelijke eeuwigheid.
Met niets minder dan datgene
wat je in je draagt,
alle scherpe randen en zachte plekjes,
maak je het alles compleet.

'Hoe ouder, hoe gekker,' hoor je weleens over iemand die buiten de lijntjes kleurt. Eigenlijk, zo besef ik steeds meer, is dat een mooie waarheid: hoe ouder we worden, hoe minder we ons iets aantrekken van hoe het hoort en van wat de goedkeuring van anderen kan wegdragen. We pellen de lagen van opvoeding en conventie af en komen dichter bij wie we werkelijk zijn, met een persoonlijkheid die in andermans ogen inderdaad best gek, overdreven of onaangepast kan zijn. Maar de grap is dat dat ons niet meer zoveel kan schelen. We hebben *zero f*cks left to give*, ze zijn allemaal opperdepop.

Soms denk ik dat een mensenleven uit twee delen bestaat. In de eerste helft van je leven ben je ijverig bezig met het aanleren van gedragsregels en het opslurpen van kennis die belangrijk zou zijn, met je bekwamen in beleefd en inschikkelijk zijn, met voldoen aan normen en standaarden. Je bent jezelf aan het normaliseren. Je wilt opgenomen worden in de groep en daarvoor denk je dat het nodig is om te lijken op de anderen. En dan breekt de tweede helft aan en merk je dat je al die aanwensels ongemerkt een voor een aan het afleggen bent. Ondertussen probeer je terug te vinden wat je ooit verloren bent: je fantasie, je uniekheid, je vrijheidsdrang. De neiging tot aanpassen wordt minder en dat betekent niet dat je je ineens onaardig of lomp gedraagt, maar wel dat je het niet meer kunt opbrengen om dingen te doen die voor jou niet zinnig voelen of dingen te laten die anderen raar zouden kunnen vinden. Daarmee word je wezenlijk anders ten opzichte van de mensen die je omringen.

'*Développez votre étrageté,*' adviseerde de Franse filosoof Michel Foucault in de vorige eeuw; ontwikkel uw legitieme vreemdheid. Hij zag de mogelijkheden die in bijvoorbeeld de literatuur, filosofie of kunst worden aangereikt als manier om je eigen innerlijke vreemdheid te ontdekken en te cultiveren. Zelf vis ik ook aanmoediging uit de kunsten en uit de (levens)kunstenaars zelf, liefst de wat buitenissige types, die me voordoen hoe je prettig en glorieus onaangepast kunt zijn. Neem interieurontwerpster en mode-icoon Iris Apfel, overleden op zevenennegentigjarige leeftijd, met haar grote brillen, enorme sieraden en extravagante outfits. 'Als je het geluk hebt om oud te worden, denk ik dat je het zou moeten vieren,' zei ze en dat deed ze, met elke dag een feestjurk alsof ze jarig was. Of neem theatermaker Adelheid Roosen, die even charmant als onverschrokken haar emoties ruim baan geeft: 'Veel mensen willen elke vorm van controleverlies in de openbare ruimte vermijden. Ik niet. Als ik moet huilen, laat ik het gaan. Soms drentel ik tranend over straat.' Of de Britse modeontwerpster Vivienne Westwood, die haar hele leven al spuugt op het woord 'conformeren'. Luister naar actrice Olga Zuiderhoek, die de indruk wekt nooit en nergens ook maar een flintertje van zichzelf achter te houden. Of neem conceptueel kunstenaar Tinkebell, die door bestaand gedrag uit de context te halen en uit te vergroten de vanzelfsprekendheid ervan aan de kaak stelt. In mijn eigen buurtje bewonder ik de dame op de fiets die haar luide gezang alleen onderbreekt om complimenten aan vreemden uit te delen: 'Die jas staat je fantástisch!'

Als we als vrouwen af willen van ouderwetse, vernauwende en stereotiepe labels, helpen excentrieke vrouwen om tegen op te kijken daar enorm bij. Gelukkig zijn er, in alle lagen van de bevolking en in alle leeftijden, steeds meer non-conformistische vrouwen. Dat heeft te maken met de weg die feministen in de afgelopen anderhalve eeuw hebben afgelegd, waarmee de bandbreedte voor acceptabel vrouwengedrag is opgerekt.

In mijn historische romans schrijf ik graag over mensen die echt bestaan hebben en probeer die tot leven te wekken en over de pagina's te laten bewegen. Het liefst zijn dat vrouwen die door hun overtuigingen en manier van leven in botsing komen met de tijdgeest, maar weigeren in te binden. De prijs van afwijken was in vroegere tijden hoog: uitstoting uit de gemeenschap, opsluiting in inrichtingen, beschimping door de gemeenschap. Anna in *Tropenbruid*, die er niet in slaagt zich te voegen naar haar echtgenoot in de Oost, wordt naar een rustoord gestuurd. Entgen in *De heks van Limbricht* wordt als 'tovenares' voor de rechter gedaagd. Voor de ongetrouwde en zwangere Isadora in *Alles wat beweegt* werd een spotlied geschreven, dat heel Nederland mee kon zingen. Zulke eigenzinnige vrouwen hebben emancipatiegolven aangejaagd en de keuzemogelijkheden voor vrouwen uitgebreid.

Nu de prijs voor vrouwelijke weerbarstigheid in deze tijd en dit deel van de wereld niet meer zo hoog is, kun je, slechts met wat afkeurend commentaar hier en daar, doen wat je wilt. Dus ik zou zeggen: maak er gebruik van. Wat andere mensen van je denken, zijn jouw zaken niet.

Een van de heerlijkste aspecten aan ouder worden is dat je je bewust wordt van alle onzinnige aanpassingen die je ooit hebt gedaan en kunt besluiten ze af te leggen. Je kunt gaan aanvoelen wat wonderwel bij jouw diepste zelf aansluit, waarbij je gedijt en wat je aan fantastische kwaliteiten, talenten en vermogens in je draagt zonder dat je je daarvan bewust was. Je zit tussen twee verhalen in: het verhaal dat je jezelf hebt verteld over wie je bent en het nieuwe verhaal dat zich aan het ontvouwen is.

Meestal begint de zoektocht naar je oorspronkelijke zelf, verborgen onder lagen van adaptatie, met een trekkend gevoel. Het is alsof je een te krappe jas draagt waarin je je amper nog kunt bewegen. Als je niet oppast, misvormt de jas jou. Er breekt een periode aan waarin je je oude jas losgeknoopt of half over je schouders draagt en waarin je vooral geconfronteerd wordt met wat je níét bent, terwijl je zoekt naar wat je wél bent. Je begint de identiteit die je is opgelegd en die je hebt overgenomen te saboteren en vecht je los. Je kunt een relatie verbreken, vriendschappen opzeggen, een andere baan zoeken, verhuizen, een drastische verandering in je uiterlijk doorvoeren, oude gewoontes doorbreken en nieuwe aanleren. 'Ik ben een voortdurende editor,' zegt actrice Jamie Lee Curtis. 'Ik werp mensen af, ik werp kleding af, ik werp bezittingen af, ik werp overtuigingen af. Het belangrijkste wat ik heb afgeworpen, is mijn eigen beperkende perceptie van wie ik ben.'

Rond de menopauze kun je net zo onstuimig groeien en je vrijvechten als in de puberteit, maar dan minder door krachten en invloeden die van buitenaf op je inwerken. Als queenager groei je volledig vanuit jezelf, schudt je gewoontes en patronen af en stuit je op voorkeuren die je nooit eerder hebt onderzocht. Je durft dieper te kijken, te voelen, te ervaren, te reflecteren en gaat elke gewenning en behaagzucht te lijf met een rauwe waarachtigheid en wildheid. Je vervangt de externe toetssteen door een innerlijk kompas. Je slaat je ogen ten hemel bij stompzinnigheden en trekt een wenkbrauw op als iemand je lulkoek verkoopt. Je hebt er gewoon geen geduld meer voor.

'De gevechtsuitrusting die je hebt opgebouwd, dient je niet langer,' stelt Brené Brown. 'Het gewicht van het harnas wordt te zwaar en beschermt je niet langer, maar belemmert je om de geschenken van ouderdom te ontvangen, om nieuwe avonturen te beleven. De tijd raakt op. Je kunt je niet de rest van je leven druk maken om wat anderen van je denken.'

Naai stukje bij beetje een nieuwe jas, tot je de moed vindt om hem aan te trekken en aan de wereld te tonen. Het mag een wat vreemde, buitenissige jas zijn, onmodieus bovendien, maar hij is van jou. Misschien is het wel een paarse jas, zoals in het gedicht van Jenny Joseph: 'Als ik oud ben, zal ik paars dragen/ met een rode hoed die erbij vloekt en die me niet staat./ En ik zal mijn geld verkwisten aan brandewijn en zomerhandschoenen/ en satijnen sandaaltjes en zeggen dat we geen geld hebben voor boter.' Wat kan het jou nog schelen?

Ik heb een T-shirt met een citaat van Isadora Duncan erop dat ik graag draag: 'Je was ooit wild, laat hen je niet temmen.' En als dat onverhoopt toch gebeurd is, zou ik eronder willen zetten: verwilder dan maar weer terug.

Carl Jung noemde het proces van jezelf worden in de tweede levenshelft 'individuatie': een groeiproces van jezelf leren kennen – je bewuste én je onbewuste kant – dat leidt tot zelfverwerkelijking. Jung zag verwerkelijken van wat er in je zit als het belangrijkste doel in ons leven. 'Dit individuatieproces beantwoordt eigenlijk aan de natuurlijke loop van het leven, waarin het individu datgene wordt, wat het altijd al was,' schrijft hij in *Archetypen*. David Bowie zei het ook: 'Ouder worden is dat fenomenale proces waarbij je de persoon wordt die je altijd had moeten zijn.'

Zelfverwerkelijking gaat voor een deel vanzelf. Halverwege je leven zul je al best een eind zijn gekomen. Wat je twintig jaar geleden nog gedachteloos deed omdat het nu eenmaal gebruikelijk was, zou je nu lachend weigeren: niets voor mij! En wat je tien jaar geleden nog luidkeels verkondigde, zie je nu veel genuanceerder. Ik besef dat vaak als ik bij het verschijnen van een nieuw boek een rondje interviews geef. Als je geluk hebt, gaan er twee vragen over dat boek, maar verder is het de bedoeling dat je vooral persoonlijke dingen deelt. Dat is nogal ongemakkelijk (zeker voor iemand die van nature loslippig is zoals ik en erna standaard spijt heeft), maar het wordt heel leerzaam als je met eerdere uitspraken uit interviews wordt geconfronteerd, wat sommige journalisten graag doen. Meestal herken ik mijn uitlating vaag en voel ik dat het verhaal dat ik er destijds van maakte gevoelsmatig niet meer helemaal klopt. Er is een relativering of nuancering gekomen ten aanzien van dat verhaal of het houdt me niet meer bezig; ik ben op een andere plek gaan staan, met beter zicht.

Al even leerzaam is het hoe de journalist in kwestie zich doorgaans niet zomaar neerlegt bij mijn nieuwe zienswijze en me op de oude blijft aanspreken: 'Maar je zei toen écht dit!' Het is een voorbeeld in het klein van hoe sommige mensen in je leven jou het liefst terug naar een eerder stadium willen trekken – meestal de plek waar zij nog steeds staan. Onthoud: je hoeft niet terug naar je oude jij, voor niemand niet. Zij doen maar moeite om contact te maken met je huidige jij.

Zelfontwikkeling of zelfverwerkelijking zie ik als het afleggen van onechte lagen; ik zou ontwikkelen daarom misschien liever 'afwikkelen' noemen. We herinneren. We naderen, na jaren van avonturieren, rommelen en soms worstelen, onze eigenheid of ons 'ware zelf'. We krijgen een beter zicht op wat we zelf intrinsiek willen, vinden, voelen en denken. We herontdekken onze kernwaarden en gaan ernaar leven. Dat is de evolutie van de geest.

Evolutie ontwikkelt zich naar een ideale vorm, zo goed mogelijk ingericht op de omstandigheden en met gebruikmaking van alle in potentie aanwezige kwaliteiten. De processen duwen elkaar voort. Het enige wat er van ons gevraagd wordt, is meebewegen. Zodra we iets ontdekken wat echter is, ontmaskeren we gelijktijdig het onechte. De hechting daaraan verdwijnt vanzelf zodra we iets hebben gevonden wat bevredigender en passender is.

Er is een gebied van vóór de beschadigingen, aannames en aanpassingen om naar terug te keren, en tegelijkertijd ga je vooruit, want je bent niet meer dat kind. Je maakt een beweging naar je eigen, ongetemde en onaangetaste wezen, maar wel als de volwassen vrouw die je nu bent. Door je levenservaring kun je die 'wilde' essentie in een verfijnde, werkbare vorm gieten. In de tweede helft van je leven voel je de tijd dringen: het is nu of nooit. Vraag jezelf af: is er iets wat ik wil ontwikkelen of aangaan, iets wat ik heb laten liggen uit angst of bescheidenheid? Wat dan ook?

In *De eerste vrouw* komt de volstrekt autonome en iconische Franse toneelspeelster Sarah Bernhardt (1844-1923) voor. Zij zag het leven als een oefening om als mens terug te keren naar wie je werkelijk bent. '*Assume-toi,*' zei ze graag en vaak: neem je ware vorm aan. Altijd als ik dat boek voor iemand signeer, schrijf ik die spreuk erin en denk ik: ja, dat is wat ons te doen staat.

Je ware vorm aannemen is makkelijker gezegd dan gedaan.

Je ware vorm of ware zelf is niet je ego, ook al is dat wat de meesten van ons bedoelen als ze zeggen: 'Dit ben ik.' Het ego heb je opgebouwd om te overleven in de wereld, had je nodig en zul je ook nooit helemaal af kunnen schudden. Het ego is niet iets om te 'doden' of te ontstijgen, maar je kunt het ego zich wel laten ontspannen en verplaatsen naar de achtergrond, waar het hoort. Dit is hoe ik het onderscheid maak: egokwesties zijn mentaal of emotioneel behoorlijk onstuimig. Je grijpt en klampt vast. Bij kwesties van je ware zelf, die vanuit je ziel komen, ervaar je rustige, vredige gevoelens. Je strekt hoogstens je hand uit. Verlangens vanuit je ziel zijn bovendien nooit afhankelijk van de situatie, van anderen of van dingen die je zijn overkomen; ze komen bovendrijven vanuit iets diepers.

Je ware zelf is evenmin een ideaal, verheven deel van jezelf – misschien is het zelfs niet eens een bétere versie van jezelf dan die van nu. Maar het is in ieder geval echt. Je ware zelf is een aards zelf, vol levenslust, ondeugendheid, creativiteit en lol. Het is sterk gelinkt aan je ziel en je lichaam, want zodra je ernaartoe beweegt, gaat je hart sneller kloppen en je bloed sneller stromen. Er gaat iets open, je voelt ruimte, lichtheid en leven. Als je ervanaf beweegt, voel je benauwdheid en beperking, alsof je krimpt – en daarvoor loop je zo langzamerhand echt te lang op aarde rond.

Het gaat er niet om op het rechte pad te blijven, lieve vrouw, maar op het échte pad.

Bewegen naar je ware zelf lukt het best als je er geen grootse doelen of verwachtingen bij hebt, zoals Verlichting, Succes of Geluk. Het liefst streef je nergens naar en handel je vanuit je hart. Je beziet gewoon nieuwgierig wat het je op dat moment brengt. Dat kan zomaar iets zijn waar je in eerste instantie niet op zit te wachten: dingen die je uit je comfortzone brengen, dingen die je nou niet bepaald een vooruitgang vindt, dingen waar je je een beetje voor schaamt.

Deel de eigenschappen en kwaliteiten die omhoogkomen en zich aan je tonen niet in goed en slecht in. Zie alles in jou als verschillende instrumenten van een orkest dat samen een symfonie voortbrengt, met hoge en lage tonen die elkaar complementeren. Ze horen bij elkaar, net zoals in de natuur, waar levensvormen naast elkaar bestaan, waar er een ritme is van dag en nacht, seizoen op seizoen, waar alles elkaar afwisselt. Er is geen 'goed' en 'kwaad' in de natuur; er is alleen maar evenwicht tussen de polen, met een plek voor alles. In de beweging tussen en de afwisseling van uitersten schuilt de balans.

Omarm de paradoxen in jezelf en ontstijg de dualiteit: het is niet of/of, maar en/en. Maak je geen zorgen om alle bizarre tegenstellingen die je in jezelf tegenkomt. De Griekse godin Persephone is de lieflijke dochtergodin én de koningin van de dood. Dat kan gewoon allebei. De Soemerische Inanna is de godin van de vruchtbaarheid én van oorlogsvoering. Van prostitutie én politieke macht. O, en beschermer van de wilde dieren. Dus laat je eigen tegenstrijdigheden maar zusterlijk naast elkaar bestaan. Laat ruimte voor je bravoure én je onzekerheid, je verlangen naar harmonie én je dwarsheid, je onverschrokkenheid én je angsten, je deemoed én je strijdlust, je intelligentie én je bespottelijkheid. Drink je 'Ideaal gewicht'-thee met een groot stuk chocolade erbij.

Het zelf is een menigte die in ons woont. Jezelf opsluiten in maar een paar aspecten van jezelf is armzalig. Gun jezelf een heel leger zelven. Als romanschrijver ben ik gewend om mezelf gade te slaan terwijl ik me bijvoorbeeld belachelijk maak in een liefdesgeschiedenis, omdat ik weet dat het me gaat helpen bij het beschrijven van een verliefd personage. Ik ervaar en observeer mijn gespartel tegelijkertijd. Misschien is dat wel de kern van romanschrijver zijn: je eigen dwaze versies kennen en er kunst van maken, zodat je met die versies kunt leven. Dat is ook meteen de reden dat er zoveel geschifte kunstenaars zijn.

Toen ik het idee kreeg voor *Alles wat beweegt*, opperde romancier Thomas Verbogt, mijn vriend en schrijfmentor, een brief aan Isadora te schrijven, omdat hij overeenkomsten tussen ons zag. Ik kwam uit op dezelfde tegenstrijdigheden in ons karakter. Ik schreef haar over compromisloos zijn in onze kunst, maar toch contact willen maken en begrepen willen worden. Over niet marchanderen met onze idealen en toch harmonie zoeken. Over spanning ervaren tussen moederschap en makerschap. Over de natuur adoreren maar toch in een stad willen wonen. Over de behoefte voelen om vrouwelijke waarden vrij te maken van de mannelijke perceptie, maar ook patriarchale waarden in ons dragen. Over afwezige vaders en liefdesfantasieën. Over weemoed en zwaarmoedigheid die op de loer liggen, maar ook overspoeld worden door mooie, grote gevoelens.

Ik sloot af met: 'Mijn doel is om al je tegenstellingen, die zoveel vrouwen in zich dragen, te tonen zodat we ze beter kunnen begrijpen en integreren. Want het zijn juist deze verborgen lagen, de complexe en tegenstrijdige delen van ons, die ons zo mooi maken en mens maken.'

Je oorspronkelijkheid vinden betekent dat wat ruw aan je is met aardse en hemelse krachten verfijnen. Je bent als een steen die door een geologisch proces edelsteen wordt. Je bent je hele leven bezig jezelf te vernieuwen en benut daarbij alle krachten in je en om je heen. Je bent Water: huil, was, stroom, spoel. Je bent Vuur: ontvlam, laai op, vernietig en transformeer. Je bent Lucht: adem, waai, vlieg. Je bent Aarde: grond, rust, voed, bouw. Je bent Ether of Geest: beziel.

Je bent jezelf naar een hoger plan aan het tillen, maar doe dat alsjeblieft niet door het ene in jezelf af te wijzen en het andere naar voren te duwen. Je moet bereid zijn de vinger op de zere plek te leggen en jezelf niet 'verlichter' voor te spiegelen dan je bent. Juist in de delen in jezelf die je afkeurt en liever vermijdt, zit de kans tot groei. Daarmee kun je naar een volgend niveau. Uiteindelijk is het doel niet om een soort volmaakt en verheven wezen te worden, maar om het denken, voelen, zeggen en handelen op één lijn te brengen. Authentiek zijn is genoeg – en moeilijk genoeg.

Het hele idee dat je op een gegeven moment een afgeronde persoonlijkheid bezit, volkomen oorspronkelijk en verlicht, is wat mij betreft onhoudbaar. Het is een modern misverstand, gecultiveerd door menig spiritueel coach en zelfhulpboekenschrijver, dat een mens zijn tekortkomingen en verstoringen helemaal kan ontstijgen. Zolang we leven, blijven we in ontwikkeling en leren we hoogstens beter om te gaan met de paradoxen en beschadigingen in onszelf. De ontwikkeling zit hem in het almaar stukjes en beetjes achter je laten, ook al is het zo eigen geworden, en ontdekken wat beter voelt en waarbij we gedijen, al is het ons nog vreemd. Het is jezelf blijven vormen en uitstrekken dankzij steeds nieuwe gebeurtenissen en ervaringen, die je tot op hoge leeftijd blijft opdoen.

Met het klimmen van de jaren wordt het als vrouw steeds moeilijker om je kleiner te maken dan je bent. Er komt een moment dat, om met Anaïs Nin te spreken, 'het pijnlijker wordt om in de knop te blijven dan om open te barsten'. Ik vraag me af waarom ik dat überhaupt ooit gedaan heb, dat klein maken, en ik kom toch uit bij de klassieke man-vrouwverhoudingen. Net als veel vrouwen voelde ik lange tijd een onbewuste angst om onzichtbare grenzen, die niet voor mannen gelden, te overschrijden.

Je kunt in veel opzichten ophouden met je klein maken, maar laten we eens beginnen bij de meest in het oog springende vorm: het bereiken en omarmen van maatschappelijk succes met bijbehorend inkomen. Als dit je overkomt, weet je als vrouw instinctief dat het bepaalde mannen zal ontrieven en afschrikken. Voor vrouwen heeft succes nadelen in het persoonlijke leven, waar het bij mannen alleen maar meer waardering oplevert. Sommige mannelijke liefdespartners, collega's of familieleden zullen helaas verkillen zodra jij ze in maatschappelijk opzicht boven het hoofd groeit; en dat terwijl jij nooit moeite had met het tegenovergestelde. Onzekere mannen zullen je tot de orde roepen, je je plek wijzen of je aanvallen. Het is verbijsterend hoe snel sommige mannen zich door een vrouw gekleineerd voelen.

Ik heb me weleens afgevraagd of ik een mannelijke collega-auteur minder aardig zou kunnen gaan behandelen omdat hij meer succes heeft dan ik, en het is simpelweg niet voor te stellen. Afstand nemen van een broer die me voorzichtig zijn visie op een algemeen onderwerp gaf, waarna ik me 'de les gelezen' voelde en afstand nam: ondenkbaar. De prestaties van mijn partner ongemakkelijk vinden omdat het even minder lekker met mijn eigen carrière gaat? Zeer onwaarschijnlijk.

In de giftige relatie die ik eerder beschreef, maakte iemand bij een première eens het grapje door hem 'de nieuwe meneer Smit' te noemen en ik dacht angstig: je hebt geen idee wat je hiermee aanricht en welke prijs ik ervoor zal moeten betalen. Maar ook in een gezonde relatie vroeg ik mijn partner om advies bij kwesties die ik allang had uitgedokterd om zijn ego te stutten. Tevergeefs, bleek toen de man in kwestie bij zijn vertrek de wens uitsprak dat hij een vriendin wilde 'die tegen hém opkeek'.

Buurtgenoot en collega-auteur Saskia Noort heeft hier ook ervaring mee. 'Sinds mijn succes me overviel, zo'n twintig jaar geleden, veranderde mijn relatie tot mannen,' vertelt ze tijdens een lunch. 'Mijn huwelijk liep stuk, onder andere op de veranderde machtsverhouding, de vriend die ik daarna kreeg, wilde heel graag invloed uitoefenen op mijn carrière en dat ik zijn hulp en adviezen nodig had. Daarna heeft menige date opgebiecht hoe eng hij mijn carrière vindt. Mannen van mijn generatie hebben niet geleerd dat er ook zoiets bestaat als een volledig gelijkwaardige relatie, tussen twee naast elkaar functionerende individuen die van elkaar houden zonder afhankelijk te zijn. Er wordt me steeds geadviseerd om gewoon te doen alsof ik hen nodig heb, want daar houden mannen van. Haha, nou daar ben ik geen zevenenvijftig voor geworden, om spelletjes te spelen.'

Succes hebben, of dat nu in sport, kunst of werk is, breekt onzichtbare grenzen in de buitenwereld af, maar ook die in jezelf. Het gaat niet om het succes zelf, dat is een bijproduct dat je toevalt en je op een zeker moment in je leven ook weer afgenomen wordt; het gaat om de bereidheid de ruimte die voor je ontstaat ook echt in te nemen. Om voluit te brengen wat je te bieden hebt en niet terug te schrikken als het door de wereld daadwerkelijk wordt aangenomen. Ouder worden stelt je de vraag of je eigenaarschap aandurft, invloed, aansprakelijkheid. En of je alsjeblieft gewoon rechtop wilt gaan staan.

Het is schokkend hoelang ik het, net als veel andere vrouwen van mijn leeftijd, normaal vond om te worden onderschat bij alles wat ik ondernam. Ik dacht wel heimelijk 'wacht maar', maar op een bepaalde manier vond ik het logisch. Wij vrouwen zijn gewend om ondergeschikte functies te vervullen, minder te verdienen, kleiner van stuk te zijn dan onze partner, onzichtbare huishoudelijke zaken op ons te nemen. Toen mijn boeken beter gingen verkopen, ontwikkelde ik de neiging om voortdurend geruststellende signalen te sturen: jij bent nog steeds de man, ondanks het feit dat ik meer verdien dan jij, wees niet bang dat ik je overvleugel.

Het kost me weinig moeite me te verplaatsen in operaster en 'stomme film'-actrice Geraldine Farrar, hoofdpersoon in *De eerste vrouw*, die erop aandrong dat de naam van haar acterende echtgenoot groter op de filmposter kwam te staan dan de hare. Of in Isadora Duncan, zo'n beetje de meest autonome, vrijgevochten vrouw van haar tijd, die haar minnaar Ted secretaris maakte en het beheer gaf over het geld dat ze met haar tournees verdiende – dat hij er in een hoog tempo doorheen joeg. Ze wilde hem een stukje van haar succes geven, zodat ze minder bedreigend zou zijn. Ze wilde hem niet 'ontmannen', zoals dat heet.

De Britse psychoanalytica Joan Riviere publiceerde in 1929 *Womanliness as a masquerade*, waarin ze schreef over de angst die een vrouw moet bedwingen voor de represailles die ze van vaderfiguren verwacht na een prestatie: 'De openlijke demonstratie van haar intellectuele vermogens, die op zichzelf een succes was, hield in dat zij te koop liep met de penis van haar vader, die ze had gecastreerd.'

Ik ben het risico op dat 'castreren' en 'ontmannen' met steeds meer overtuiging gaan nemen, want er is geen behoorlijk alternatief. Onderschat worden verkies ik nog steeds boven overschat worden, want dat lijkt me een veel vervelender gevoel, maar ik mik inmiddels gewoon op 'op waarde geschat' worden. Het kan me niet meer zoveel schelen of anderen aanstoot nemen aan of zich bedreigd voelen door wat ik doe. Ik bevind me in een levensfase waarin ik het mezelf gun om dingen te doen die ik belangrijk vind en op te houden met dingen die niet bij me passen, onder mijn kunnen liggen of te slecht beloond worden. En dat voelt als een zegen. Ik richt me tot mijn ware grootte op, anders krijg ik pijn in mijn rug en pijn in mijn ziel.

De reacties van mannen kan ik inmiddels naast me neerleggen, maar voor die van de vrouwen moest ik om eerlijk te zijn kortgeleden nog een stap zetten. Ik realiseerde me dat ik overgevoelig was voor afgunst die vanuit een andere vrouw op me wordt afgevuurd. Ik heb nog liever dat ze me gewoon niet leuk of oninteressant vindt dan dat vreselijke sentiment. Jaloezie van mannen die ik niet ken, zegt me niets, maar bij een vrouw kan ik het om een of andere reden niet verdragen. Eerst houd ik me er blind voor, daarna wil ik het eigenhandig omdraaien in liefdevol gunnen. Zodra ik het bespeur, haakt mijn systeem erop in. Kijk, ik ben geen bedreiging! Zie, ik ben ook gewoon een mens! Ik heb trouwens ook de nodige issues, luister maar, bovendien ben ik rommelig, kijk maar naar deze vlek op mijn trui! Op die manier heb ik jarenlang een complete vriendschap volgehouden, wat vrij idioot is.

Ik wilde al langer van die overgevoeligheid af, maar zoals dat gaat, moest het eerst een tandje erger worden voordat het beter werd. Een tijdje geleden kwam de vrouwelijke kinnesinne van twee kanten tegelijk op me af toen ik met een project naar buiten kwam waar de ene vrouw ook al eens op een andere manier mee aan de slag was gegaan en waar de andere alleen ooit een vaag plan voor had gehad. Dat lieten ze me nogal verongelijkt weten en ik kon voelen dat ze me het project het liefst uit handen wilden rukken. Ik dook vol in mijn verdedigingsmechanisme en zette een charmeoffensief in: de ene gaf ik een rol bij het project en met de andere ging ik, ook al was ze een volslagen vreemde, koffiedrinken.

Waarom in godsnaam? Ik was hun niets verschuldigd en had niets met hun emoties te maken. Maar kennelijk vind ik het zo onverdraaglijk dat mij iets door een andere vrouw wordt misgund, dat ik me in allerlei bochten wring om haar pijn te dempen en alle onaangenaamheden tussen ons weg te nemen.

Weer ging ik terug naar mijn kindertijd om te begrijpen waarom sommige dingen zo'n vat op je kunnen krijgen. In mijn geboortegezin waren de mannen voor mij onbenaderbaar en onbegrijpelijk, en stelde ik al mijn vertrouwen in de enige andere vrouw, mijn moeder. Zij is de liefde zelf en ik geloof niet dat ze ooit in haar leven afgunstig is geweest op wie of wat dan ook. Mijn stille, onbewuste conclusie: mannen zijn onveilig, vrouwen zijn veilig. Mijn moeder had een kapsalon aan huis en dat was een vrouwendomein waarin vrouwen elkaar moed inspraken, bekrachtigden, mooier maakten. Zusterschap is mij heilig, elkaar verder helpen en dingen gunnen is mij heilig. Dus als een vrouw onveilig gedrag vertoont, bij wie kan ik dan nog schuilen?

Uiteindelijk ontving ik van beide vrouwen alleen maar meer ontevreden signalen. Logisch, zo zag ik inmiddels in, want ik had hen zo naderbij getrokken dat ze bevestigd werden in hun idee aanspraak te kunnen maken op mijn project. Toen ze allebei iets onaardigs zeiden, op dezelfde dag, voelde ik iets in me verschuiven. Het was genoeg geweest. Ik zag onder ogen dat er toch echt sprake was van jaloezie en merkte dat het eigenlijk niet zo levensbedreigend voelde. Het kostte me ineens geen moeite meer om de verantwoordelijkheid terug te leggen waar deze hoorde, al was het alleen als innerlijk besluit – maar innerlijke besluiten zijn, in de energie, voelbaar voor iedereen.

Strek je handen eens uit, allebei? Alsjeblieft. Jullie gevoelens.

Als je als vrouw behaagzucht, plooibaarheid en dienstbaarheid in de vuilnisbak kiepert, val je doorgaans niet zo lekker meer in de maatschappij. De weerbarstige veertigplusvrouw wordt gestereotypeerd in schoonmoedergrappen, in sprookjes neergezet als slechte stiefmoeder en in hilarische anekdotes opgevoerd als verwende oudere vrouw. In de VS wordt de mondige vijftigplusvrouw, ook door jongere vrouwen, vaak een Karen genoemd. Ze zou bevooroordeeld zijn en overal de manager bij roepen. Dictionary.com omschrijft een Karen als 'een onuitstaanbare, boze, bevoorrechte en vaak racistische witte vrouw van middelbare leeftijd die haar privilege gebruikt om haar zin te krijgen of andere mensen tot de orde te roepen'.

Natuurlijk bestaan zulke vrouwen en bestaat er zoiets als 'wit privilege', maar als je ziet hoe kwistig er met het scheldwoord 'Karen' gestrooid wordt, wekt een oudere vrouw die zich kritisch uitspreekt kennelijk snel achterdocht op: is zij niet gewoon gewend te krijgen wat ze wil – vroeger met manipulatieve glimlachjes en jeugdige schoonheid, maar nu dat niet meer werkt met een verongelijkte toon?

In veel gevallen is het niet meer dan klassieke oudevrouwenhaat, met de verdachtmaking bitter te zijn en anderen iets te misgunnen. Niets nieuws. De vrouw die geen behoefte heeft aan bevestiging of waardering van anderen, jaagt angst aan en roept afkeer op. Haar autonomie wordt onnatuurlijk en negatief gevonden. Ze is de meest gevreesde persoon op de wereld.

Het zou eeuwig zonde zijn als het stereotype Karen jongere vrouwen belemmert om te leren van de kennis en ervaringen van oudere vrouwen, omdat ze denken dat hun zienswijzen verouderd of zelfs bevooroordeeld zijn. Juist verticale contacten en vriendschappen, dwars door generaties heen, zijn van groot belang om vrouwelijke wijsheid door te geven, net als die tussen vrouwen met verschillende maatschappelijke en culturele achtergronden – juist ook om verschillen in ervaring te leren begrijpen en respecteren. Zo hoeven generaties niet steeds hetzelfde te ontdekken en kunnen we samen een vuist maken tegen, nou ja, vrouwenonderdrukking.

'*Please don't call the manager on me, Senator Karen,*' zei Elon Musk, nadat senator Elizabeth Warren hem op het matje riep voor belastingontduiking. Maak je geen illusies over hoe inclusief en vooruitstrevend je als vrouw bent als je een andere vrouw tot Karen bestempelt: uiteindelijk wordt de stigmatisering van de oudere, witte vrouw gewoon weer gebruikt om patriarchale waarden in stand te houden. Je stopt een moderne witch's bridle in haar mond. Het is een verdomd nuttig stereotype voor de heersende machten. Elke vorm van assertiviteit bij oudere vrouwen wordt een rode vlag voor haar 'Karenschap'. Met alles wat een vrouw aan bezit, succes en positie verwerft, loopt ze meer risico om bevoorrecht te zijn en maar beter haar mond te houden, terwijl ze door die verworvenheden juist veel verschil kan maken voor alle vrouwen.

Met klagen over dat jij een Karen wordt genoemd of het opnemen voor andere vrouwen bij wie dat gebeurt, bewijs je slechts hun gelijk: je klaagt. Het doet me denken aan wat de heksenjager Martin Del Rio in zijn *Disquisitionum Magicarum Libri Sex* uit 1599 schreef: 'Heksen verdedigen is bewijs voor hekserij.'

De laatste tijd sta ik verbaasd over mijn eigen afname van plooibaarheid. Ik had al nooit, zoals Belle van Zuylen het zou verwoorden, 'talent voor ondergeschiktheid', maar nu schep ik er een heimelijk genoegen in om het lekker aan te zetten. Recent voorbeeldje: op een feestje had een man van een jaar of zestig voor zichzelf en een andere man een drankje gehaald toen ik bij hen ging staan. Hij wilde mij het lege dienblad in handen geven om weg te zetten. Mijn jongere zelf wilde het aanpakken om een ongemakkelijk moment te voorkomen, maar mijn huidige zelf stak daar een stokje voor. Ik vroeg hem vriendelijk wat ik ermee moest. Hij keek me verrast aan en het dienblad bleef in de lucht hangen. Uiteindelijk pakte de andere man, die het niet meer kon aanzien, het aan en bracht het terug naar de bar. Waar ik vroeger ongemak voor iedereen had willen vermijden, óók voor degene die het had veroorzaakt, zwichtte ik niet. In plaats daarvan dacht ik twee dingen: ík voel me hier ongemakkelijk bij. En: die man moet opgevoed worden en dat zal niet snel gebeuren door andere mannen, maar wel door deze volwassen vrouw. Dus, beste meneer met je mooie pak, leer om je eigen rommel op te ruimen en onderschat mij op eigen risico.

Persoonlijke grenzen zijn bij vrouwen, zeker bij de oudere generaties, vaak ongemerkt doorlaatbaar geworden. Zo is ons dat opgedragen: geef die oom nou maar gewoon drie zoenen. Wees even aardig. Er wordt ons aangeleerd niet te vertrouwen op onze mensenkennis of ons instinct, want dat is maar onbehoorlijk. Zo vermindert ook daadwerkelijk de impuls: waar je stelselmatig niet naar luistert, neemt af. Soms zijn er decennia voor nodig om weer in al je cellen te voelen: hé, dit vertrouw ik niet. Nee, dit wil ik niet. Vaak kom je er pas rond je veertigste of vijftigste weer mee in contact.

Een stevig, innerlijk voornemen om je eigen grenzen goed te bewaken maakt al een verschil. Energetische grenzen zijn sterk. Als je werkelijk gelooft dat je dingen waard bent, als je de ruimte die voor jou bedoeld is volledig in bezit neemt en gevoelsmatig geen verantwoordelijkheid draagt voor dingen die niet bij jou horen, voelen veel mensen dat aan: hier staat een persoon die niet met zich laat sollen. Er zijn natuurlijk mensen die het toch nog even proberen – de mensen die er altijd profijt van hadden – en bij hen zul je de grens helaas expliciet moeten trekken. Vinden ze niet leuk. Maar zolang jij je druk maakt om wat anderen van je denken, blijf je hun gevangene. En zolang je vooral geen opzien wilt baren, blijft alles wat je te bieden hebt onopgemerkt en onbenut.

Vriendin Stella Bergsma, auteur, zangeres en zelfbenoemde 'menopaus', zegt het luid en duidelijk: 'Er wordt vaak gezegd dat je jezelf niet moeten laten kennen, maar daar denk ik precies omgekeerd over: laat jezelf wél kennen. Wees eens een dagje radicaal eerlijk over jezelf. Schrijf, spreek of schilder jezelf hardop. Open je mond en laat het achterste van je tong zien. Laat je kennen. Dat lucht op.'

Een stapje verder is je eigen prestaties bezingen zoals sommige mannen dat doen. We leven nog steeds in een tijd waarin de onbescheiden vrouw wordt gehaat en de onbescheiden man wordt geloofd. In Nederland is iemand als Connie Palmen heerlijk onbescheiden. In een interview met *Volkskrant Magazine* zei ze: 'Het zou me verbaasd hebben als *De Wetten* een flop was geworden. Ik dacht na drie zinnen al: dit is een meesterwerk.' En dat was het ook, net als de romans die daarop zouden volgen. 'Ik heb de beste roman geschreven van de afgelopen tien jaar,' gaat ze rustig verder. 'Het is ongebruikelijk voor een vrouw om dat zo te zeggen over jezelf, dus dat ga ik juist doen, maar niet alleen als provocatie. Ze denken: wat een bitch. Ik begrijp dat je een pesthekel kunt hebben aan iemand die zo in de openbaarheid treedt als ik.'

Of je bent dol op haar, zoals ik. Ik ben blij en opgelucht dat er een Connie Palmen bestaat die ons heel bewust laat zien dat je als vrouw niets aan panache hoeft in te houden en er, naarmate je ouder wordt, alleen maar meer van kunt tonen.

Er bestaat een foto van de Amerikaanse voetbalster Megan Rapinoe die na een gewonnen wedstrijd (met twee doelpunten van haar) met haar armen triomfantelijk wijd uitgespreid en een overwinnaarsblik op haar gezicht de tribune in kijkt – zoals duizenden mannelijke voetballers dat deden nadat ze scoorden. De foto werd veel gedeeld op social media en zij en het Amerikaanse team hebben ontzettend veel fans, maar toch luidde ook het commentaar: 'Ze vindt zichzelf wel erg geweldig.'

Een vrouw die ruimte inneemt, ook letterlijk met haar armen gespreid, die haar prestatie met trots beziet en daar ook best applaus voor wil ontvangen, dat zijn we niet gewend. Behalve strijden op het veld durfde Rapinoe het op te nemen tegen de toenmalige Trump-regering. Ze meldde dat ze na het behalen van de wereldtitel de president niet zou bezoeken, omdat hij vrouwen- en queerrechten niet steunt, waar haar elftal juist voor staat. Rapinoe is als dertiger nog een jonkie, maar ze maakt zichzelf geen centimeter kleiner dan ze is en dat is een schitterend voorbeeld voor onze dochters, nichtjes en buurmeisjes. Meestal doet een vrouw daar langer over – in elk geval langer dan de meeste mannen. Een mannelijke twintiger zal nog even bescheiden moeten blijven, maar zo tegen de dertig kan hij op zijn prestaties wijzen, een hogere beloning opeisen, zichzelf vooruitschuiven en zo nodig bluffen zonder dat iemand zal zeggen 'hij vindt zichzelf wel erg geweldig'.

Vrouwen als Rapinoe en Palmen helpen ons om korte metten te maken met onze aarzelingen rond emancipatie en vrees om eventuele mannen naar de kroon te steken. De Franse schrijfster en filmmaakster Virginie Despentes schrijft in *King Kong-theorie*: 'Daartoe moeten we ophouden zacht, vriendelijk, dienstbaar te zijn, en onszelf toestaan de ander openlijk te domineren. Zijn goedkeuring aan je laars lappen, de macht frontaal uitoefenen, zonder gekoketteer of verontschuldiging, want er zijn maar weinig concurrenten die je zullen feliciteren als je ze verslaat.'

Om je ware vorm aan te nemen moet je ook grondig onderzoeken wat je allemaal hebt geabsorbeerd aan restricties en voorschriften voor wat 'vrouwelijk' en 'onvrouwelijk' wordt geacht te zijn en die zo nodig achter je laten. 'Als een vrouw vloekt, reageren mensen geschokt,' zegt actrice Olivia Coleman. 'Hou toch op! Vrouwen zijn menselijk – grappig, smerig, liefdevol, zorgzaam – net als mannen.'

In het Stedelijk Museum kon ik me laatst bijna niet losmaken van een zwart-witregistratie van performanceartist Marina Abramović uit 1975. Abramović is hierin te zien als jonge vrouw, met blote borsten, die haar haren vijftig minuten lang borstelt. Ze doet dat steeds wilder, krassend over haar gezicht en hoofdhuid, terwijl ze, monotoon en soms luid, deze zin herhaalt: '*Art must be beautiful, artist must be beautiful.*' Haar donkere ogen vertrekken soms van de pijn, losgeraakte haren vliegen in de lucht. Op een gegeven moment wordt het zelfkastijding. Haar blik verraadt woede om wat er van haar gevraagd wordt, maar ook zelfkritiek: ze beantwoordt aan sociale conventies, terwijl ze dat eigenlijk niet wil. Dit las ik er in elk geval in en dat ontroerde me zeer.

Mocht je, in overdrachtelijke zin, de borstel overmatig hebben gebruikt en daarbij jezelf hebben gepijnigd, dan is nu hét moment om hem neer te leggen. De 'plicht' om mooi te zijn (‘*must be beautiful*’), op een manier die de maatschappij dicteert, kun je vreugdevol verzaken. Je zult als oudere vrouw mooi zijn op je eigen manier – en niet mooi in de ogen van sommigen, ook goed. Maar je zult bovenal jezelf – *repeat after me* – geen geweld aandoen om ergens in te passen of aan te voldoen.

De vraag ‘wat is vrouwelijk?’ laat zich lastig beantwoorden. Veel makkelijker is het om de vraag te stellen: wat wordt in onze maatschappij vrouwelijk en mannelijk gevonden? In een dikke auto rijden: mannelijk. Jezelf wegcijferen: vrouwelijk. Jezelf op de voorgrond plaatsen: mannelijk. Veel weten en daarover vertellen: mannelijk. Kletsen: vrouwelijk. Grote woorden gebruiken en lange toespraken houden: mannelijk. Belangrijke boeken schrijven en kunst maken: mannelijk. Denken: mannelijk. Grappig zijn: mannelijk. Glimlachen: vrouwelijk. Muze zijn: vrouwelijk. Briljant zijn: mannelijk.

Er bestaat een onzichtbare voorgeschreven rolverdeling, inclusief kostumering, voor de genderidentiteiten m, v en x. Er zijn idiote inperkingen en er is een absurde hiërarchie, die je op zekere leeftijd gewoon niet meer serieus kunt nemen. ‘Het zwakke geslacht’ is altijd al een grap geweest. De dagelijkse praktijk wijst immers uit dat mannen in geen enkel opzicht, behalve in spierkracht, superieur zijn aan vrouwen. Dat heb je elke dag van je leven kunnen ondervinden, of niet soms?

Wat de meeste mensen nu vrouwelijk en mannelijk vinden, is nog niet zo heel lang geleden bedacht. Het ideaalbeeld van de verantwoordelijke man en de lieve, kuise, ondergeschikte vrouw ontstond pas aan het begin van de zestiende eeuw. Kunstenaars werden te hulp geroepen om dat af te beelden op schilderijen en in goedkope prenten, die ‘centsprenten’ werden genoemd en in enorme oplagen werden verspreid. In het boekje *Helse en hemelse vrouwenmacht omstreeks 1500* staan er talloze afgebeeld. Populair is het thema ‘de verkeerde wereld’, waarbij verkeerd zowel ‘omgekeerd’ als ‘fout’ betekent. De vrouwen worden er als verleidelijk en wellustig voorgesteld. Zij hebben geheime en slechte bedoelingen, konkelen en stoken. Ze heersen over hun echtgenoten en zitten wijdbeens op de rug van hun geknielde mannen, die zij als rijdier gebruiken.

In een boerensamenleving had de vrouw een belangrijke plaats en was er niet zo'n strikt onderscheid tussen wat de boer en wat de boerin deed, zeker niet in rangorde. Maar bij de burgerij in de dorpen en steden vormden bedrijf en huishouden twee aparte werelden en moesten vrouwen leren een toontje lager te zingen. De 'heer des huizes' diende alles te bepalen en zij moest hem gehoorzamen. De 'strijd om de broek' is een ander geliefd thema van centsprenten en gaat om de gewenste taakverdeling in het huwelijk. Als we 'zij heeft de broek aan' zeggen, bedoelen we nog steeds dat de vrouw de baas is. Op een prent uit het einde van de vijftiende eeuw van Israhel van Meckenem staat een vrouw met loshangend, wapperend haar – een teken van lichtzinnigheid. Ze dreigt met haar spinrokken, een stok die gebruikt wordt bij het spinnen, een man te slaan die al op één knie is gevallen. Zijn broek ligt op de grond. Op de achtergrond is een duivel afgebeeld, die de vrouw haar agressieve gedrag influistert. Op een anonieme houtsnede uit een latere periode is geen duivel, maar een nar toegevoegd. Hij roept uit: 'Men vindt op de wereld geen groter gekken, dan die hun vrouw de broek aantrekken.'

Rond 1800 werden er kinderprenten van de Maatschappij tot Nut van 't Algemeen verspreid, een stichting die tot doel had om 'het volk te verheffen'. De kinderen konden er niet vroeg genoeg aan wennen dat 'het huiswerk de vrouw voegt' en 'het handwerk de man'. De onderschriften van de striptekeningen spreken voor zich: 'Foei Jan, het meisjespoppenspel/ staat nimmer aan den Jongen wel./ Het meisjeshuisraad past aan Griet/ maar voegt den sterken Jongen niet. (...) Ziet looze Griet! Zij vreit en snapt/ terwijl haar Jantje schoenen lapt./ Hier gaat de wagen al niet regt/ want Griet is baas, en Jan is knecht.'

De generaties meisjes en vrouwen onder ons gaan al jong tegen ondergeschiktheid in verzet. Mijn dochter reageert sinds haar zevende gestoken als er wordt gezegd dat iets 'meer iets voor jongens is' of dat 'meisjes daar goed in zijn'. Elke beperking op basis van gender is er voor haar een te veel. Ze zat jaren op voetbal en als vijfjarige vroeg ze me al eens geïrriteerd waarom zij een 'meisje' genoemd wordt en jongens geen 'jongetje', dus het ziet ernaar uit dat ik een feministe gebaard heb.

Elk mens draagt archetypische feminiene en masculiene waarden in zich, geloof ik. Carl Jung noemde het vrouwelijke in de man de *anima* en het mannelijke in de vrouw de *animus* en in China heet het yin en yang. Beide polen zitten in elk van ons: word je fysiek als man geboren, dan draag je ook vrouwelijkheid in je en word je fysiek als vrouw geboren, dan draag je ook mannelijkheid in je. Je ziet dit principe terug in onze hormoonhuishouding: de man heeft wat oestrogeen en de vrouw wat testosteron, maar niet in de mate waarin de andere sekse het bezit. Er zijn mensen met heel veel en heel weinig van die hormonen, daartussenin zit een spectrum aan variëteiten, en bovendien verschuift de hormoonbalans door je leven heen. Wat DNA betreft, zijn man en vrouw voor 97 procent hetzelfde, maar in alle cellen zit drie procent verschil die ons anders maakt. Die drie procent is boeiend, interessant, aantrekkelijk, inspirerend; niet bedreigend of taboe.

Het mooiste wat een mens voor zichzelf kan doen, is wat je noemt 'het heilige huwelijk' sluiten: de man en de vrouw in jezelf tot bloei laten komen en met elkaar verbinden. De kwaliteiten bieden elkaar tegenwicht en vullen elkaar aan, maken ons krachtig en autonoom. Niets in jou maakt je meer of minder vrouw of man: we dragen het allemaal in ons. Lach om de gegenderde gedragsregels die in onze samenleving bij een vagina zouden horen. Maai de begrenzingen neer en maak ze met de grond gelijk. Pak de schop, woel de grond om en laat de wind eroverheen waaien en de regen erop storten, zodat de grond weer vruchtbaar wordt en er allerlei soorten bloemen en gewassen kunnen groeien: mensen in honderdduizend verschillende verschijningsvormen.

Zoals ik al eerder zei, in een patriarchaat bloeit de man ook niet op, want het vrouwelijke in de man delft het onderspit. Tijdens de research voor mijn roman *Vloed*, die speelt aan het begin van de twintigste eeuw, ontdekte ik hoezeer masculiniteit in die periode in het Westen werd uitvergroot, boven op de vervorming die al bestond. Naarmate machines de menselijke spierkracht verdrongen en vrouwen hun eerste rechten opeisten, groeide de aanbidding van een soort uitvergrote mannelijke kracht. De eerste bodybuilders lieten hun spieren bewonderen in verkiezingen en op jaarmarkten, er werden tincturen tegen 'mannelijke uitputting' aangeboden, pillen geslikt ter verhoging van de mannelijke viriliteit en zelfs korsetten gedragen om middelbare mannenbuikjes te verhullen.

Aan de vooravond van de Eerste Wereldoorlog klonk er een luide roep om krachtvertoon. Er kwam een wapenwedloop op gang en heel Europa was in de ban van uniformen en militair machtsvertoon. De Amerikaanse filosoof William James stelde oorlog gelijk aan ultieme mannelijkheid: in oude tijden woedde er onophoudelijk oorlog en 'daardoor werden de meest krijgshaftige stammen geselecteerd'. De Duitse filosoof Hegel zag oorlog ook als noodzaak voor de vooruitgang van de mensheid, als een vorm van een 'grote schoonmaak'. Het was tenslotte een sterker, gezonder, ontwikkelder volk dat zijn macht oplegde aan een ander volk.

De aangeprezen mannelijke kwaliteiten werden uitgebreid met onverschrokkenheid, minachting voor slapheid, opgave van eigenbelang en gehoorzaamheid aan bevelen. Oorlog gold niet langer als een noodzakelijk middel om je te verdedigen, maar werd voorgesteld als goed op zichzelf. De ene overwinning na de andere behalen zou het middel zijn om mannelijke deugden te creëren. Die ideologie paste bij het oprukkende imperialisme, fascisme en communisme. In het midden van de twintigste eeuw, in de aanloop naar de Tweede Wereldoorlog, moedigde Hitler mannelijkheid zonder zelfbeheersing en nobelheid nog verder aan. De sterkere, zo vond hij, oefent zijn aangeboren recht op macht uit op de zwakkere, die zich bereidwillig en trots overgeeft – man over vrouw, volk over volk. Oorlogszucht en blinde gehoorzaamheid werden beschouwd als de belangrijkste mannelijke deugden en zachtere waarden als onmannelijke zwaktes.

Er ontstaat agressie naar de vrouw door een opgepompt, ingebeeld superioriteitsgevoel, maar misschien ook wel door heimelijke afgunst. De man denkt: jij mag dan weinig in de melk te brokkelen hebben, maar je mag wél veel wat ik niet mag. Je mag huilen, je mag het even niet weten, je mag jezelf kwetsbaar tonen. En dan ben je toch nog steeds een echte vrouw.

Pas als de vrede weerkeert, komt er weer iets meer – maar nog steeds niet genoeg – ruimte voor, zoals ik het zie, waarachtige mannelijkheid: een masculiniteit die in contact staat met het hart en in evenwicht is met het innerlijke feminiene. Een man die zowel grof als verfijnd is. Niet alleen de krijger, maar ook de minnaar. De nar. De koning. De denker. De dichter. Hoe meer een man zichzelf toestaat om alle delen van zichzelf de ruimte te geven, hoe meer hij de vrouwen om hem heen ook de ruimte geeft om alle delen van zichzelf te ontwikkelen.

In sommige kringen zijn alleen al de woorden 'vrouw' en 'man' verboden, want die zouden beperkend zijn. Mijn blik hierop: niet de benaming 'man' en 'vrouw' is het probleem, maar de nauwe, beperkende opvatting van wat het betekent om twee X-chromosomen of een X- en een Y-chromosoom te hebben. Als de begrippen 'man' en 'vrouw' veel meer mogen omvatten, als de invulling ervan soepel en onbegrensd mag zijn, is er niets mis mee. Wat zou het mooi zijn als je bijvoorbeeld een mannenlichaam hebt, maar niemand zonder meer aanneemt dat je je volgens welke mannelijke standaard dan ook voelt, kleedt of gedraagt. Waarmee ik niet wil beweren dat een geslachtsoperatie dan voor niemand meer nodig zou zijn. Maar wat nou als we met z'n allen voor elkaar krijgen dat de vorm van een persoon niet meer zo dwingend is voor de inhoud van die persoon?

In oude natuurreligies over de hele wereld was er een fluïde benadering van genderexpressie. Veel sjamanen, genezers en zieners waren androgyn van aard en voorkomen: zij hadden het vrouwelijke en mannelijke in zichzelf in balans gebracht, zoals ze ook thuis waren bij zowel het aardse als het bovenaardse. Iedereen staat op een verschillend punt in het weidse spectrum: er zijn mensen die in hun aard of hun fysiek even vrouwelijk als mannelijk zijn, een tegenovergestelde fysieke vorm hebben van hoe ze dat zelf voelen of een fluïde gender hebben. In oude natuurreligies werd dit als gegeven geaccepteerd, maar de patriarchale religies lieten steeds minder ruimte voor mensen om hun natuurlijke plek in het spectrum in te nemen. Dat heeft ons veel gekost: om een 'elegante dame' of een 'stoere vent' te zijn dienden we lange tijd veel in onszelf te veronachtzamen. De eigenschappen en verlangens die zogenaamd bij de andere sekse horen en die we verloochenen, kwijnen weg of worden vreemd voor ons. Mogelijk gaan we die kwaliteiten zoeken in onze partner, die ons moet aanvullen en die de belichaming is van de dingen die we hebben afgestaan: we worden in een relatie twee helften in plaats van twee mensen.

Het hangt van de opvoeding en de cultuur af hoezeer wij onszelf toestaan alle delen van onszelf te leren kennen. Voor *Wijze mannen* interviewde ik mannen als Deepak Chopra, Paulo Coelho, Eckhart Tolle, Marten Toonder en Arthur Japin om mezelf en mijn lezers vele varianten van waarachtige mannelijkheid te laten zien. Japin is een van mijn lievelingsmannen op aarde, ook al zien we elkaar maar eens in de paar jaar. Halverwege het schrijven van een roman komen Arthur en ik er meestal achter dat het allemaal toch eigenlijk over onszelf gaat en dat is precies waarom literatuur zo goed is voor een mens, of je nu schrijft of leest: het doet je je begrepen voelen en anderen begrijpen. Hoe meer we als mens alle kanten van onszelf ontwikkelen en uiten, hoe evenwichtiger en gelukkiger we zijn. Het draait om dynamiek, beweging en afwisseling: zoals dag en nacht elkaar afwisselen, zo hebben we ook afwisselend archetypische mannelijke en vrouwelijke kwaliteiten nodig om door het leven te gaan.

Naar deze ontspannen manier van zijn kunnen we nu, na een paar eeuwen dominante patriarchale religie, terugkeren. We staan aan het begin en het krappe gendersysteem wordt strijdbaar losgeschud, wat hoog tijd is. Zoals ik het zie, is het gehannes met aanspreek- en verwijsvormen, benamingen en nieuwe kleuren in regenboogvlaggen de eerste en noodzakelijke stap naar een wereld waarin ook deze hokjes zullen verdwijnen. Een wereld waarin die hokjes niet meer nodig zijn, omdat we weer begrijpen dat personen mannelijke en vrouwelijke aspecten in elke denkbare samenstelling in zich dragen en willen uiten op hun eigen manier, en een seksuele geaardheid hebben die alle denkbare variaties omvat en zich ontwikkelt in verschillende levensfasen. Een beetje zoals een vrijdagavond in de RoXY of een zaterdagavond in de iT in de vroege jaren negentig, met een weelde en overdaad aan persoonlijkheidsvarianten, die botsen en bruisen. Een plek waar je gewoon een mens bent, voorbij de dualiteit.

De tweede helft nodigt je uit om maatschappelijke regels om je als een 'dame' te gedragen aan je laars te lappen. Je ként de regels wel, en weet wat voor maatschappelijke voordelen ze hebben, maar kiest ervoor ze niet te volgen als dat betekent dat je jezelf en dat wat goed en juist is de rug toekeert. Want dat is voor tuttebellen. Dat opent een ruimte in jezelf waarin voorheen ondenkbare keuzes en ideeën ineens denkbaar worden. Je verandert gewoon van mening. Je verandert.

Het gaat niet om gelijk hebben of halen, om geldings- of bewijsdrang. Je hoeft niet meer te vechten met de dingen, maar wilt ermee leren stoeien. Het is losser, speelser, niet ego-gedreven. Je neemt risico's, want je weet dat bijna niets onoverkomelijk is. Na je veertigste begin je erop te vertrouwen dat je de klotedingen zult blijven overleven, maar ook dat ze zullen blijven komen.

Je begint precies te doen waar je zin in hebt. Je bent niet te oud om een korte rok te dragen, een avondje dronken te worden of de slappe lach te hebben om niets. Je bent wel te oud voor onzin. Je bent te oud voor tijdrovend gedoe, onterechte schaamte en misplaatste grappen. Je bent te oud voor dure dingen van slechte kwaliteit, voor zinloze discussies met 'ik heb gelijk'-drammers, voor verplichtingen die nergens op slaan, voor valse bescheidenheid en vervelende mensen die manipuleren.

Je weet dat je nergens bij hoort – en dat je overal bij hoort. Als het erop aankomt, verkies je loyaal zijn aan jezelf boven loyaal zijn aan een groep, ook al zul je even alleen moeten staan. Jezelf verlaten op essentiële punten is geen optie, want dan hoor je niet meer bij jezelf. En jij hoort thuis bij jou.

6 – Waar het stil is

Deins niet terug
voor wat achter het rumoer ligt,
ga het waardig binnen
en verzink ermee.

Alleen de eenzaamheid
absorbeert niets
maar laat ontspruiten
wat van jou is.

Bewoon de leegte
tot ze ruimte wordt
en een geborgenheid prijsgeeft
die jou onbevreesd opent voor de wereld.

Door een inwijding ga je alleen. Zo is het ook met het aangaan van de tweede helft van je leven. Je drentelt al een tijdje voor de poort van de Crone en ineens voel je aan alles dat het tijd is. Achter je staan mensen die je liefdevol in de gaten houden en voor je moedigen zij die al door de poort zijn je aan. Maar je loopt alleen – voetje voor voetje, zoekend en niet helemaal zeker van waar je uitkomt.

Als je die initiatieweg aan het afleggen bent, keert je blik zich onherroepelijk naar binnen. Je focus op anderen verschuift naar een focus op je eigen innerlijk. Een oude identiteit is stervende en een nieuwe is in de maak. Niet langer lees je je waarde af aan wat je hebt bereikt, aan hoe je eruitziet en zelfs niet aan wat je allemaal voor anderen doet; er komt een helder zicht op je intrinsieke waarde die losstaat van de buitenwereld. Je hebt een rijk innerlijk reservoir om uit te putten, zo merk je, het ontbreekt je aan niets.

Rond haar vijftigste zei mijn moeder: 'Ik heb vijfentwintig jaar voor anderen gezorgd, nu is het tijd voor mij.' Toen mijn broer het huis uit was en ik in een studentenhuis ging wonen, vroeg ze meteen ook maar een echtscheiding aan – iets wat ze al jaren wilde, maar waar ze eindelijk de moed voor vond. Het leven alleen ervaarde ze als een bevrijding. Waar ik haar eerder altijd bezig zag, als kapster met haar klanten of met het huishouden, kon ik haar nu aantreffen met een boek en een gelukzalige glimlach. Ze kwam aan zichzelf toe.

'Aan jezelf toekomen' kan evengoed betekenen dat je helemaal niet wilt rusten, maar wilt reizen of eindelijk net zo belachelijk veel tijd aan je werk kunt wijden als je wilt (ik vrees dat ik tot die categorie zal gaan behoren). Ook dan zul je merken dat je steeds meer handelt en beslist vanuit een stiltepunt in jezelf. Je innerlijke kompas. Je kunt voelen dat je niet je werk bent, niet je andere rollen, kortom: dat je niet bent wat je doet. Een innerlijke gerichtheid zorgt in alle gevallen voor het onthechten van prestaties, waardering, status en verdiensten en het hechten aan innerlijke doelen. Die zijn meestal niet meetbaar en soms zelfs niet eens zichtbaar, of het moet de tevreden blik in je ogen zijn.

Gynaecoloog Christiane Northrup legt in haar boek *Magische menopauze* uit dat niet alleen de hormoonhuishouding, maar ook de hersenchemie in en na de overgang blijvend verandert, wat invloed heeft op de manier waarop we denken en informatie verwerken. Vrouwen hebben 'behoefte te creëren, omdat de levensenergie niet meer wordt gebruikt om ongesteld te worden en baby's te maken. Het is alsof je ziel zegt: hé, hoe zit het met mij? Wanneer ben ik aan de beurt?' Northrup waarschuwt dat als je niet naar je verlangens handelt, je het veel moeilijker zult hebben met symptomen van de (peri)menopauze: 'Het komt erop neer dat wij vrouwen ontworpen zijn om na de menopauze meer in contact te zijn met wat echt belangrijk voor ons is, en ons lichaam fungeert als een nauwkeurige barometer die aangeeft hoe nauw we ons leven daadwerkelijk in lijn met onze verlangens leven.'

Het moederschap, mocht dat in je leven zijn, begint minder aan je te trekken. Het einde van de zorgtaken voor opgroeiende kinderen komt in zicht. De biologie wijst je de weg. Aan het einde van een zwangerschap krijgt de baby minder voeding doordat de placenta gaat verkalken: de foodtruck gaat dicht en het is tijd voor het kind om geboren te worden. Na je veertigste nemen de zorghormonen oxytocine en oestrogeen af om plaats te maken voor meer testosteron. De foodtruck gaat eens lekker een eindje rijden. Je hebt minder zin in de hele tijd zorgen, je wilt nu eens voor jezelf zorgen.

Misschien zul je voor het eerst in je leven het omgekeerde van fomo, *fear of missing out*, ervaren, namelijk htmo: *happy to miss out*. Als je bent zoals ik, kan de hele wereld op ADE staan te dansen of een filmpremière in ingewikkelde jurken bijwonen, maar jij zit volkomen tevreden op de bank een boek te lezen of op het bankje voor je huis aan een glas wijn te lurken. En als je zoals een paar van mijn vriendinnen bent: eindelijk kun je weer naar een festival en de ganse dag erna uitbrakken, zonder de angst dat je iets van de schattige ontwikkeling van je kinderen mist, omdat je sowieso niet weet waar ze uithangen.

Misschien voel je soms hoe uitgeput je bent. Op. Soms niet tot meer in staat dan in bad liggen weken of opgekruld in een stoel zitten met een kop thee en een wollen dekentje. Dat is geen zwakte, geen achteruitgang, geen opgeven, geen bejaard gedrag; het zijn welverdiende rustmomenten. Zie, als je terugkijkt, hoe je jaren bent doorgejakkerd, met nog meer werk, nog meer zorg, sociale contacten, eindeloze repetitieve huishoudelijke klussen; de nooit eindigende, eeuwenoude vrouwelijke choreografie in de schaduw van mannen die als vanzelfsprekend de wereld vormgeven. En daarbovenop is er nog de geestelijke belasting voor het hele gezin, wat ze in IJsland de 'mentale vracht' noemen: het regelen en plannen dat vrouwen volgens dat IJslandse onderzoek zo goed als helemaal alleen op zich nemen. Daarbij zie ik meteen mijn eigen carrousel aan to-dolijstjes voor me opdoemen waarop 'deadline halen', 'cadeau voor nichtje kopen' en 'tandartsafspraak maken kinderen' elkaar afwisselen, en niet eens per se in die volgorde, zowel toen ik nog samen was met de vader als daarna.

Liesbeth Staats, programmamaker en auteur van *Waarom vrouwen minder werken dan mannen*, windt zich op over de zorglast van vrouwen. 'In de sociale psychologie heet dat fenomeen de *second shift*. Na activiteiten en verantwoordelijkheden buitenshuis, betaald werk bijvoorbeeld, begint er voor vrouwen vaak een nieuwe baan zodra ze thuis een voet over de drempel zetten. Boodschappen, koken, kinderen brengen naar of ophalen van clubjes – ook als je de taken verdeelt of uitbesteedt, ligt in heteroseksuele relaties de regie voor al die zaken in de meeste gevallen bij de vrouw. Vrouwen besteden tien uur per week méér aan deze taken dan mannen.'

Nu het gezin minder tijd vraagt, komt de vermoeidheid eruit. Misschien voel je hoe je jaren je spieren hebt aangespannen, en nu je ze wilt ontspannen, protesteren ze. Of misschien heb je hartkloppingen. Je geest roept: het is niet meer nodig, ontspan toch gewoon, mens. Er hoeft geen marathon gewonnen, geen driegangensterrendiner op tafel, geen baby getroost. Dat weet je allemaal heus wel, maar het lukt niet goed, want je lichaam vertrouwt het nog niet helemaal. Is het niet grappig, denk ik dan, dat er zoveel producten worden aangeboden om vrouwen te helpen er minder vermoeid uit te zien in plaats van hen te ondersteunen om minder vermoeid te zijn?

Als je je zenuwstelsel het nieuwe normaal, namelijk ontspanning, wilt aanleren, wees dan eens in de zoveel tijd volkomen stil. Lig met je ogen dicht in de zon, luister naar de geluiden van de vogels, wandel in je eentje door de natuur, bereid en eet je maaltijden met aandacht, verlies jezelf in je verbeelding en droom weg. Zo komt er op een diep niveau ontspanning, ontdoe je jezelf van opgeslagen ballast en rotzooi en word je langzaam sterker. In boekjes over fit ouder worden ligt de nadruk vaak op het belang van gewichten en work-outschema's – om nog maar te zwijgen van die idiote preoccupatie met om vijf uur opstaan en allerlei heilzame ochtendrituelen voltrekken. Het lichaam en de geest hebben niet meer oefeningen en regimes nodig, als je het mij vraagt, ze hebben meer rust nodig.

Elke boer weet dat een stuk landbouwgrond om de paar jaar een tijdje braak moet liggen om uit te rusten van het grootbrengen van gewassen. Het wordt omgeploegd en met rust gelaten, waarna het zich vanzelf weer zal verrijken en vruchtbaar wordt. Op een goed moment kunnen er weer gewassen op worden geteeld – misschien wel een ander soort dan eerder.

Lig gewoon maar even braak.

Om de inwijding in de tweede helft van je leven te kunnen ontvangen, op welke leeftijd ook, moet je veel alleen zijn – letterlijk alleen zijn, maar ook de ruimte voelen om (eventueel binnen een relatie) op eigen houtje dingen te ondernemen, je naar alle kanten toe te ontplooien en er je eigen ideeën en gevoelens op na te houden. Dat gaat meestal niet vanzelf. Je zult de afstand tot anderen die je nodig hebt moeten regelen, en soms zelfs moeten bevechten als de mensen om je heen dat niet gewend zijn en aanspraak op je blijven maken. Je moet die ruimte buitmaken op het leven zelf. Je kunt haar organiseren door een eigen kamer te claimen waar je een klein heiligdom van maakt, in je eentje lange wandelingen te maken, een solotrip te boeken of ervoor te kiezen even geen relatie te hebben.

Het is onmogelijk het over een eigen ruimte te hebben zonder te denken aan Virginia Woolf. In haar gelijknamige essay uit 1929 heeft ze het over *a room of one's own*: een vrouw heeft een eigen kamer nodig (en geld) om zelfstandig te denken en te werken, haar wezen te doorgronden en autonoom te zijn. In mijn beleving staat de kamer symbool voor de ruimte die een vrouw vrijmaakt om te dobberen in stilte en zich naar alle kanten uit te rekken – zonder de blik, bezwaren, behoeften en oordelen van anderen.

Ikzelf heb het geluk regelmatig veel tijd alleen te hebben, vooral door mijn schrijverschap. Schrijver worden is natuurlijk niets meer dan een legitimatie om op een fatsoenlijke manier een kluizenaar te zijn. Je kunt spreken terwijl je zwijgt, delen terwijl je niemand hoeft te zien, jezelf afzonderen, iedereen buitensluiten en je terugtrekken, hoogstens met een huisdier aan je zijde, onder het mom van een nieuw boek. Of een idee voor een nieuw boek. Of het moeten bedenken van een nieuw idee voor een nieuw boek.

Mijn tijd alleen komt ook door mijn gezinssituatie. Die situatie heb ik ooit vervloekt, toen mijn kinderen voor de helft van de tijd niet bij me waren om bij hun vader te zijn. Omdat hij na anderhalf jaar naar een andere stad verhuisde, zijn ze inmiddels alleen om het weekend en de helft van de vakanties bij hem. Dat blijkt een verdeling waarbij ik ze niet al te lang hoef te missen, maar waarbij de rust ook een noodzakelijk tegenwicht is voor de uren dat ik als moeder de volledige verantwoordelijkheid voor hen draag. Daarna had ik, zoals je weet, een visiting husband die mijn tijd alleen respecteerde en nu kies ik ervoor om single te zijn.

Ik vul mijn solotijd met mediteren, lezen, schrijven, baden

nemen, yoga beoefenen en wandelingen maken. Er is ruimte om te voelen wat ik voel, te huilen als ik wil huilen, te dansen in de keuken en mijn eigen gedachten af te maken. Het voelt als tijd in het donker en in het licht tegelijk. Maar altijd, áltijd stroomt er daarna een nieuwe dankbaarheid door me heen, een ongefilterde levensvreugde die weer is blootgelegd.

In Nederland hebben we geen woord voor wat de Engelsen *solitude* noemen: het verrukkelijke terugtrekken. Ons woord 'eenzaamheid' heeft een negatieve klank die daar niet bij past. Voor mij, en misschien wel voor iedereen, is het van levensbelang. Als ik me te lang niet heb afgezonderd, begin ik een lichte onrust te voelen. Een knagend onbevredigd gevoel, alsof ik iets gezocht heb, het niet kon vinden en het er maar bij heb laten zitten. Uiteindelijk kan het uitmonden in opgejaagdheid en zelfs somberheid. Ik weet dan al een tijdje dat ik te lang ben blijven rondhangen aan de bovenkant van de dingen, waar ik langs waarheden schamp en het wezenlijke mis. Ik ben blijven steken bij het babbelen, het piekeren en het op een verkeerde manier rust zoeken, zoals scrollen op mijn telefoon.

Ik gedraag me als een walvis net onder het wateroppervlak die heimwee heeft naar de diepte van de zee. Als een peuter die zijn middagslaap heeft gemist en het geruststellende lichaam van zijn moeder niet bij zich heeft. Als bliksem die de aarde zoekt om in te slaan. De onrust kriebelt in mijn ledematen en geest, slaat zich als spanning op en kan nergens naartoe. Het uitademen, de verlossing, blijft uit.

Wie te lang aan de oppervlakte verblijft, zou bijna vergeten dat er diepere lagen zijn waar je kunt vertoeven en thuis bent. Waar je het jagen en het zoeken kunt inruilen voor een ontspannen waarnemen. Waar er niets te verdedigen of te beschermen valt en niets een antwoord vereist. Waar je gewoon als levend wezen tussen andere vormen van leven kunt zijn en in contact bent met alle lagen van bestaan.

Om aan de oppervlakte te ontsnappen moet ik het ondiepe terrein van prikkels en prestaties verlaten – ook al voelt het alsof ik taken verzaak, plichten niet nakom, iets zal missen misschien. Ik moet naar de plek waar in eerste instantie niets te vinden lijkt. En daar moet ik wachten. Geduld hebben tot de verleidelijke oproepen en dwingende stemmen gedempt zijn tot vage achtergrondgeluiden.

Vasalis schreef er in 1954 het gedicht 'Eb' over:

'Ik trek mij terug en wacht.
Dit is de tijd die niet verloren gaat:
iedre minuut zet zich in toekomst om.
Ik ben een oceaan van wachten,
waterdun omhuld door 't ogenblik.
Zuigende eb van het gemoed,
dat de minuten trekt en dat de vloed
diep in zijn duisternis bereidt.
Er is geen tijd.
Of is er niets dan tijd?'

Dus ik wacht. Ik luister naar de kale stilte, kijk naar de leemte die me aanstaart. In het begin voelt het ronduit ongemakkelijk. Ik moet afkicken van prikkels, ontgiften van mijn eigen productiviteit. Maar na verloop van tijd begint er iets te verschuiven. Leegte wordt ruimte. De schrille stilte wordt een weldadige kalmte van de ziel. Er is geen onbehagen meer, geen roep van buitenaf. Er is alleen het zalige, heilzame niets dat uitdijt – niet een niets als een zwarte leegte die me de stuipen op het lijf jaagt, maar een zachte, veilige kamer om te betreden en nieuwsgierig in rond te kijken.

Die kamer begint zich vanzelf te vullen – niet met vertrouwde gedachtecirkels, grillige emoties, bekende zorgen en boodschappenlijstjes, maar met volstrekt nieuwe dingen. Dat is het mooie aan vertoeven in het niets: je reageert, kopieert en repeteert niet langer. Je hebt de lei schoongeveegd en, hé, daar verschijnt iets. Er welt iets belangrijks en waarachtigs op, iets wat al die tijd werd overstemd door onzin en wat nu beleefd om je aandacht vraagt. Het kunnen subtiele gevoelens zijn, symbolische beelden, maar ook ingevingen en nieuwe vonken van inspiratie. Je betreedt nieuw, onbekend terrein. De mist trekt op en je kunt scherp en ver zien. En voelen. Het is allemaal glashelder: híér sta je nu. Dít inzicht is belangrijk om bij stil te staan. Dát heb je over het hoofd gezien. En daar, kijk maar, dáár moet je heen om iets belangwekkends te vinden.

Mijn stille tijd kalmeert en vervult me, laadt me op en verlicht me. Het is een heilig toevluchtsoord waar afronding en vernieuwing plaatsvinden, waar ik mezelf in een heilzame diepte kan laten zakken en mijn eigen stem weer kan horen. Na een tijdje ben ik verzadigd en keer ik weer terug naar ondiep water. Waarschijnlijk zal ik dan, net als de walvis die naar het oppervlaktewater komt, een feestelijke fontein spuiten – joehoe, hoe gaat het met jullie allemaal? – tot de diepte me opnieuw naar zich toe trekt.

Ik houd van het Griekse pantheon, en dan vooral van de godinnen – van de jonge, stoutmoedige Artemis, de moederlijke Demeter, de sensuele Aphrodite en de stoere Athena. Ik herken stukjes van mezelf in hen, maar als ik eerlijk ben, lijk ik het meest op de nogal huiselijke en niet zo avontuurlijke Hestia. Zij is de al wat oudere godin van het zelf en zorgt voor het huiselijke haardvuur dat symbool staat voor de innerlijke bron. Als ik me wiebelig voel en uit balans ben, hoef ik alleen maar haar voorbeeld te volgen om weer 'thuis te komen in mezelf'.

Godinnen zijn geweldige archetypen om je aan te spiegelen. Ze willen niets te maken hebben met het opdringerige ideaalbeeld van *whatever* een vrouw zou moeten zijn, maar herbergen alle mogelijke eigenschappen en behoeften in zich. Ze herinneren je eraan dat je uniek bent, want elke vrouw zal zich in stukjes van andere godinnen herkennen. De struikelende en stralende godinnen uit de klassieke mythen stellen je bovendien gerust: ze hebben tekortkomingen en gebreken, mengen zich in hopeloze conflicten en handelen soms ondoordacht en rancuneus. Ze zijn volmaakt in hun onvolmaaktheid, net als wij.

Hestia is het archetype dat bij veel vrouwen rond hun vijftigste meer ruimte gaat innemen. Zij komt nauwelijks in mythen of klassieke afbeeldingen voor, maar werd geëerd in rituelen en in tempels, waarbij zij het heilige vuur was. Wie een ceremonieel vuur ontsteekt, roept Hestia aan. 'Ze is het stille middelpunt,' schrijft Jean Shinoda Bolen, 'het centrum van de psyche, datgene wat velen als het zelf beschouwen.' Haar vuur staat symbool voor een innerlijke bron die je lichaam en je geest verwarmt en verlicht; van binnenuit, niet van buitenaf. Hestia heeft aan zichzelf genoeg. Ze trapt niet in de illusie dat iemand anders haar compleet zal maken, geen echtgenoot, geen kind, geen geliefde. Al zijn mensen welkom om zich aan haar haardvuur te warmen, want genereus is ze ook. En als die mensen dat doen, merken ze dat haar liefde ruimhartig is en niet bezitterig.

Mijn moeder is een Hestiatype. Ze is iemand met een innerlijke rust, waardoor mensen in haar buurt vanzelf kalm worden en hun maskers laten vallen. Ik geloof niet dat ik haar zich ooit heb zien haasten. Geldingsdrang en rivaliteit zijn haar vreemd, want zichzelf vergelijken met anderen doet ze niet. Ze stelt geen voorwaarden aan haar liefde, claimt niets en niemand en laat zich ook niet claimen. Eenzaamheid en stilte voeden haar. Ze wordt gemakkelijk onderschat en je zou zomaar kunnen denken dat iedereen bij haar vuurplaats mag zitten, maar ze weet heel goed wie dat verdient en wie niet. Mijn moeder gunt iedereen het beste, maar vertoont geen behoefte om anderen te behagen en zelfbeschikking is haar hoogste goed. Zij bepaalt.

Bij mijn vriendinnen zie ik veel Hestia-energie in schrijfster Patricia Snel, die regelmatig iets heldhaftigs doet: in haar eentje uiteten gaan en in opperste tevredenheid drie gangen oppeuzelen. En in Sarah Domogala, schrijfster en mystica, die haar Limburgse hoeve verwarmt met een houtkachel, ceremonies bij haar vuurplaats houdt en aan de zorg voor haar huis, kinderen, dieren en boeken en het hoeden van het land een spirituele dimensie toevoegt.

Zelf voel ik het archetype van Hestia het sterkst als ik mediteer. Het Latijnse woord voor vuurplaats is *focus*. Als ik op mijn kussentje ga zitten, verschuift mijn focus van de buitenwereld naar de binnenwereld, maak ik mijn geest leeg en breng ik mijn emoties tot rust. Zodra ik mijn ademhaling verdiep en volg, verdwijnt alle haast uit mezelf en lijk ik een stukje dieper in mijn lichaam te zakken. Zo'n serene staat kan ik ook bereiken als ik eentonige huishoudelijke klusjes doe, zoals de was opvouwen. Het huis ordenen op een rustige, contemplatieve manier is een typische Hestianeiging. In christelijke en boeddhistische kloosteroorden is het onderhouden van het klooster ook een methode van innerlijke concentratie en verering. Dezelfde centrerende focus kun je vinden tijdens het sporten, in het bijzonder hardlopen, en ook in dansen, handwerken en zingen.

Hestia helpt je om te 'herbronnen', wat een vertaling is van het Franse *ressourcier*. Het betekent 'weer een grondslag geven', opnieuw een basis vinden voor je eigen gedachten en gevoelens. Je gaat van vervreemding naar verbinding, van als een kip zonder kop rondrennen waarbij het essentiële je door de vingers glipt naar je herbezinnen en terugkeren naar een innerlijke basis van bewustzijn. Vanuit die verankering kun je weer dingen gaan ondernemen. Zonder regelmatig te herbronnen zou je op een zeker moment 'opdrogen' en de dingen zonder bezieling en overtuiging gaan doen.

Als mijn zoon (nu tien) niet kan slapen, vraag ik hem om zijn hand op zijn buik te leggen en ernaartoe te ademen. Ik vraag hem om zijn adem met zijn aandacht te volgen. En als hij dan in gedachten beneden is aangekomen, vraag ik hem om daar lekker op een warm wollig kleedje bij de open haard te gaan liggen. 'Krul je daar maar lekker op en kijk eens om je heen,' zeg ik dan. 'Ligt er misschien een kat of een hond bij je?' Meestal zegt hij slaperig dat er een kat ligt. Of een konijn. Dan weet ik: hij is er.

Als Hestia zich in je nestelt, word je je bewuster van je omgeving en van je eigen middelpunt. Er welt dankbaarheid in je op voor wat je omringt en je voelt verantwoordelijkheid om er zorg voor te dragen, zonder iets op te eisen. Je weet waar thuis is en wie daarbij hoort. Je gaat ervaren dat vreugde minder zit in vuurwerk en meer in samen bij een kampvuur zitten, minder in vuurpijlen en meer in vuurvliegjes.

De grap is dat je je, juist door je af en toe af te zonderen, dieper kunt verbinden met de mensen, de dieren en het web van leven om je heen. Je regelmatig terugtrekken betekent niet je afsnijden van anderen, maar een diepte opzoeken van waaruit je juist een hechter, waarachtiger contact met hen kunt maken. Dat geldt voor je meest geliefde dierbaren, maar ook voor je buurtgenoten, met wie je een stukje aarde deelt.

Als ik tussen het schrijven door in mijn brede vensterbank zit, zie ik ze langskomen. De knappe, oude dame Ankie met haar hondje. Rob, de eigenaar van de kroeg op de hoek, die zijn deuntjes fluit. De overbuurvrouw Judith, met haar baby op de buik gebonden. De fietsende puber, gebogen onder een zware rugzak, die ik al als kleuter kende. Ik zwaai alleen maar, maak hoogstens een praatje als ik zelf op straat loop of op mijn trappetje zit, maar op een bepaalde manier houd ik van ze.

Verwantschap, op een soort onuitgesproken, vanzelfsprekende manier, met mensen met wie je niet meer deelt dan de buurt waar je woont, maakt gelukkig. Het zenuwstelsel kalmeert. Wij mensen zijn biologisch gezien groepsdieren die zich alleen op een diep niveau veilig kunnen voelen als er anderen om ons heen zijn. We floreren te midden van een brede kring van heel verschillende mensen die waarde aan ons hechten en onze geschiedenis of in elk geval onze naam kennen. En we voelen ons waardevol als we er op onze beurt voor anderen kunnen zijn. Een lone wolf zijn kan er vanbuiten indrukwekkend uitzien, maar zo'n radicale onafhankelijkheid is geen teken van kracht. De kern ervan ligt vaak in een gebrek aan vertrouwen in anderen, in trauma en verwonding.

Deze gemeenschapszin was vroeger sterker, of je nu in een dorp, op het platteland of in een stad woonde, maar het is er nog steeds als je er je best voor doet. Meestal gaat het zo: eerst begin je iemand te herkennen als buurtgenoot, dan geef je eens een knikje, daarna een glimlach, dan een groet, vervolgens maak je een praatje over het weer. Op dat punt kun je elkaars gereedschap lenen en durft iemand het je te vertellen als er iets geweldigs of rottigs is gebeurd. Verbondenheid is een verworvenheid, een reeks vaardigheden die we in het moderne leven bijna zijn kwijtgeraakt, terwijl we wel massa's losse contacten via social media onderhouden. Psychotherapeut Esther Perel omschrijft dat fenomeen als *hyperconnected but nobody to feed your cat.*

Ikzelf ben een notoire babbelaar, want een praatje aanknopen, een vrolijke groet uitwisselen of iemand te hulp schieten geeft me een kleine injectie van geluk en energie. Het geeft me de beleving van geborgenheid, wederkerigheid. Thuishoren.

Toen ik als moeder van een baby en een peuter alleen kwam te staan, waren mijn vrienden en familie natuurlijk belangrijk, maar een groot deel van mijn vertrouwen dat het me zou lukken, kwam door een web van buren en buurtgenoten. De een kwam opdraven als de stoppen doorsloegen, de ander ving het ene kind op als ik het andere moest wegbrengen, en ik deed weer andere dingen voor hen. Ik was niet alleen. Ik was omringd door leden van een gemeenschap die me hielpen en mij op hun beurt nodig hadden, die me wilden kennen en vertrouwden. Zorgen voor kleine kinderen is zo godvergeten uitputtend en overweldigend omdat die taak niet voor één persoon bedoeld is, ook al wordt er gedaan alsof dat wel zo is.

Een van mijn buurtgenoten verstond als geen ander de kunst van het contact leggen. Timo was intelligent, zachtaardig, sociaal en soms in de war. Hij stond bekend als 'de dansende man van de Egelantiersgracht', omdat hij vaak voor zijn open raam danste. Toen de gordijnen dicht bleven en bekend werd dat hij was overleden, legden mensen bloemen voor zijn huis en plakten ze briefjes met lieve woorden op zijn raam. Als buurtgenoten besloten we een dansfeestje op de brug voor zijn huis te organiseren, met de muziek die hij vaak draaide, om onze paradijsvogel vaarwel te zeggen. Toen ik daar danste, met al die mensen die ik vaag kende maar die de dansende man ook in hun hart hadden gesloten, dacht ik: in deze buurt wil ik wonen. In deze wereld wil ik leven.

Je af en toe in stilte terugtrekken voelt alleen veilig en prettig vanuit de wetenschap dat je verbonden bent en blijft met een groter geheel. Want we weten: als er écht iets misgaat, is er een vangnet nodig om te zorgen dat we niet vallen. Of niet heel diep vallen. Dan ervaren we, als we geluk hebben, dat we gedragen worden door de gemeenschap waar we deel van uitmaken. *Bienveillant* is het prachtige woord dat de Fransen daarvoor hebben: weten dat er goed over je gewaakt wordt.

Twee jaar geleden, toen ze elf was, klaagde mijn dochter over pijn in haar bovenbeen. Ze bleef mank lopen en de huisarts verwees ons door voor röntgenfoto's. Dezelfde dag nog werd ik gebeld dat ze met spoed onder het mes moest omdat er iets hersteld moest worden in haar beide heupen. Schrik. Paniek. Opluchting dat we in een land wonen waar ze goed geholpen kan worden. In de ogen van mijn dochter zag ik dat ze zich ineens alleen voelde, losgezongen van haar groep met wie ze de komende tijd niet kon sporten, verjaarspartijtjes kon vieren en naar het zwembad kon gaan. Ze voelde zich kwetsbaar en anders. Ik begreep dat ze niet alleen de steun van haar ouders en broertje nodig had, maar van een groter geheel.

Mijn dochter wist dat al, ontdekte ik. Als haar moeder mocht ik mee de operatiekamer in en de anesthesist vroeg haar, voordat hij het infuus aanzette, een leuke herinnering op te halen of iets te vertellen waar ze zich op verheugde. In plaats daarvan begon ze hardop de namen van haar vriendinnen op te noemen. Die en die en die en die, tot ze onder zeil ging. In haar geest pakte ze de handen van al haar vriendinnen beet en zette hen in een cirkel om zich heen.

De dagen na de operatie kwamen er beterschapskaarten, cadeautjes, tekeningen, zelfgemaakte armbandjes, telefoontjes, ingesproken berichtjes. Om de haverklap ging de bel en kwam er iemand kijken hoe het ging. De ansichtkaarten hing ze in een lange sliert in de keuken, haar cadeautjes stalde ze uit en we maakten polaroids van de mensen die langskwamen. Er werd een web van ragfijne, tedere verbindingen zichtbaar, een mycelium zoals dat ook als ondergronds netwerk van schimmeldraden in de natuur bestaat, waardoor ze zich gedragen voelde.

Sophia Loren sprak op haar tachtigste verjaardag, in 2014, haar gasten toe: 'Als je twintig bent, kun je je niet voorstellen dat je ooit veertig, vijftig of zestig wordt en als je dat eenmaal bent, kun je het nog steeds niet geloven. Het voordeel van ouder worden is dat je je realiseert wat belangrijk is in het leven: de eenvoud van een teder gebaar. De aanwezigheid van een vriend in een moeilijke tijd. De moed om lief te hebben. Die dingen brengen sereniteit en een gevoel van vervulling. Het zijn deze rustige, kalme dingen die je bijblijven en die je definiëren.'

Zelfredzaamheid en een eigen basis hebben zijn belangrijk,

maar erop vertrouwen dat er mensen zijn die je helpen en steunen, geeft ware veerkracht. Je bent veilig. Er wordt over je gewaakt.

De stille leegte lijkt op het eerste gezicht verlaten en onvruchtbaar, maar is in werkelijkheid de vruchtbaarste fase van de cyclus van manifestatie. Juist in de winter, als de bodem bevroren en dor lijkt, wordt er onder de grond voorbereidend werk verricht voor de zaden die in de lente zullen ontkiemen. En juist tijdens de fase van de donkere maan is ze zwanger van een volgende maan, die tijdens de fase van nieuwe maan geboren wordt. De stille leegte is de fase van regeneratie, van conceptie.

In de stilte kun je iets scheppen wat werkelijk nieuw en oorspronkelijk is. Alleen dan is het geen variant van iets wat er al is of een reactie erop; het is rechtstreeks tot je gekomen.

'Als het bloeden stopt, laait het vuur binnenin op,' zegt Paula Gunn Allen. In haar traditie, die van de Lakota, een inheems Amerikaans volk, beginnen medicijnvrouwen hun werk pas vanaf de menopauze. Het idee is dat het menstruatiebloed in het lichaam blijft en dient als voeding voor creativiteit en wijsheid. Scheppen doen we allemaal dagelijks; in hoe we omgaan met mensen, ons leven vormgeven, opvoeden, ons huis inrichten. Maar jammer genoeg stoppen veel mensen rond de puberteit wel met hun artistieke bezigheden.

Als kind zingen we allemaal liedjes, tekenen we en bedenken we rare dansjes en als we ouder worden, laten we die dingen vaak over aan de kunstschilders, romanschrijvers, acteurs en musici. Alsof je geld moet verdienen met je kunstzinnigheid of er bovenmatig goed in moet zijn om het te mogen blijven doen. We hebben allemaal een aangeboren creatief vermogen om dat wat in ons zit op een fantasierijke manier naar buiten te brengen.

Als je je creatieve kant lange tijd de rug hebt toegekeerd, misschien ook omdat het je aan tijd ontbrak, zoek deze dan in je tijd alleen weer op. Geef jezelf toestemming om aan te klooien, voel je vrij om te creëren, te verkennen, om jezelf te lachen. Wees daarbij nu eens niet pragmatisch en doelgericht. Elk maakproces kent momenten van 'laten gebeuren'. Om te scheppen moet je jezelf uitschakelen. We denken dat we alert en productief moeten zijn om het beste resultaat te krijgen, maar het tegendeel is waar. Wie duwt en trekt, verhindert dat dingen zelf op hun daarvoor bedoelde plek vallen.

Bij mij ontstaat een idee voor een nieuwe roman nooit als ik erover ga zitten peinzen. Wat me te doen staat, is de weg vrijmaken en vrijblijvend tasten. Ik ben aanwezig, meer niet. Ik wacht tot zich een sfeer aandient, een tinteling aan de rand van mijn blikveld, zo subtiel dat het te vergelijken is met een geur die je in het voorbijgaan opsnuift en die weer vervliegt. Niet veel later is de sfeer er weer en probeer ik deze voor mezelf te omschrijven. Ik neem me voor om te letten op alles wat met die sfeer te maken heeft, want ik voel dat het op een of andere manier voor mij bestemd is en me probeert te bereiken. Door me steeds op die sfeer af te stemmen wordt het idee scherper en beetje bij beetje valt alles in elkaar en heb ik een onderwerp – een onderwerp dat zo duidelijk, helder en urgent is dat het onmogelijk lijkt dat ik ooit over iets anders zou kunnen schrijven. De enige uitdaging is nu om open te blijven staan, niet te snel conclusies te trekken of denken dingen zeker te weten. Om te blijven rondtasten, met mijn handpalmen open en mijn blik op oneindig.

Om te scheppen hoef je in de eerste plaats slechts ontvankelijk te zijn: dromerig, sensibel, los en vrij. Creëren – althans de eerste fase van dat wonderlijke creatieve proces – is je handen uitstrekken en hopen dat er iets in valt. Zelf moet je in die fase eventjes opzijstappen om het wonder te laten gebeuren. Je kunt de muze niet ontbieden; zij bezoekt en verlaat jou zoals het haar schikt. Er is een 'windstilte van de ziel', zoals Nietzsche het noemde, nodig om dat te kunnen laten gebeuren. Het onzegbare benadert voorzichtig het terrein van het zegbare, verruimt het en rekt het op.

Als je iets maakt wat er nog niet was, betreed je een ruimte waar alles diffuus en vloeiend is, een niet-ruimtelijke ruimte en niet-lineaire tijd waar het nog niet bestaande naast het al gebeurde en het wie weet bestaat. Het is niet helemaal hetzelfde als je verbeelding, je herinnering of je onderbewustzijn; het is een laag van de werkelijkheid waar je een poosje toegang toe hebt. Priester en religieus schrijfster Cynthia Bourgeault gebruikt de term *imaginary realm*: een rijk waar je korte tijd kunt verblijven, dat losstaat van de rationele wereld en onafhankelijk is van je eigen fantasie. Het is een tussenfase die lijkt op het moment vlak voor je in slaap valt of als je net wakker wordt, waarin vonken van het bovennatuurlijke zich aan je tonen. Hoe meer tijd je daar doorbrengt, hoe gemakkelijker je een deel van jezelf kunt overdragen aan die dimensie – en hoe minder je bezig bent met de vraag of wat je voortbrengt wel gewaardeerd zal worden (iets wat trouwens wel gewoon gebeurt als je maaksels de wereld in gaan, want uiteindelijk blijven we volwassen kinderen die een sticker van de juf willen).

Mijn schrijftafel staat naast een raam dat op de straat uitkijkt. Elke dag komt onze pakjesbezorger Jeroen langs, want er is altijd wel een pakje van een straatgenoot om bij me te stallen. Omdat hij me steeds van schrik tegen het plafond zag vliegen als hij mijn naam riep of aanbelde, verzon hij een list: hij bootst vogelgezang na dat zachtjes doordringt in mijn stille concentratie, zodat ik geleidelijk uit de diepte van dat rijk omhoog kan komen. Laatst vroeg hij of het misschien tijd werd voor een andere vogel, maar hij moest beloven altijd dit deuntje te blijven fluiten.

Creatieve uitingen, van welke soort dan ook, die vanuit de stilte zijn gemaakt, zijn kanalen waardoor een dieper inzicht of bewustzijn in de wereld losgelaten kan worden. Of je ze nu creëert of als kunstliefhebber tot je neemt – zoiets kun je voelen.

Een kunstwerk volgt zijn eigen onzichtbare wetten en als maker heb je die te respecteren. Hoe ik het ervaar: elk van mijn boeken is aan me verbonden, maar komt niet alleen uit mij voort. Het trekt gelijksoortige sferen aan die me beïnvloeden. Bij het schrijven stroomt er een wereld door me heen, als een in- en uitademing. Is de lucht die je uitademt van jou?

Ik wil geen roman schrijven waarvan ik van tevoren weet dat het me gaat lukken. Mijn boeken zijn slimmer en verder dan ik. Ze lijken zelfs beter te weten wat er in mijn leven gaande is dan ikzelf. Soms hebben ze een griezelige voorspellende waarde en lopen ze een paar stappen vooruit op de werkelijkheid. En ze maken iets zichtbaar wat ik nog niet bewust had begrepen. In *De eerste vrouw* stapte mijn eigen geliefde bijvoorbeeld op toen ik aan het beschrijven was hoe hoofdpersoon Geraldine verlaten werd, met als voordeel dat we samen konden rouwen, wat een grote steun was. En toen ikzelf tot de conclusie kwam dat ik mijn huwelijk moest beëindigen, besefte ik dat mijn innerlijke proces op een bepaalde manier al beschreven stond in de roman die toen net uit was.

Creativiteit is een verrukkelijk speelveld voor iedereen, met lekker weinig serieuze consequenties zoals in het echte leven. Laat dat je niet afnemen, lieve vrouw. Durf erop los te fantaseren, jongleer met mogelijkheden, zonder angst om fouten te maken en zonder dat het verstand de baas gaat spelen. En laat het je de moed geven om dezelfde speelsheid in je dagelijkse leven te leggen.

Als het om creëren gaat, wordt de luwte, net als de stilte, niet genoeg op waarde geschat. De luwte waarbij niemand weet wat je aan het doen bent, bedoel ik. De intieme, eenzame fase van het prille begin wil maar al te vaak worden overgeslagen. Daartoe worden we ook vaak aangemoedigd. 'Wees dapper, toon wat je kunt en accepteer geen nee!' adviseert een bekende artiest jonge mensen. 'Denk groot en laat jezelf zien,' houdt een succesvolle zakenvrouw starters voor. 'Claim je ruimte en manifesteer succes!' roept een levenscoach. De aansporingen om zichtbaar te zijn, zijn overal te horen. Je moet mogelijkheden creëren en kansen pakken, weet je wel. De wereld veroveren.

Ik zou het tegenovergestelde willen zeggen tegen iemand die met serieuze ambities aan iets nieuws begint: speel. Experimenteer. En wacht. Laat iets lange tijd een hobby of interesse zijn, zonder hoge aspiraties, neem desnoods een flutbaantje om je rekeningen te betalen en ontwikkel intussen stilletjes je vakmanschap. Toon je werk niet te vroeg. Oefen je kunst of kunde zonder de druk van het oordeel van de buitenwereld en zonder dat het van jezelf iets groots en geweldigs hoeft te worden, zodat je je eigen stijl, stem en richting kunt vinden. Als er niets van afhangt, ben je vrij om dingen weg te gooien, enthousiaste maar matige resultaten te leveren en het opnieuw te proberen tot je vooruitgang boekt en aan zelfvertrouwen wint. Een mens die zich onbespied weet, kan vrijuit leren.

Bij mij als auteur kloppen degenen aan die willen weten hoe ze ook schrijver kunnen worden – ze komen niet met vragen over het schrijven zelf, dat lees je goed, maar over schrijver worden: meestal gaat het over een boekidee dat ze hebben opgevat en hoe ze daar een contract voor kunnen krijgen. Welke uitgeverijen goed zijn. Of ik misschien een literair agent weet. In veel gevallen blijkt er nog niets of weinig daadwerkelijk geschreven te zijn, of is dit het eerste manuscript dat ze schrijven.

Schrijf, zeg ik dan. Schrijf nog meer. En blijf schrijven. Schrijf alsof niemand het zal gaan lezen. Schrijf omdat je niet anders kúnt, omdat er iets door jou wil stromen, omdat je met woorden wilt toveren. Schrijf uit puur plezier of om de taaie worsteling die je dieper bij jezelf en jouw kunst brengt. En wacht. Toon je schrijfsels niet te snel en spreek niet over de onderwerpen waarover je zou willen schrijven, maar zie ze als zaadjes onder de grond die alleen in de beschutting van de donkere, voedende aarde langzaam kunnen ontkiemen. Zou je het zaadje uitgraven en aan lucht, licht en water blootstellen, dan zou het afsterven voor het geboren kan worden.

Je kunt als beginneling, van welke kunde of kunst dan ook, het best groeien onder de radar. Je kunt aanvoelen welke kant je intuïtie je op wil hebben, zien wat in je binnenste borrelt en het ongemak en gevaar aangaan van het vormgeven. Je mag hopeloos onevenwichtig zijn, twijfelen, weggooien, opnieuw beginnen, afwegen, plannen smeden. Je mag falen en jezelf verrassen. Je zult ervaren dat het proces zélf de beloning is, omdat het zo vervullend is, niet het resultaat of zelfs eventueel het succes.

Als je al een positie in de buitenwereld wilt innemen zonder eerst je eigenheid te hebben gevonden, dan ga je voorbij aan de richting van creëren: van binnen naar buiten, niet van buiten naar binnen. Wees geduldig en verdraagzaam tegenover het proces zelf. Wees bestand tegen de misleiding van de snelle oplossing, de pragmatische aanpak of behaagzucht naar ontvangers. Je dient niet de buitenwereld; je dient het idee.

Nadat je je maaksel dan eindelijk naar buiten hebt gebracht, anderen het onder ogen hebben gekregen, zul je merken dat hun oordeel niet zwaar weegt. In een uitverkocht Paradiso vroeg ik eens aan schrijfster Elizabeth Gilbert hoe ze omging met lof en blaam en daarop pakte ze haar laatste boek, hield het hoog in de lucht en liet het met een smak op het podium kletteren. 'Kijk,' zei ze onbewogen, 'of het boek nu kapot is of niet, daar voel ik niets van.'

En zo is het ook. Zodra je klaar bent met creëren, raakt het werk los van jou en mag iedereen er iets van vinden. De beloning van creatief bezig zijn ligt in het creatief bezig zijn. Niet de ontvangst, niet de verdiensten, niet de bekendheid zal je gelukkig maken. Het scheppen zelf.

Het verrukkelijke terugtrekken helpt ook om een heilige ruimte te creëren tussen jou en de wereld. Het helpt om regelmatig wat gezonde afstand te nemen van de crises van onze tijd: de kritieke gezondheid van de planeet, incompetente overheden, meerdere oorlogen, de kloof tussen arm en rijk die groter wordt en groepen mensen die vijandig tegenover elkaar staan. Door naar binnen te keren kun je je waakzaamheid en bezorgdheid even inruilen voor geest, intuïtie en visie.

Als je dat niet af en toe doet, kun je jezelf verliezen in waanzin over de toestand van de wereld – die goedbeschouwd de enige verstandige reactie is op de waanzin van de wereld. Het nieuws, dat nooit ophoudt, waar nooit genoeg van is en dat je het gevoel geeft machteloos te zijn, gaat met je op de loop. Verschrikkingen die buiten je beheersing liggen, maken moedeloos.

Jij en ik leven in een tijd waarin er zoveel scheuren en breuken in de fundamenten ontstaan dat de misstanden daaronder bloot zijn komen te liggen. Dankzij de scheuren schijnt er daglicht op zodat ze, in al hun lelijkheid, zichtbaar en tastbaar worden. Systematisch onrecht en corruptie komen aan het licht. De schade is zo immens en pijnlijk om te zien dat je erdoor ontregeld kunt raken. Anaïs Nin zei: '*My eyes are painfully open,*' Clarice Lispector zei: '*I am rudely alive,*' en Sylvia Plath zei: '*I'm catastrophically aware.*' Het is de kunst om de volle omvang van de collectieve schaduw van de wereld te aanschouwen en tóch je hart open te houden.

'Wakker' zijn is niet hetzelfde als 'ontwaakt' zijn; ontwaken betekent betrokken zijn bij de misstanden, maar ook je kalmte en je licht bewaren. Het vereist jezelf geregeld loskoppelen van het druppelende infuus van slecht nieuws, je leegmaken en je hart openzetten, zodat je een kanaal kunt blijven waar het licht doorheen kan. Dat is nodig voor de balans in deze wereld.

Als mens ben je er niet op gebouwd om voortdurend zoveel misstanden te incasseren. Je kunt daar, als je niet oppast, op niet-helpende manieren op reageren: je kunt beïnvloedbaar worden voor groeperingen met onethische bedoelingen die de chaos gebruiken om hun eigen agenda's naar voren te schuiven. Je kunt overweldigd raken en je gedesillusioneerd afkeren van de maatschappij en bijvoorbeeld niet meer stemmen of geen onderdeel willen zijn van je eigen omgeving. Je kunt jezelf verliezen in actievoeren en, als je niet uit het juiste strijdershout gesneden bent, jezelf uitputten. Je kunt jezelf er zo in onderdompelen dat de ellende in de wereld voor je eigen werkelijkheid schuift. Of je kunt afstompen, onverschillig raken en je alleen nog bezighouden met je eigen welzijn en selfcare.

Je regelmatig toewenden naar innerlijke stilte is in onze tijd noodzakelijk om niet in die fuiken te lopen. Dan is het of je geest 'gewassen' wordt en weer puur en zuiver wordt. Als je de stilte beoefent, zie je pas hoeveel drukte, chaos en gedoe er om je heen is. Hoe er draaikolken vol verwarring zijn, waardoor je kunt worden meegesleurd. Maar misschien kun je ook voelen dat er een houvast is: de loodrechte as tussen de hemel en de aarde die door je heen loopt. Dáár zit je stevigheid, ongeacht wat er om je heen gebeurt. Richt je aandacht op die as en de draaikolken en maalstromen krijgen je niet te pakken. Dan behoud je je energie, die nodig is om op jouw eigen manier bij te dragen aan een nieuwe, betere wereld.

Wat is dan die nieuwe wereld? Al zolang ik me kan herinneren, hoor ik verhalen over 'een nieuwe tijd', het begin van het Aquariustijdperk, het einde van de Mayakalender, 'een nieuwe aarde', en elke keer verlangde ik dromerig naar wat zich in mijn fantasie langzaam in een verre toekomst zou ontvouwen. Tegenwoordig voelt het heel wat concreter: het is alsof ik het kapitalistische, patriarchale systeem waarin we leven, met alle instituten en structuren die daarbij horen, voor mijn ogen zie afbrokkelen.

De bestaande orde, met pijlers als politiek, religie, staatsrecht en bedrijfsleven, is zichtbaar gecorrumpeerd en wordt ter discussie gesteld en gewantrouwd. De democratie, waarvan ik ooit dacht dat het het eindstation van de beschaving was, wordt de rug toegekeerd en van binnenuit uitgehold. Wereldwijd worden oorlogsmisdaden door de vingers gezien en wapens geleverd om onschuldige mensen te doden. Vrouwenrechten worden teruggedraaid. De roofbouw op de natuur en milieuvervuiling tonen dat hyperkapitalisme onhoudbaar is. Emoties tussen verschillende groepen lopen hoog op en meningen worden radicaler. Autoriteit wordt in twijfel getrokken, de grootste idioten komen op hoge posities, wat scheef zit wordt geopenbaard, heilige huisjes worden omvergeschopt. We ontdekken dat oude antwoorden niet meer werken en lopen tegen grenzen op. Het moet anders.

Antropologen noemen een dergelijke tussenperiode liminaliteit. Het is een overgangstijd waarin wat was wegvalt en wat gaat zijn nog onbekend is. De term komt van het Latijnse *limes*, dat 'drempel' of 'grens' betekent. In haar boek *Tricky tijden* legt antropoloog Jitske Kramer het uit als 'een vloeibare tussentijd waarin de normale grenzen van gedrag en denken versoepelen, waardoor de weg wordt geopend naar verbeelding, vernieuwing en vernietiging'. Als je het mij vraagt, staan we al met één been in de liminaliteit. In de drie nachten van de donkere maan. In de entropie, waarbij vorm uiteenvalt in losse energie waarna ze opnieuw vorm krijgt. Dat is misschien noodzakelijk, maar om eerlijk te zijn ook doodeng.

Er moet iets sterven, waarna er een periode van niet-weten aanbreekt voordat er iets nieuws kan ontstaan. Dat niet-weten voelt voor ons wankel, onnatuurlijk en bedreigend. We willen zo snel mogelijk weer nieuwe zekerheden. Daardoor ontstaat de neiging om te snel oplossingen te zien in varianten van het oude, te vallen voor de verleidingen van populisten met mooie praatjes en te geloven in wilde verhalen. Het is zaak dat we proberen te ontspannen in deze tussentijd, hoe moeilijk dat ook is. Om hem te laten duren zolang hij duurt, zuiver te blijven en geduldig te luisteren naar nieuwe mogelijkheden als deze zich aandienen.

Omringd door en doordesemd met innerlijke verstilling zijn we niet langer een speelbal in handen van de chaotische energie van een veranderende wereld. We zijn niet vatbaar voor paniek, valse profeten die zalvende woorden gebruiken maar er alleen maar munt uit willen slaan, conservatieve krachten en leugenachtige berichten van bedenkelijke afzenders die de verwarring misbruiken voor hun eigen plannen. En ook niet voor het blind volgen van één partij, één kant van het verhaal. Vervuld van helderheid kunnen we dieper zien, verder zien, voorbij de chaos zien.

Op mijn beste momenten beschouw ik onze tijd als een logisch stadium in een noodzakelijke wending die we als mensheid moeten maken. Een stadium van onzekerheid, verwarring, risico's, hoop en wanhoop waar we allemaal doorheen moeten, soms met tegenzin. Je zou het kunnen beschouwen als een collectieve inwijding, een menopauze van de mensheid als geheel. Het is de kunst om deze chaos te zien als een fase en niet als een afgrond of eindspel en dat is alleen te verwerven door je regelmatig terug te trekken in je binnenwereld. Voorbij je gedachten en emoties, in je stilste stilte, weet je je verbonden met een hogere waarheid, een grotere orde, waarin alles zijn plek heeft. Ook dit. Er komt een geruststellende kalmte over je die zich niet laat uitleggen. Het is een soort stroom van goedheid en vreugde die door je heen vloeit – een bedding waardoor je wordt gedragen en die altijd beschikbaar is. Een thuis dat oneindig wijs en liefhebbend is.

De eerste aanzetten van een nieuwe orde zijn er al en hebben je steun en vertrouwen nodig, ook al zijn ze subtieler aanwezig dan het oude dat zoveel herrie maakt in zijn stervensproces. Het is te vinden in de helpende handen van mensen die niet meer vanuit hun hoofd, maar vanuit hun hart leven, in mens- en natuurlievende initiatieven, in de heldere hoofden van jonge mensen die zuiverheid eisen, in de geruststellende blik van degenen die voorbij het zichtbare en het huidige moment kunnen zien. Nick Cave zingt in 'Wild God': *'And the people on the ground cried "When does it start?" And the wild god says "It starts with the heart, with the heart, with the heart".'* Een nieuwe tijd begint niet buiten jou om; je geeft er zelf vorm aan door te besluiten je hart radicaal te openen. Daaruit wordt de nieuwe aarde geboren.

Ik weet niets, denk ik deemoedig en vol ontzag als ik van mijn meditatiekussentje stap. Ik zie elke dag allerlei ontwikkelingen die ik verafschuw en veroordeel. Maar dat is slechts wat ik zie. Weten in welk groter geheel het past en of het afbrokkelen een functie heeft, doe ik niet.

Niet alleen de afbraak van allerlei wereldse zekerheden gaat rap, maar ook de opbouw van nieuwe dingen. De chaos is vol leven, vol levensvatbare mogelijkheden, zoals een wilde rivier met stroomversnellingen, vissen en schitteringen op het wateroppervlak. Verlangens en plannen die in dienst staan van het geheel, worden steeds vlotter een aardse werkelijkheid. De stof lijkt de geest sneller dan ooit te volgen.

De chaos verleidt ons tot herbezinning – zowel wat betreft onszelf als wat betreft de samenleving. Onze tijd lijkt ons te willen uitdagen tot wezenlijke verandering. We moeten antwoord geven op de vraag: kun je twijfelen aan dingen die je altijd voor waar hebt gehouden? Durf je om complexe vraagstukken heen te lopen en alle perspectieven te onderzoeken? Ben je bereid om angstvalligheid in te wisselen voor medemenselijkheid en vrijgevigheid?

Er is vertrouwen nodig om uit te gaan van de goede afloop van een verhaal dat we niet helemaal kunnen ontcijferen. Maar alleen als we daartoe bereid zijn, kunnen we onszelf bevrijden uit het dwangmatig herhalen van patronen en daarmee de toekomst vrijmaken. Dan is de afbraakperiode waarin we zitten, en die soms angstaanjagend kan zijn, te beschouwen als een mogelijkheid om alvast te zaaien zodat er straks in de vrijgekomen ruimte nieuwe, betere dingen kunnen ontkiemen.

Elke keer als er boosheid in me opwelt over besluiten van machthebbers, houd ik mezelf dit voor: laat me mijn aandacht niet richten op het oude en negatieve, maar op het nieuwe en hoopvolle. Laat me mijn energie besteden aan verbinding maken mét, niet aan afzetten tégen. Laat me niet te veel meedeinen op oude energie, die me wegtrekt van mijn eigen bewustzijn. Laat me bakens verzetten door onverstoorbaar te geloven in de mogelijkheid van iets beters en onverstoorbaar het goede te dienen. Laat me een onderdeel zijn van iets beters.

Er is continu een spanning tussen idealen en werkelijkheid, maar de afstand daartussen betekent niet dat het hopeloos is. Het betekent alleen maar dat er veel te veranderen valt. Alles is gereed om iets heel anders te worden dan in de lijn der verwachting ligt. 'Wees realistisch,' schreef de Duitse filosoof en atheïstisch theoloog Ernst Bloch, 'denk het onmogelijke.'

Niet alleen de zorg om de wereld kun je beter aan als je de stilte beoefent, maar ook de zorg voor je eigen leven. Laatst zei ik het op dezelfde dag tegen twee verschillende mensen die ik wilde steunen en vaak genoeg zeg ik het tegen mezelf: in principe leid je je leven alleen. Ja, er is liefde, er is vriendschap, er is familie, er is professionele hulp, er zijn boeken, er zijn lotgenoten en er zijn vrienden in de geestelijke wereld, maar alleen jij kiest richting op je levenspad. Alleen jij kunt diep naar binnen kijken en jezelf kennen, liefhebben en adviseren.

Zo vaak zie ik hoe we naar anderen reiken voor troost, advies en gezelschap vóór we diep in onszelf duiken. Hoe we honderd andere stemmen over een kwestie verzamelen voor we die van onszelf beluisteren. Hoe we ons eenzaam en onbemind voelen als de geboden hulp niet is zoals we die hadden gewenst.

Je hebt eerst en bovenal jezelf. Je hebt je wijzere zelf die je jongere, gekwetste zelf kan behoeden en troosten. Je ziel die je de juiste richting influistert. Je lieve lichaam dat je draagt en alle ervaringen die te intens voor je waren voor je bewaart om nog eens goed te bekijken. Je brein dat alle kennis die je hebt opgedaan heeft opgeslagen om uit te putten.

Je bent omringd door anderen aan wie je met touwtjes vastzit, je bent deel van een goddelijk geheel met een reikwijdte waarvan je als aards mens niet het flauwste benul hebt, maar jij alleen neemt je eerste en je laatste ademteug. Alleen jij kunt dit aardse leven elke dag vormgeven. Je draagt die verantwoordelijkheid vanaf het moment dat je ziel afdaalt naar de foetus in je moeders baarmoeder. En je bent ervoor geoutilleerd: je hebt alle kwaliteiten en gereedschappen meegekregen die je nodig hebt om je leven te leiden volgens je eigen hoogste wensen en doelen.

Een kakofonie aan raadgevingen en zienswijzen van anderen belemmert het horen van je eigen stem. Ze belemmert het voelen van je hartslag, je adem, je verbinding met de bron en je twee benen die op de aarde staan.

Trek je regelmatig terug, in kalme afzondering, en vertoef in je binnenwereld – juist als je je onzeker en kwetsbaar voelt. Bewoon alle verdiepingen van de woning die je lichaam is. Laat het stil worden en je zult merken dat je kunt staan op een eigen bodem, diep vanbinnen, waar je nooit doorheen kunt zakken. Daarna zul je voelen, met je lichaam als stemvork, naar welke richting je wordt getrokken en van welke richtingen je wilt wegblijven. Je zult begrijpen: als ik niet kan beslissen, is het antwoord 'nee'. Je zult weer weten wie je bent, wat van jou is en wat niet, en wat je hier te doen hebt.

Je bent nooit alleen. Je bent met jezelf.

7 – Lusten en lichamelijkheid

Neem mij met je mee,
laat me in je oplossen,
verzoen me met mij.

Het vuur in mijn schoot
brandt van onderuit,
als gloeiende sintels.

Warm je aan mijn hitte,
niet bang om vlam te vatten,
leg me in de as.

Rondom ouder worden en de overgang bestaan genoeg misvattingen en vooroordelen, maar de echte taboes zijn in het Westen wel zo'n beetje doorbroken. Behalve eentje: ouder en sexy zijn. Het zestigjarige ex-supermodel Paulina Porizkova plaatst zo af en toe een sensuele foto op haar Instagramaccount, dat ruim een miljoen volgers heeft. Dat doet ze met een diepere bedoeling, want, zoals zij het zelf zegt: 'Je kunt mooi zijn en ouder, maar niet sexy en ouder. Dat lijkt de laatste grenspost te zijn.' In Nederland mag Stella Bergsma, die het woord 'sletvrees' heeft bedacht, graag uitdagende en blote foto's van haar vijftigjarige lichaam online zetten. En dan durft ze zelfs nóg een keer te provoceren door de foto opnieuw te posten en erbij te schrijven: 'Ik vergat te zeggen dat ik mezelf mooi vind en dat wekt altijd de meeste agressie op.'

De sexy oudere vrouw wordt met afgrijzen en spot bekeken – en dat terwijl veel vrouwen hun seksuele autonomie pas na hun veertigste ontdekken en in de praktijk brengen. Tegen die tijd zijn we minder gericht op onze bedpartner, op hoe seks zou moeten zijn en op de vraag of wij er wel begeerlijk genoeg uitzien. We gaan meer op in het vrijen zelf. We weten hoe ons lichaam werkt, hoe we genot kunnen ervaren en verlenen. We hebben onze schaamte en blokkades onderzocht. We kennen onze verlangens, wensen en grenzen. Ikzelf voel me nu sexyer dan toen ik vijfentwintig was, mijlenver weg van: ziet mijn kont er dik uit in dit broekje? Wat verwacht hij van mij? Doe ik het wel goed? Hoe lig ik erbij? Naar: wat voelt dit hemels en wat ben ik eigenlijk hemels.

Je sexy voelen heeft niets met ijdelheid of uiterlijk te maken. Het gaat om sensualiteit, zintuiglijkheid, je seksuele energie vrijuit door je heen laten stromen. Het draait om zelfliefde, waardering voor je lichaam voelen en het verwelkomen van pure, ontregelende begeerte. 'Eigenwaarde is de moeder van seksueel verlangen. En dat verlangen kan met de jaren rijpen – zoals goede wijn,' stelde de Amerikaanse seksuologe en pionier in sekstherapie Gina Ogden.

Mensen die zichzelf en hun erotische natuur hebben omarmd, begeren meer en worden begerenswaardig. Dat komt door hoe zij het leven opslurpen en elke vezel van hun lichaam bewonen. Het werkt ook de andere kant op: fysiek aantrekkelijke mensen verliezen, zodra ze blijk geven van allerlei hang-ups en oppervlakkigheden, aan begeerlijkheid. Dat heb ik in ieder geval altijd gevonden. Als model heb ik hele dagen met jongemannen met goddelijke lichamen in allerlei compromitterende posities gewerkt, maar nooit ging ik met vlinders naar huis.

Je sexy voelen of gevonden worden is niet leeftijdsgebonden en ook niet 'lichaamsgebonden'. Het lichaam hoeft niet esthetisch mooi te zijn om begeerlijk te zijn, niet geil op een strikt voorgeschreven manier, maar het is, zoals mijn favoriete Vlaamse romancier Erwin Mortier schrijft, 'de tempel van je zinnelijkheid, het heidens heiligdom waar je ziel uit je poriën wasemt en je huid je feestelijk belichaamt'.

Dat inzicht dringt maar langzaam door bij vrouwen, die door de dominante cultuur zijn geprogrammeerd om in de eerste plaats lustobject te zijn – een object dat ook nog eens aan allerlei esthetische normen moet voldoen. We leven in een 'fallocratie' (onthoud dat fantastische woord, je leest het nergens), een maatschappij waarin het seksuele mannelijke de norm is. Er is een hoop innerlijk werk voor nodig om iets in te brengen tegen de stroom reclame-uitingen, mediaboodschappen, films, literatuur en kunst waarin de vrouw slechts het onderwerp van de begeerte is. De *male gaze*, een term gemunt door Laura Mulvey voor hoe vrouwen vanuit het mannelijke perspectief worden geportretteerd in de media, vult niet alleen de hoofden van mannen, maar ook die van jonge vrouwen. Tijdens onze seksuele volwassenwording letten we goed op en denken: aha, oké, zo moet ik me gedragen en dit is hoe het gaat.

Ik moet bekennen dat ik pas sinds mijn vijfendertigste meer bezig ben met de ander begeren dan met zelf begeerd worden. Ik ontdekte dat het heus opwindend kan zijn om iemand op te winden, maar dat het vuur van je eigen begeerte vele malen intenser is. Het voelt als een natuurlijke fase in een gemiddelde seksuele ontwikkeling om steeds minder last te hebben van ideeen over wat wel en niet hoort en van oordelen over de ander en jezelf. De Crone houdt haar buik letterlijk en figuurlijk niet meer in. Ze heeft haar eigen beperkende gedachten over seks ontmanteld, durft een experiment aan en eert haar grenzen. Ze is geen marionet, maar een goede vriend van haar driften.

Er wordt ons voorgespiegeld dat gloeiendhete lust in de tweede helft van je leven ongebruikelijk en misschien zelfs wat ongepast is. Lariekoek! Rond je vijftigste is een bloeiend seksleven niet iets om afscheid van te nemen, maar om in volle hevigheid te ervaren – op jouw manier, bevrijd van innerlijke kritiek op je eigen lichaam en zijn verlangens.

In de ontroerende film *Good luck to you, Leo Grande* speelt Emma Thompson een vrouw van haar eigen leeftijd, drieënzestig jaar, die een veel jongere sekswerker inhuurt om haar voor het eerst in haar leven een orgasme te bezorgen. 'Ondanks haar besluit heeft zij moeite om zich bloot te geven en te genieten,' vertelt Thompson in een talkshow. 'Ik denk dat het komt omdat vrouwen van oudsher niet gewend zijn na te denken over wat hun echt plezier brengt. We zien seks vaak niet als respectabel, terwijl het een primaire kracht is en een belangrijk onderdeel van het leven. En dat terwijl we wel geobsedeerd zijn door voedsel.'

Onze Angela Groothuizen, zangeres en presentatrice, is op haar vijfenzestigste wars van schaamte rondom haar bloeiende seksleven met wisselende partners. Als ik haar op een feestje tref, blijft het onderwerp nooit onbesproken. Ze zegt desgevraagd dat ze hoopt dat ze 'op de dag dat ze haar laatste adem uitblaast haar laatste orgasme heeft gehad'.

In de perimenopauze, als je hormonen rommelen, kan de lust het soms even laten afweten. Bij mijn vroegere cyclus had ik, zoals de meeste vrouwen, heel overzichtelijk in de week voor mijn menstruatie een lager libido en in de week rond mijn ovulatie een hoger libido. Nu heb ik te maken met een kermisvariant waarbij er geen pijl meer op te trekken is wanneer ik ongesteld word (op het moment dat ik dit schrijf, is het bijna drie maanden geleden), er soms weken voorbijgaan dat ik niet eens aan het bestaan van seks of soloseks denk en dan ineens, tot mijn eigen verbazing, in de gordijnen klim van lust. De 'lustloze' tijd lijkt samen te vallen met een algemene lusteloosheid waarbij ik nergens zin in heb en voedsel me niet smaakt. Het zal iets met dalende hormoonspiegels en onregelmatige eisprongen te maken hebben. Een van de meest voorkomende overgangsklachten is minder vaginale doorbloeding, maar onderzoek wijst uit dat dit niet geldt als je opgewonden bent. De algemene vochtigheidsgraad gaat naar beneden omdat je minder oestrogeen hebt, maar als je opgewonden genoeg bent, komen die vochtigheid en doorbloeding tijdelijk weer op peil. Het lukt dus alleen niet meer om pijnloze gemeenschap te hebben zonder dat je dat graag wilt.

Eigenlijk is dat goed nieuws: vrijen doe je als Crone op jouw voorwaarden en in jouw tempo. Zoals het altijd al had moeten zijn.

Elke tijd heeft zijn eigen seksuele moraal die jou en je generatie, of je nu wilt of niet, beïnvloedt. In de jaren zestig en zeventig van de vrije seks was preutsheid het ergste etiket dat je opgeplakt kon krijgen – wat zo zijn eigen nadelen had, kan ik me voorstellen. De bestseller *The Rules* van Ellen Fein en Sherrie Schneider, uitgegeven in 1995, is exemplarisch voor wat vrouwen werd voorgehouden toen ik twintig was: geef een man niet te snel te veel en je zult hem om je vingers winden. Seksualiteit werd gepresenteerd als middel om iemand ('Mr Right' heette dat toen) te strikken, niet als een onderdeel van je eigen leven en verlangens.

Gelukkig zijn er eigenzinnigere bronnen dan alleen die van de populaire cultuur. Voor mij was dat de literatuur. Mijn beeld van seksualiteit werd verruimd en verfijnd toen ik op mijn zeventiende de roman *Zout op mijn huid* van Benoîte Groult las. Het seksuele genot van de intellectuele Parisienne George, die een levenslange hartstochtelijke verhouding heeft met Gauvain, een Bretonse zeeman, staat hierin centraal. Ze wil niets van hem, alleen met enige regelmaat zijn lichaam.

Twintig jaar later interviewde ik Groult voor tijdschrift *Marie*

Claire en kon ik haar zeggen dat ze me op jonge leeftijd een duwtje naar seksuele bevrijding had gegeven. 'Dat doet me deugd,' zei ze. 'Ik wilde een beschrijving geven van de vreugde van lichamelijke liefde, de hartstocht van een triomferende vrouw zonder wroeging of spijt. Passie is iets irrationeels, wat je met je verstand niet begrijpt, maar wat jou raakt tot in je diepste kern, daar waar je teruggrijpt op primitieve, authentieke krachten. Het was boeiend om die kracht van begeerte in woorden vast te leggen. Ik schreef dat boek toen ik zestig was en ik had het niet eerder kunnen schrijven. Pas toen heb ik me verzoend met mezelf en durfde ik werkelijk uit te komen voor wie ik was.'

Ik begrijp wat ze bedoelt. De valse overtuigingen en conditioneringen rondom je seksualiteit vragen tijd om te ontwarren en ontkrachten. Naarmate de jaren vorderen, kun je nauwkeuriger ontdekken hoe jouw lichaam in elkaar steekt en wat jij eigenlijk echt prettig vindt in bed. En vervolgens hoe je dat aan jezelf kunt geven en een bedpartner duidelijk kunt maken. Soms betekent dat grenzen verleggen naar voren, maar soms ook naar achteren. Misschien ontdek je dat je dingen hebt gedaan die te boek staan als 'ongeremd', ervan overtuigd dat je daarmee een wilde en vrije vrouw was, maar die eigenlijk niet bij je persoonlijke behoeften passen. Je begrijpt nu dat je braaf deed wat er van je verwacht werd en daarmee bepaald niet vrijgevochten was, maar het tegendeel: getemd.

Een grens aanvoelen en aangeven is geen teken van preutsheid, maar juist van seksuele bevrijding. Seksueel vrij zijn heeft niets te maken met passen in het rijtje van gemiddelden – en het liefst iets daarboven – maar met jezelf trouw durven zijn. Als dat betekent een seksdagboek bijhouden en uitgeven, zoals mijn goede collega Heleen van Royen deed, dan is dat prima. Als dat vrijen met het licht uit is, dan is dat ook goed. Het betekent trouw zijn aan je eigen unieke anatomie, behoeften en verlangens.

Die behoeften liggen hoogstwaarschijnlijk ergens anders dan de 'penetratie tegen de muur na één zoen' uit films. In het Oosten zeggen ze dat de begeerte van een vrouw te vergelijken is met water: het warmt langzaam op en duurt lang voor het weer afgekoeld is. Bij een man is de passie als vuur dat in een paar seconden kan oplaaien en even snel weer gedoofd is. De hartstocht van een vrouw zal lang warm blijven, die van een man vernietigt zichzelf in een kortstondig vreugdevuur.

Voor het feministische maandblad *Opzij* interviewde ik Hedy d'Ancona, ooit een van de oprichters van dat tijdschrift. Zij was lid van de Eerste Kamer voor de PvdA, heeft in het Europees Parlement gezeten, was staatssecretaris van Sociale Zaken en Werkgelegenheid en later minister van Welzijn, Volksgezondheid en Cultuur. Tot mijn verrassing begon ze uit zichzelf over seksualiteit. 'Een feminist zijn betekent voor mij streven naar financiële en geestelijke onafhankelijkheid en de moed en kracht vinden om seksualiteit zodanig naar je hand te zetten dat je geen willoos object bent,' zei ze. 'Als we het hebben over onafhankelijkheid en zelfbewustzijn, zou elk meisje moeten leren dat ze nooit iets in bed moet doen waar ze geen trek in heeft. En dat als die jongen er niet veel van bakt, je ook gewoon kunt aangeven dat je het anders wilt in plaats van zeggen: "Dat was fantastisch!"'

Zinnelijk plezier en genot worden vaak oppervlakkig gevonden – alsof we alleen door te lijden als persoon kunnen groeien. Pijn en moeilijkheden, mits gecombineerd met zelfreflectie, kunnen inderdaad groeispurten veroorzaken, maar door vreugde en genot kun je ook innerlijk groeien. Dingen die plezier geven, zijn nooit tijdverspilling. Het lichaam slaat trauma op, maar ook geluk en genot. Er zijn triggers die je terugwerpen naar oude pijn, maar ook prikkelingen die je terugbrengen naar eerder beleefde genoegens. Je ruikt iets, proeft iets, voelt een sfeer of wordt aangeraakt op een manier die je hart opent en sneller doet kloppen.

Seksualiteit is een levensstroom die niet ophoudt bij je bekken. Als ze niet wordt gestoord, stroomt ze door naar je hart, je hoofd, je hele lichaam en het energieveld rondom je. Seksualiteit is ten diepste spiritueel, omdat ze je opent en een portaal kan vormen tussen buik en hart, tussen aarde en hemel. Seksuele energie wervelt als een vurige, pulserende kracht van onder naar boven door je heen, net zoals de aardse energie die je op heilige plekken kunt waarnemen.

Verwar 'onder' en 'lichamelijk' niet met 'lager' of 'inferieur'. Trap niet in al die religieuze tradities die zijn gericht op het ontstijgen van aardse, fysieke instincten, zodat je dichter bij het goddelijke zou komen. Verlichting wordt nog vaak gezien als een geestelijke kwestie waarbij het lichaam, met al zijn banale verlangens en begeerten, hinderlijk in de weg staat. Alleen als het je lukt om aardse lusten te weerstaan, zou je een religieus zuiver leven kunnen leiden. Het ligt genuanceerder en evenwichtiger: ware spiritualiteit is een balans vinden tussen het aardse en het hemelse. Het is een dans van energiestromen die vanaf verschillende richtingen door je heen gaan om je te wassen, te vitaliseren en te voeden.

Je zintuiglijkheid helpt je om je beter op aarde te verankeren en daarmee ook om hoger de hemel in te kunnen reiken. Elke kracht vereist een tegenkracht, alles kent zijn tegengestelde, waarmee het kosmische evenwicht behouden blijft. Een verse maaltijd nuttigen, met je blote voeten over mos lopen, een warme douche nemen, de wind in je haar voelen, de zee ruiken: als je er echt in opgaat, kun je voelen dat het iets sensueels heeft. Het opent je hart. Het zet je in contact met de bron van levens- en scheppingskracht die in het onderste deel van je lichaam zetelt. Het brengt je ziel naar de aarde toe.

Hier spreekt de heks, maar geloof me: in het aardse zit het hemelse en in het hemelse zit het aardse. Je hoeft geen keuze te maken. Het lichaam staat niet tegenover de ziel; het lichaam is de materiële vorm en uitdrukking van de ziel. De ziel spreekt door het lichaam, het goddelijke spreekt door het aardse. Het lijfelijke is een ontvangst voor het transcendente. Het aardse en het etherische, het lichaam en de ziel, zijn gelijke delen die met elkaar in evenwicht willen zijn. Maak het aardse niet ondergeschikt aan het hogere, want dan raak je uit balans. Overprikkeling, duizeligheid en beïnvloedbaarheid liggen dan op de loer. 'Als we ons overgeven aan de intelligentie van de aarde, dan zouden we onszelf geworteld kunnen verheffen,' schreef dichter Rainer Maria Rilke. Tast diep en reik hoog. Belichaam het hoogste licht dat je kunt dragen.

De laatste jaren merk ik dat mijn 'zwaartepunt', het gebied van waaruit ik handel en spreek, gevoelsmatig lager is komen te liggen. Ik heb het gebied rond mijn buik in gebruik genomen, zoals een Crone betaamt. Je buikkracht in het vrouwelijke energielichaam zit rond het tweede of sacrale energiecentrum (of chakra), in het bekken. Het is de zetel van zelfliefde, verbinding, seksualiteit en creativiteit. En ook van ruimte innemen, grenzen stellen en de balans bewaken tussen geven en nemen. Buikkracht voelt solide, maar tegelijk speels, hartstochtelijk en stromend. Hoe spannend, wat een geweldig avontuur om de sluimerende kracht die daar heerst tot leven te wekken – zo vroeg in je leven als maar lukt.

Ook dr. Christiane Northrub wijst op het belang voor de oudere vrouw om plezier en genot te beleven, niet in de laatste plaats via seksualiteit. Het verbetert de bloedstroom, wat de voedingsstoffen naar alle cellen van het lichaam brengt en de afvalproducten meeneemt: 'Het is alsof je de koelkast vollaadt en de afvalbak leegmaakt.' De productie van neurotransmitters neemt toe, waardoor je lichaam beter werkt en je je beter voelt. Ze schrijft de menopauzale vrouw lachen voor, massages, beweging, het najagen van wat je gelukzalig maakt. Maar vooral orgasmes en seksueel genot.

Laat je op geen enkele leeftijd en door niets of niemand wijsmaken dat de hartstocht achter je ligt.

In prepatriarchale tijden werd vrouwelijke seksualiteit geëerd. Het seksuele en het gewijde gingen probleemloos samen. Er zijn rotstekeningen van duizenden jaren voor onze jaartelling gevonden die de godin met haar vulva afbeelden, de poort tot het menselijk leven. De meeste scheppingsverhalen gaan over een Godin en een God, zoals Isis en Osiris, Shakti en Shiva, die verliefd werden op elkaar, de liefde bedreven en het universum schiepen. Alles wat bestaat, komt voort uit die oorspronkelijke daad van liefde en vereniging.

In het oude Europa was een feestdag gewijd aan heilige seksuele energie. De nacht van 30 april op 1 mei heette Walpurgisnacht, Beltane of Meiavond, waarbij de mannelijke en de vrouwelijke aantrekkingskracht werden gevierd. Nog steeds wordt er in sommige plattelandsdorpen een Meiboom opgericht: een boom of paal behangen met bloemen en vruchten waaromheen vrijgezelle mannen en vrouwen dansen en daarmee linten om de boom vlechten. Soms worden er nog steeds een Meibruid en een Meibruidegom gekozen. Beltane is een feest om te vieren hoeveel plezier je als mens beleeft aan liefde, schoonheid, vruchtbaarheid, seksualiteit en sensualiteit. Het draait om de zintuiglijke ervaringen van het zien, proeven, ruiken, horen, voelen: de vreugde van het bestaan.

Nadat de godinnenreligie op de knieën was gedwongen, hebben religieuze en politieke machthebbers seksualiteit, vooral die van vrouwen, systematisch verdacht gemaakt. Als het om onze lust gaat, worden we nog steeds beïnvloed door beklemmende doctrines en beperkingen. Via religieuze verhalen is er een klem op de vrouwelijke seksualiteit gezet.

Laten we eens kijken naar die verhalen, bijvoorbeeld naar de eerste vrouw die te vinden is in de Soemerische, Babylonische,

Assyrische, kabbalistische, Hebreeuwse, christelijke en Arabische mythologie: Lilith. Zij is de eerste vrouw naast Adam, de eerste man. In het Oude Testament van de Bijbel wordt ze eenmaal genoemd, als 'metgezel van de duivel'. In de Hebreeuwse traditie zijn er twee verschillende versies van de schepping van man en vrouw. In Genesis 1 staat dat het universum geschapen werd door het samengaan van Vader Hemel en Moeder Aarde en dat God de eerste man en vrouw tegelijkertijd creëerde, net als in de eerste Bijbelse verhalen van de schepping. In Genesis 2 is alweer te lezen dat de eerste vrouw later kwam en dat ze een aanhangsel van de man was. Joodse legenden vertellen dat deze vrouw Lilith heette.

In de Babylonische Talmoed, de Zohar, ongeveer in 70 na Christus geschreven, verlaat Lilith haar man Adam als hij haar gelijkheid weigert. Adam wil alleen seks met Lilith als hij boven ligt en zij onder. Ze vliegt weg en verdwijnt, waarna ze afgeschilderd wordt als een kwaadaardige verleidster die met monsters en demonen paart. Daarna creëert God in de Hof van Eden uit Adams rib een tweede vrouw voor Adam, Eva, die wel dienstbaar is (maar helaas ook verantwoordelijk voor de zondeval). Volgens de Zohar is Lilith 'de slang, de vrouw van hoererij die Eva aanmoedigde' om van de appel te eten.

De eerste vrouw op aarde die als gelijke aan de man was geschapen en haar gelijkheid ook niet opgaf, werd in de eeuwen erna het symbool voor losbandige, wellustige, perverse vrouwen. In de Talmoed werd Lilith afgebeeld als een langharige demon. Ze zou mannen 's nachts bezoeken, hen verleiden, tegen hun wil met hen vrijen en demonische kinderen baren.

'Met de patriarchale afwijzing van vrouwelijke seksualiteit en vrijheid hebben we Lilith collectief getransformeerd in een verleidelijke duivelin,' schrijft Demetra George in *Het mysterie van de donkere maan*. 'Ze wordt de zondebok voor de angsten van mannen en vrouwen voor hun instinctieve verlangens en seksuele impulsen.'

Een vrouw die zich bewust is van haar seksuele kracht en daarvan geniet, gold als een bedreiging voor de zedige moraal en het huwelijk. De enige vrouw in het christendom om wie de kerkvaders niet heen konden, was Maria, de moeder van Jezus, en zij is volledig ontdaan van haar seksualiteit omdat ze anders niet vereerd kon worden. Zelfs haar vruchtbaarheid werd haar afgenomen toen de kerkvaders verklaarden dat ze 'zonder zonde', dat wil zeggen zonder geslachtsgemeenschap, zwanger raakte. De maagd Maria werd gezien als het tegenbeeld van Eva: een vrouw die zich door geen slang liet verleiden om een hap van een appel te nemen.

Die andere vrouw, Maria Magdalena, de apostel der apostelen, werd door de kerkvaders systematisch gemarginaliseerd. Uiteindelijk is ze door paus Gregorius in een preek in 591 na Christus opzettelijk verwisseld met Maria van Bethanië, een bekeerde prostituee. Ze werd tot hoer verklaard en daarmee op de meest efficiënte manier onschadelijk gemaakt. Pas in 1969 werd dit door de rooms-katholieke Kerk teruggenomen. Hoe dan ook, de kerkelijke Maria Magdalena heeft net zo weinig met de echte te maken als de kerkelijke Jezus met Jezus.

Vanaf de dertiende eeuw verschenen er afbeeldingen van wat de 'vrouwenlisten' genoemd werden op wandschilderingen, tapijten en sierkistjes. Ze golden als waarschuwing voor de verderfelijke seksuele vrouwenmacht over mannen. Er werden zelfs Bijbelse figuren geportretteerd die ten prooi vielen aan fatale vrouwelijke verleidingskunst, om te illustreren dat geen enkele man zich veilig hoefde te wanen.

In de loop van de middeleeuwen ging vleselijke minne 'verkeerde liefde' betekenen en geestelijke minne of hoofse liefde 'goede liefde'. Hoe romantisch al die verhalen en liedjes van ridders en troubadours over schone jonkvrouwen ook waren die ik op de universiteit moest leren bij het vak Middelnederlands, eigenlijk staan ze voor een catastrofaal idee: de lichamelijke lusten hebben in echte, zuivere liefde geen plek.

Tijdens de heksenvervolgingen, van grofweg 1450 tot 1750, gaf het demoniseren van helers en vroedvrouwen de staat toenemende controle over het vrouwenlichaam en haar voortplantingsvermogen. 'Niemand is schadelijker voor het katholieke geloof dan een vroedvrouw,' werd er in de *Malleus Malificarum* beweerd. Vroedvrouwen hadden kennis van planten en kruiden die een vrucht in een vroeg stadium konden afdrijven of die als anticonceptie gebruikt konden worden. En dat was de religieuze leiders een doorn in het oog. Bij levensbedreigende problemen rondom zwangerschap en bevalling gaven vroedvrouwen trouwens voorrang aan het leven van de vrouw. In de eeuwen nadat de heren medici het toneel van de gezondheidszorg betraden, steeg het percentage vrouwen die in het kraambed stierven aanzienlijk – niet alleen doordat veel kennis verloren ging die van moeder op dochter was doorgegeven, maar ook omdat zij voorrang gaven aan het leven van de baby boven dat van de moeder.

Bij heksenprocessen gold losbandigheid bij een vrouw als een teken dat ze voor de duivel werkte en dus een heks was. Sekswerkers, overspelige vrouwen, minnaressen, weduwen, ongetrouwde vrouwen en meisjes die na een trouwbelofte in de steek waren gelaten, werden verdacht gemaakt. Het uitgangspunt van de demonologie was dat een mens door geslachtsgemeenschap met de duivel te hebben aan zijn leger kon worden toegevoegd – en dat vrouwen gevoeliger waren voor verleiding.

Waar vrouwen vandaag de dag vaak als minder lustvol dan mannen te boek staan, was dat in die eeuwen juist andersom. 'De vrouw is vleselijker ingesteld dan een man,' staat er in de *Malleus Malificarum*, 'zoals wel blijkt uit haar vele vleselijke ontsporingen.' En: 'Alle hekserij komt van zinnelijke lust, die bij vrouwen onverzadigbaar is.' Als je het mij vraagt, is het niet gek dat mannen zich bedreigd voelden door de 'onstilbare vleselijke lusten' van de vrouw, simpelweg omdat een vrouw meerdere orgasmen in korte tijd achter elkaar kan hebben, waar een man na één orgasme tijd nodig heeft om te herstellen. Dat kan best intimiderend zijn. Door de afkeuring en strenge regels van de Kerk zijn vrouwen hun eigen begeerte gaan onderdrukken en veroordelen, zodat we mettertijd zijn gaan denken dat mannen degenen zijn met meer lust. Mogen we weer mee ophouden.

Er was een focus op het seksuele gedrag van de verdachten van tovenarij, die niet alleen een manier was om de vrouw in kwestie te kunnen veroordelen, maar ook om de gezagsverhoudingen in stand te houden. De boodschap naar de andere vrouwen in de gemeenschap was: als je als vrouw een vrije seksuele moraal hebt, loop je de kans om je gedrag in de rechtbank te moeten verantwoorden.

Het hoogtepunt van de heksenjachten en het wettelijk inperken van de seksuele vrijheden, waaronder strafrechtelijke vervolging voor abortus, liepen gelijk op. In Denemarken werden in het jaar 1617 strengere straffen voor overspel en voor seks vóór het huwelijk doorgevoerd, en in de acht jaar daarna was er een piek van 297 heksenprocessen. In Zweden werden buitenechtelijke seks en publiekelijk zingen en dansen vanaf 1664 met lijf- en doodstraffen beboet; in de jaren erna werden honderden vrouwen als heks aangemerkt en ter dood gebracht. Heksenvervolging was een politiek vrouwenonderdrukkingsmiddel. Je zou het daarom beter 'vrouwenvervolging' kunnen noemen.

Het overgrote deel van de vrouwen die verdacht werden van tovenarij, was ouder dan vijftig. Er heerste een diepe mannelijke angst voor de seksueel ervaren, onafhankelijke vrouw. Na de menopauze liep ze tenslotte geen kans meer om zwanger te raken en was ze vrij in haar liefdesleven. Bovendien waren oudere vrouwen relatief vaak weduwen en stonden ze niet langer onder het gezag van een man. Ze moesten met de dreiging van de brandstapel in het gareel worden gebracht.

Heksen en tovenaressen zouden mannen onvruchtbaar maken en hun penissen stelen. Ze zouden er hele verzamelingen van aanleggen in kisten en mandjes en verstoppen in vogelnestjes in bomen, waar ze wanhopig door elkaar lagen te spartelen. De tekeningen die hiervan gemaakt zijn in boeken van heksenjagers, zijn aandoenlijk; het is castratieangst in de meest letterlijke zin van het woord.

Ondertussen bezong in de Nederlanden de volksdichter en politicus Jacob Cats (1577-1660) in zijn gedichten de Goede Vrouw in de vorm van de kuise maagd, de zorgende ondergeschikte moeder, echtgenote en huisvrouw en de bescheiden, zedige weduwe. Het ophemelen gebeurde met een didactische reden: om vrouwen op het deugdzame spoor te houden. Hun seksualiteit moest worden bewaard voor het huwelijk, daarna louter ingezet worden voor hun echtgenoot en om nageslacht te verwekken en na het eventuele overlijden van hun man terug de kast in. 'Maagdeneer,' zo hield hij de jonge meisjes voor, 'is wonder teer. Eens verloren, keert zij nimmer weer.' Voor oudere vrouwen die nog meededen op de liefdesmarkt, had hij geen goed woord over: 'Wie op een oud wijf is gezind, die toont dat hij het geld bemint.'

Een eerbare vrouw hoorde geen eigen begeerten te hebben. Tegen het einde van de negentiende eeuw kregen vrouwen het advies om zich als echtgenotes seksueel passief te gedragen – en liefst zelfs tijdens de gemeenschap zo volledig mogelijk gekleed te blijven – omdat artsen en theologen de geslachtsdaad uitsluitend zagen als een methode van mannelijke ontlading en voortplanting. 'De talrijke hartstochten van de man leiden hem immers tot een enkele ondeugd,' zo luidde de kerkelijke leer, 'maar de hartstocht van vrouwen leidt hen tot alle ondeugden.'

Als godsdienst mensen leert om zich te schamen voor seksuele behoeften, zullen die 'onderduiken' in de schaduwkant van hun persoonlijkheid. De onderdrukte verlangens zullen zich vervolgens op de een of andere manier naar de oppervlakte vechten en zich manifesteren in bedrog of huichelachtigheid. Of erger nog: in seksueel misbruik en geweld. Seksueel geweld tegen vrouwen is een voortvloeisel en een uitwas van seksisme. Het is het toeeigenen en besmeuren van vrouwenlichamen, niet in talige – of institutionele – maar in fysieke agressie. 'Femicide', ofwel vrouwenmoord, is dáár weer het eindstation van.

De heksenvervolging was femicide, maar ook nu nog bestaat vrouwenmoord. De achtergronden van beide verschijnselen zijn dezelfde. In een door mannen overheerste samenleving voelen sommige mannen zich ernstig bedreigd wanneer vrouwen zich onttrekken aan hun controle en macht.

In 2021 vroeg columniste Yesim Candan voor het eerst of ik rode schoenen op de Dam wilde zetten in een stille demonstratie om aandacht te vragen voor femicide – die nog zo vaak verzachtend een 'crime passionnel' wordt genoemd. 'In Turkije wordt om de dag een vrouw door een man vermoord, in Nederland is dat eens in de tien dagen door gendergerelateerd geweld. De man heeft geen controle meer over de vrouw en kan dat niet accepteren, met de slotsom: als je niet van mij bent, zul je van niemand zijn.' De jaarlijkse foto's van al die rode schoenen op pleinen over de hele wereld, zonder vrouwenvoeten erin, is krachtiger dan welke leus ook.

'Deze schoenen zijn voor de generaties na ons,' las actrice en theatermaakster Nazmiye Oral op het plein voor, 'om ze te vullen, erin te leven, te lopen, te zingen, lief te hebben, te dansen. Om deze schoenen te vullen met alles wat je bent, sprankelend van levenslust en veiligheid. En gelijkwaardig.'

De geniepige dubbele seksuele moraal bestaat nog steeds, maar gelukkig komt er steeds vaker een losbandige oudere vrouw in de populaire cultuur voorbij van wie je vrolijk wordt. Misschien was de eerste wel Samantha uit de tv-serie *Sex and the City* eind jaren negentig. Zij was iets ouder en seksueel actiever dan de andere vriendinnen. Toen Carrie haar eens betrapte terwijl ze de pakjesbezorger aan het pijpen was en later, tijdens een lunch, opmerkte dat het op hun leeftijd tijd werd om minder sexy gekleed te gaan, beet ze haar op haar karakteristieke nadrukkelijke toon toe: *'I will wear whatever and blow whomever I want as long as I can breathe and kneel and I will not be judged by you or anybody.'* Samantha zal altijd sexy, onfatsoenlijk en opstandig zijn en nooit buigen voor andermans normen. Ze laat met veel genoegen een variant zien van het benutten van de lange erotische carrière waartoe vrouwen in staat zijn.

Ik heb Kim Cattral, de actrice die Samantha speelt, een keer ontmoet in een Belgische talkshow waarin ik te gast was om over een roman te praten. Toen ze, gestoken in een strak mantelpakje, op hoge hakken en met een geamuseerde grijns om de roodgestifte lippen, kwam aanwandelen en we aan elkaar werden voorgesteld, zei ik in mijn onnozelheid: 'We missen Samantha.' *'I miss her too,'* zei ze en ze schonk me een vergevende, professionele glimlach.

Ik denk dat het personage Samantha zo populair was omdat ze haar seksuele escapades vol overtuiging en overgave beleeft. Je zult haar niet betrappen op leugenachtig gedraai om haar avontuurtjes verborgen te houden, want een goede reputatie kan haar gestolen worden. Daar hebben vrouwen groot ontzag voor, want we weten hoe meedogenloos het oordeel kan zijn.

In sommige delen van de wereld is er nog lang geen sprake van seksuele bevrijding. In 2009 werkte ik mee aan een tv-documentaire over meisjes in Bangladesh. Er heerst daar de schadelijke overtuiging dat gemeenschap hebben met een maagd voor een man heilzaam is. Ik bezocht een meisje van twaalf dat als kindbruid, daar heel gebruikelijk, in een hutje woonde op het platteland, om erger (verkrachting) te voorkomen. In een schuilhuis hield ik een meisje van zeven op mijn schoot dat verkracht was en bijna aan haar verwondingen was overleden. De meest voorkomende doodsoorzaak bij meisjes tot vijftien jaar in Bangladesh is zwangerschap en bevalling, omdat hun lichaam er nog niet klaar voor is.

Na een hartverscheurend gesprek met een meisje van negen (ex-prostituee, nu opgevangen in een kindertehuis) in het park ging ik even languit in het gras liggen. De vrouwelijke tolk verbleekte en siste dat ik rechtop moest gaan zitten, want er keken mannen en ik vertoonde 'seksueel gedrag'. Verschrikt schoot ik overeind. Nu begreep ik waarom de vrouwen zich hier zo voorzichtig bewogen, zich in ruimvallende doeken wikkelden, oogcontact vermeden en niet hardop lachten in het openbaar. Ik werd er treurig en ook een beetje recalcitrant van. Ik wilde roepen: het probleem ligt niet in zichtbare rondingen, vrije bewegingen, losse haren; het probleem ligt bij de angst voor vrouwelijke sensualiteit.

Elke keer als het woord slet of 'bodycount' (het aantal mensen met wie je het bed hebt gedeeld) valt, denk ik aan die reis. Laten we hier en nu afspreken dat een levendig seksleven vrouwen niet besmeurt of verpest. En dat we hartstocht in onszelf en andere vrouwen zullen vieren als een kwaliteit die naast alle andere kwaliteiten kan bestaan. Je kunt houden van bondage en een excellente hoogleraar aan de universiteit zijn. Je kunt drie minnaars hebben en een toegewijde moeder of grootmoeder zijn. Je kunt literaire romans schrijven en naar het Boekenbal gaan in een jurk met een decolleté tot aan je navel.

Bij een lezing over *Alles wat beweegt*, beweerde een man uit het publiek tijdens de vragen uit de zaal dat Isadora een begenadigde danseres was geweest, maar ook een 'fatale vrouw die mannen in het ongeluk stortte'. Die voorstelling van zaken, met de vrouw als sluwe verleidster en de man als willoos slachtoffer, maakte verontwaardiging in me los. 'Ze was een vrouw vol passie, en alle mannen die met haar in bed stapten, deden dat helemaal zelfstandig en waarschijnlijk met veel enthousiasme,' zei ik en aan het applaus te horen was de zaal het met me eens. Het spookbeeld van de kwaadaardige verleidster verliest kracht.

Als queenager of Crone krijg je de kans om je vroegere, naïevere versie, ook op seksueel gebied, onder ogen te komen en te verzorgen. De MeToo-beweging, begonnen door Tarana Burke, heeft de verstikkende deken opgelicht die over miljoenen gevallen van seksueel grensoverschrijdend gedrag op allerlei werkvloeren en in machtsstructuren lag. Ik ben me rot geschrokken van alle verhalen, maar toen ik zelf terugkeek, herinnerde ik me natuurlijk ook dingen waarbij ik op een haar na de dans ben ontsprongen. Er waren dwingende dates, handtastelijke fotografen, groepen dreigende jongens op straat, de man in het park die me kwam lastigvallen toen ik lag te zonnen en al die mensen eromheen die niets deden, ook al vroeg ik om hulp. En er was die eerder beschreven relatie die uitmondde in huiselijk geweld en die ook op seksueel gebied giftig was. Bij jou, vrouw van en rond mijn generatie, zal het niet anders zijn, of nog erger.

We zijn in onze jeugd niet getraind om seksueel grensoverschrijdend gedrag op te merken, er is ons aangeleerd om het te romantiseren. Als een jongen aan je staart trok, dan vond hij je kennelijk leuk: 'Meisjes plagen kusjes vragen.' Als je broer of vader elke jongen die jou leuk vond de stuipen op het lijf joeg, dan was hij schattig beschermend en hield hij veel van je. Een oudere jongen die je achternaliep en nogal aandrong, was kennelijk erg verliefd op je. Zo leerden we als opgroeiende meisjes om wat voor ons onprettig of onveilig was te negeren. We zijn opgegroeid met de normalisering van masculiene seksuele dominantie.

Daarbovenop kwam het boek *Fifty Shades of Grey* in 2012, vertaald in het Nederlands als *Vijftig tinten grijs*. De hoofdpersoon wordt verliefd op een narcistische, dominante, seksverslaafde man die, zo bleek toen de boekenreeks zich maar uitbreidde, zich door haar liet temmen in een relatie. Dominantie is leuk als spel in de slaapkamer en als fantasie, maar in het echte leven is er niets opwindends aan. Fictie mag fictie zijn, zonder in een morele mal te hoeven passen, maar het is niet de bedoeling dat je erdoor gaat denken dat als je als vrouw maar liefdevol en geduldig genoeg bent, je elke machtsbeluste eikel kunt omtoveren in een liefdevolle partner.

Het pijnlijke is trouwens dat als een vrouw in een giftige relatie zit, ze erom wordt veroordeeld. Hoe heeft ze dat kunnen laten gebeuren, hoe kon ze alle rode vlaggen niet hebben gezien? Waarom?! Wil je het echt weten? Omdat die vlaggen sinds haar jeugd voor haar groen zijn geschilderd.

Je zou MeToo collectieve traumaverwerking kunnen noemen: we zien de ernst ervan als samenleving onder ogen en kijken niet langer weg. Daarmee komt elke vrouw ook haar eigen sores onder ogen, en denkt of zegt 'MeToo' – ik ook! – en begint haar eigen trauma te helen. Toen kon je geen kant op en heb je jezelf misschien wel iets aangerekend en nu zie je hoe schadelijk het was en dat het niet jouw schuld was. Er is nu een breed gevoeld en gedragen onderkenning van de soevereiniteit van een vrouwenlichaam die er vroeger niet was. Er is debat. Er is dialoog.

Zolang elke aanklacht zorgvuldig wordt gewogen en van alle kanten wordt bekeken voordat er een oordeel volgt, draagt het bij aan een betere verhouding tussen de seksen. Je kunt niet voor of tegen 'cancelen' zijn, omdat het gaat om steeds verschillende gevallen. Nauwkeurigheid en nuance zijn altijd en in elk geval nodig, anders kan het aankaarten van onacceptabel gedrag ontaarden in sadisme vermomd als deugdzaamheid. In rotte eieren en tomaten gooien naar de persoon die aan de schandpaal genageld staat, met een gretigheid die elke barmhartigheid afwijst.

Vooralsnog zijn er nog steeds duizelingwekkend meer zedenzaken die onaangemeld en onvervolgd zijn gebleven dan zaken die ongegrond zijn gebleken. Er is sinds 2024 een consentwet: het is strafbaar om seks te hebben met iemand die daar niet mee instemt. Een keerpunt.

Laatst kwam ik een knipsel tegen in mijn archief, een tekening van de cartoonist Peter van Straaten uit *Het Parool* van een jaar of twintig geleden. Er zitten twee auteurs naast elkaar te signeren. Boven de ene auteur (man, middelbare leeftijd) hangt een bordje met de tekst: 'Hier signeert Herman Stevens zijn laatste roman,' en op het bordje boven de andere (vrouw, blondine, glimlach en flinke boezem) staat: 'Hier signeert Susan Smit haar laatste boek.' Voor de vrouw staat een lange rij gegadigden, voor de man staat niemand. Een man van de organisatie buigt naar de auteur toe. Onderschrift: 'Bij jou komen ze voor de boeken, Herman.' De boodschap is duidelijk: bij mij komen ze voor de tieten.

Jonge vrouwen zullen amper kunnen geloven dat dit expliciete seksisme twee decennia geleden gewoon kon en dat het als kinderachtig werd gezien erover te vallen, omdat je je dan humorloos betoonde. Vrouwen van mijn leeftijd of ouder zullen herkennend knikken en worden er misschien, net als ik, in retrospectief alsnog boos over. Het is alsof ik seksisme lange tijd als een vanzelfsprekende hobbel erbij heb genomen (er is over me geschreven dat je 'haar boeken open wilt slaan zoals je haar benen wilt spreiden' door columnist Herman Franke in *de Volkskrant*), terwijl ik nu inzie dat het helemaal niet acceptabel was.

De generatie onder mij is al een stuk verder dan ik was op hun leeftijd, merk ik tot mijn grote vreugde. Toen we twintig jaar geleden met de schrijversgroep Nightwriters door het land toerden, mopperden Saskia Noort en ik wel op de Vlaamse auteur Herman Brusselmans, die te gast was, en die ranzige seksscènes met onze namen erin stond voor te dragen, maar we maakten hoogstens een hautain grapje wanneer wij aan de beurt waren.

Ons verzet lag in fier blijven staan, blijven meedoen, onze plek op het podium opeisen. Er moest nog twintig jaar overheen gaan voor auteurs Bregje Hofstede en Alma Mathijsen korte metten maakten met Brusselmans, die op een literair festival het n-woord gebruikte, waarna ze demonstratief wegliepen. Hofstede sprak hem vervolgens in haar spreekbeurt aan op het gebruik van het racistische woord en er ontstond een rel. In een column noemde Brusselmans haar 'een tietloos factotum, een ontwijfde minkukel' die 'ernaar verlangde om eens heel hard in de flamoes te worden gebuffeld door een echte man als ik', dat lauwe reacties kreeg.

Bregjes reactie: 'Naar iemand die mij toevoegt dat ik maar eens goed hard geneukt moet worden, kán ik niet meer serieus luisteren. Diegene stelt zich zozeer buiten het gelijk dat ik op mijn beurt ook niet meer na wil denken over de vraag of ik er zelf wel middenin sta. Het is de standaardreactie. Een vrouw zegt iets onwelgevalligs? A: ze is lelijk en b: er moet een piemel in.'

Dit type man kiest een jongere vrouw om zijn mannelijkheid publiekelijk op te demonstreren, in verlegenheid te brengen of te schofferen, in de veronderstelling dat zij nog niet krachtig genoeg is om van zich af te slaan. Hij, de oudere gevestigde auteur, is haar vanzelfsprekend de baas. Maar de tijden zijn veranderd. Zowel oudere vrouwen zoals ik als jongere vrouwen zoals Bregje en Alma pikken helemaal níéts meer van misogyne types. Zo drijft elke generatie de emancipatiegraad op, staande op de schouders van de vorige, tot de ergste vrouwenhaters zijn uitgestorven – althans, dat is mijn hoop.

Als veertigplusvrouw merk je dat je 'prooiwaarde' wegebt, stelden we al eerder vast. De mannelijke blik die het lichaam scant en taxeert en de slagingskans om te versieren inschat, vermindert of blijft uit. Misschien kan het je ook minder schelen wie jou monstert en waarom en valt het je niet meer zo op. Ikzelf moest eerst wennen aan de verflauwende aandacht en vond het daarna bevrijdend. Het is heerlijk om geen verwachtingen dan wel bedreigingen meer te hoeven checken en managen. Het is heerlijk om geen enkele gedachte te wijden aan een groepje onstuimige jongens op straat.

Ik registreer nog wel welke mannen ik sexy vind, maar mezelf zie ik niet meer als seksueel doel waarop gejaagd wordt. Dat betekent niet dat ik mezelf niet als begeerlijk beschouw, maar dat ik uiterlijkheden (en daar gaat het tenslotte over op straat) er niet meer aan vastklink. Mijn seksualiteit is losser gaan staan van de mate van aantrekkelijkheid in de ogen van anderen, en meer in lijn met mijn eigen verlangens en sensualiteit. Als je blik zich richt op je innerlijke, zintuiglijke beleving, laait je seksuele energie ervan op: speels, vurig en stromend.

Je zou het je dochter, nichtje of buurmeisje al veel eerder in het leven gunnen, maar kennelijk is dit de route die veel vrouwen in deze maatschappij afleggen: eerst voel je je ongemakkelijk onder de seksualiserende blikken van anderen en daarna bij het uitblijven daarvan, tot je met al je seksuele energie kunt ontspannen, onafhankelijk van wie er wel of niet kijkt. En dat is verrukkelijk.

De tweede helft is een tijd van bevrijding. Elke keer dat we onszelf van iets bevrijden, of de wereld van iets bevrijden, groeien we dichter toe naar de Crone in onszelf. Haar vermogens in ons nemen toe. Dat betekent ook korte metten maken met aandacht waar je niet van gediend bent. In een kranteninterview over mijn vorige roman deelde ik mijn verbazing over mannen van twintig jaar ouder die op een feestje een versierpoging doen: 'Zeventigers, ja. Ha, dan denk ik toch even: wat denkt die man wel?!' Een gepensioneerde tv-regisseur las het en haalde op social media naar me uit, waar ik wijselijk niet op reageerde, maar wat werd opgepakt door roddelbladen: 'Susan Smit onder vuur, beschuldiging van discriminatie,' luidde de kop. Want volgens deze meneer was dit 'leeftijdsdiscriminatie'. Ik citeer uit zijn bericht: 'Alsof dit Wehkampmodel, deze B-feministe, die auteur van damesromannetjes, ons mannen van in de zeventig niet in staat acht tot een dynamisch bestaan. (...) Maar maak je geen zorgen, Susan, als ik je eens op zo'n feestje tref. Ik zal niet met je flirten. Dat zou pissen tegen de ijsberg zijn.'

Er is een bovengrens qua leeftijd wat betreft serieus flirten, ja. Een mooi gesprek met iemand van welke leeftijd dan ook ga ik graag aan, maar daar hebben we het hier niet over. Zou deze man als zeventiger ingaan op de versierpogingen van een vrouw van negentig? Nee?! Schandalig.

Je dient op zijn minst gecharmeerd te zijn van een versierpoging van sommige oudere, zichzelf nog steeds belangrijk wanende mannen. Ook dáár denken ze recht op te hebben.

Het voorval deed me beseffen hoe vaak ik, en zoveel vrouwen met mij, in mijn leven ergens 'boven' hebben moeten staan. Niet reageren, Suus, dat klopt het alleen maar op. Gewoon lachen om de frustratie die eruit spreekt. Dat 'erboven staan' is lang een soort tweede natuur geweest, maar als vijftiger is er een onderdrukte, roodgloeiende kwaadheid in me bovengekomen die geen boodschap heeft aan boven dingen staan en de wijste zijn. Deze maakt dat ik me tegen hem wil uitspreken – als voorbeeld van het type man dat een vrouwelijke schrijver 'auteur van damesromannetjes' noemt, ongelofelijk seksistisch, onderwijl klaaglijk roepend dat hij wordt gediscrimineerd omdat jongere vrouwen niet meer met zijn bejaarde piemel willen spelen. Goed, vandaar dus alsnog dit stukje.

Seksuele energie breekt je open. Seksualiteit zoals het bedoeld is, is een hartopener. Om werkelijk geprikkeld te worden en op te gaan in onze hartstocht moeten we ons overgeven aan de magie van het moment. De verstandige observator die in het dagelijks leven alles becommentarieert, raakt op de achtergrond en we vallen samen met ons lichaam, met de ander, met verrukking, met iets zinnelijks en bovenzinnelijks. Seksuele energie laten stromen betekent geconfronteerd worden met het wilde, dierlijke in onszelf, dat we in het dagelijks leven niet laten zien en dat er wel uit wil.

Seksualiteit is een uitnodiging om je volledig bewust te zijn van de beelden, gevoelens, sensaties en impulsen die door je heen gaan. Bij het bedrijven van gewijde seks verzet je je niet tegen het verlangen, maar je leeft het ook niet liefdeloos uit. Je bent je bewust van de opwinding als een waardevolle staat van zijn. Vergelijk het met het eten van een heerlijke bonbon: als je deze snel en gedachteloos wegwerkt, zul je onmiddellijk verlangen naar een volgende. Wanneer je de bonbon aandachtig en zonder schuldgevoel oppeuzelt, dan valt het verlangen samen met de werkelijkheid en is één genoeg (of nou ja, twee). Je ervaart gelukzaligheid, zonder dat je nog ergens naartoe moet.

Door genot en extase als een geschenk van het lichaam te accepteren maak je optimaal gebruik van de aardse ervaring die we als ziel hebben. Dat doe je niet door je menselijkheid krampachtig te willen overstijgen, maar juist door deze ten volle te doorleven. Seksuele energie is bezielend en heilzaam. Het is belangrijk om zinnelijk genot te ervaren. Daardoor kun je je diepste wezen ontdekken en de wereld vollediger ervaren. In de slaapkamer wordt duidelijk hoe veilig je je voelt in je eigen lichaam, hoezeer je je durft te verbinden met een ander en in welke mate je de controle los kunt laten. Seks kan een magische ervaring zijn die je dicht bij je onderbewustzijn brengt en dicht bij jezelf als belichaamd wezen.

'Het is de natuur,' zegt de grootmoeder van Entgen in *De heks van Limbricht*. 'Alles wat ademt, eet, verteert, vliegt, kruipt of loopt wil paren. Vroeg of laat, wat is het verschil? Het is bij ons niet anders dan bij de beesten.'

8 – Tussen alles wat leeft

Ze wacht tot je genoeg hebt
van peinzen en kibbelen
op weg zijn en vertrekken.

Ze wacht tot je moegestreden
en uitgewrongen
op een bankje gaat zitten.

Dan strekt ze een trage hand uit,
laat een blad voor je voeten vallen,
een wolk met gouden toetsen voorbijtrekken,
nevelflarden uit gras opstijgen.

Ze reikt verder naar binnen
zet luiken open
trekt lakens van meubels
en zet alles in een abrikozen avondgloed.

Mocht je denken dat dit hoofdstuk over de geneugten van tuinieren gaat, dan moet ik je teleur- of geruststellen: ik heb geen groene vingers en durf alleen wat te snoeien in onze gezamenlijke tuin als de buurvrouw meekijkt. Ik kan ook al nauwelijks een boom of vlinder classificeren. Ik wil het hebben over thema's daaronder: je verbonden voelen met alles wat leeft en de lessen die je uit de natuur kunt trekken voor je eigen leven. De natuur kan op elke leeftijd een troost en een leidraad zijn, maar het is nu eenmaal zo dat de meeste mensen pas oog krijgen voor de seizoenen en alles wat groeit, bloeit, fladdert en kruipt als ze wat ouder worden. De zorgen en gedoetjes zijn er heus gewoon nog, maar houden ons niet meer zo in de greep, omdat we na al die jaren wel weten dat het meeste niet zo verschrikkelijk is als het lijkt – of niet zo geweldig.

Er komt ruimte vrij om de aandacht te richten op het moment zelf en de onmiddellijke omgeving, die daarmee minder gewoontjes wordt en geheimen prijsgeeft. Je wordt je gewaar van de hemel die loodgrijs kleurt, de ijzergeur die je ruikt, de regenbui die losbarst en het licht dat daarna door de wolken breekt en zich over de aarde uitstort, waarbij er ook iets uit jou lijkt te zijn opgeheven en weggevloeid. Van de eerste krokussen die uit de koude, harde wintergrond verschijnen en de doffe verveling van februari eigenhandig lijken te verlichten. Of van de zwarte kraai die op je balkon komt zitten en luid krast, alsof hij je plechtig komt beloven de veranderingen die in je leven gaande zijn te begeleiden en te hoeden.

Je kunt ineens voelen dat je onderdeel bent van een groot en magnifiek web van leven dat op elkaar reageert, dat een ritme en een diepte heeft. Je begint te luisteren en de zachtere stemmen te horen, je begint te kijken en de subtielere schoonheid te bewonderen. Je herinnert je misschien weer hoe je als kind betoverd kon raken door de uitbundige bloesem aan de bomen of de wilde golfslag van de zee, maar hoe je als puber toch vooral bezig was met de vraag of je nieuwe broek wel goed zat en hoe je die vijf voor wiskunde kon ophalen. Op de rand van de tweede helft van je leven komt, dankzij een hernieuwde aandacht en een gevoel van contact dat voortkomt uit waarnemen, de magie weer binnen je bereik. Pak haar aan!

Als je je zintuigen richt op het leven om je heen, verandert er iets in je perceptie. Het denken treedt terug en je komt terecht in een meer instinctieve manier van gewaar zijn. Je raakt opnieuw aangesloten op de onderliggende stroom van leven. De natuur begint ook op jou te reageren. Vogels vliegen niet meer zo snel op, lieveheersbeestjes landen op je, je hoort de bladeren fluisteren, een beekje grinniken, stenen mompelen.

Om je verbonden te voelen is het niet nodig om in een uitgestrekt natuurgebied te zijn, al kan de ervaring dan wel gemakkelijker voor het oprapen liggen. Het gaat er meer om vaak genoeg contact te leggen met de levende natuur om je heen, zodat het een gewoonte wordt. Gaandeweg kun je het contact steeds fijner afstellen. Als het je lukt om van één plekje op de aarde te gaan houden, en dan niet alleen van de mooie delen, maar van het hele complexe geheel, dan zul je van de hele aarde gaan houden. Ikzelf woon midden in de stad, in de Amsterdamse Jordaan, maar vind elke dag een wilde kracht die in de levende dingen huist. Als ik me openstel, en bereid ben bestelbusjes en luid telefonerende fietsers erbij te nemen, voel ik hoe het overal wemelt van ruig leven. Er zijn de wolken, de windvlagen, de stormen en regenbuien, de vogels, de zon en de maan. Er is het kabbelende water van de gracht, er zijn oude knoestige bomen, zorgvuldig gecultiveerde stukjes natuur in bloempotten, geveltuintjes en als klimplanten die tegen muren groeien, met alle beestjes die erop afkomen.

Elke ochtend nadat ik mijn jongste naar school heb gebracht, wandel ik door de buurt en bezoek ik de stokroos die in de zomer geel kleurt, de blauweregen die in de lente bloeit, de machtige boom op de hoek die zijn tanige, kale takken toont of weelderig groen is. In de winter wandel ik naar mijn uitkijkpunt, een brug die over vier grachten heen kijkt, waar ik de zon kan zien opkomen, of ik ga op de laaggelegen plek bij een dwarsgrachtje zitten waar ik, ongezien door de mensen op straat, kan mediteren of naar het langzaam stromende water staar. Ik maak praatjes met buurtgenoten, maar ga vooral op visite bij mijn plantaardige vrienden en vriendinnen. Sommige mensen geven me stekjes en laatst knipte iemand wat takjes van haar witte jasmijn voor me af: 'Ze hoort alle lieve dingen die je over haar zegt, dus volgens mij wil ze wel bij je thuis staan geuren.'

Wie ouder wordt, vertraagt en begint op te letten. De haast neemt af en je leert de plek waar je woont of waar je vaak bent tot in detail kennen en gaat er, op jouw manier, een gesprek mee aan. Je begint ergens thuis te horen. Ik ben die blonde vrouw van middelbare leeftijd die aan bloemen staat te ruiken en mijn benen laat bungelen over de kaderand en over twintig jaar ben ik waarschijnlijk dat malle, grijze dametje dat alle buurtkatten en rozenstruiken hardop begroet. Ik kan het niet helpen: als ik naar buiten ga, is er niets waar ik niet mee verbonden ben. Ik loop niet door een decor dat mooi of lelijk is, dat ik wel of niet zou willen fotograferen, maar door een levende werkelijkheid die naar me uitreikt.

Een plek hoeft niet groots, woest en afgelegen te zijn om levend te zijn; ook in jouw woonwijk is er leven boven je, onder je en om je heen. Als dertiger schreef ik een boek over heilige plekken in de wereld 'die je gezien moest hebben' en reisde af naar imposante plekken als Mount Kenya, de Grand Canyon en Stonehenge, maar inmiddels weet ik dat heilige grond overal is. Als je een band van je lichaam en zintuigen met het land, het water en de lucht hebt gesmeed, begin je het nabije op waarde te schatten en er een peilloze diepte, intelligentie en wildheid in te ontwaren. Alles vermengt zich met alles en zoekt verbinding met jou.

Lucy Woesthoff, geestverwant en auteur van *Woman*, is als ik haar bel aan het rommelen in de moestuin op haar land op Ibiza: 'Hoe ouder ik word, hoe meer ik merk hoe de goddelijke, natuurlijke ritmes van de seizoenen ook perfect op mij van toepassing zijn. Pratend met mijn planten verlaat elke haast me.'

Eens in de zoveel tijd voel ik me geroepen door het landschap van mijn jeugd: de Noordwijkse duinen, het strand en de Noordzee. Met zonnebaden heb ik niet zoveel, maar ik sta graag met mijn voeten in het zand te staren naar de zee, vol ontzag over haar woestheid en levenskracht. Er is zoveel wat we kunnen leren van de zee, van haar aard, haar wildheid en het repeterende spel van haar getijden. Mijn vader, die een strandpaviljoen runde en windschermen verhuurde, wist van alles over de zee. Ik ving dingen op over het samenspel van de kleur van de zee, het type wolken, het gedrag van de vogels en hoe hij aan de hand daarvan het weer kon voorspellen. Hij had het over de herhaling van 'hoog water' en 'laag water' en hoe de maancyclus ermee in verbinding staat. Niets staat op zichzelf, alles is deel van een ingenieus raderwerk waarvan de raderen in elkaar grijpen. Alles stroomt, in en uit, alle dingen rijzen en dalen, en die beweging handhaaft het evenwicht. Mijn ideeën over het ritme van het leven, dat moet ebben en vloeden, komen daaruit voort.

De aard van de zee is onbegrensd, eeuwig in beweging en nooit hetzelfde. De zee is niet te beteugelen. Van iets wat zo duidelijk onbeheersbaar is, word ik kalm. En onbeheersbaar is, als je erbij nadenkt, nagenoeg alles in het leven. Alleen doen de meeste mensen de hele tijd of dat niet zo is. Tegen wat de zee wil en doet, valt niets te beginnen, en hetzelfde geldt voor het bestaan. Als je niets denkt te kunnen beheersen, ben je vrij. Je kunt dan je verliezen accepteren, je kunt plannen maken en vooraf al weten dat het anders zal lopen.

Als meisje bracht ik eindeloze zomers aan haar voeten door. De onbeheersbare kracht van de zee was een vertrouwde ondertoon in mijn leven, zonder dat ik er bang voor was. De zee is geen plek, zo begreep ik, maar een natuurkracht. 'Zwemmen in de zee' werd door mijn vader gezien als gebrek aan respect voor dit natuurelement; je kunt er hoogstens in baden. Hij heeft heel wat dagjesmensen uit het water moeten roepen voordat ze zouden worden meegesleurd door muien (gevaarlijke onderliggende stromingen) en behandeld als ze een zonnesteek hadden. Wij zijn onderworpen aan de elementen, aan natuurkrachten die groter zijn dan wijzelf.

Tegelijk kunnen de elementen aanvoelen als een koesterende bedding, als een thuis dat zijn deur naar je openzet en je welkom heet. In de zomers van mijn jeugd was ik elke dag aan zee, uren op pad en nooit alleen, met de aarde die me droeg en als zand tussen mijn tenen schuurde, de wind die me aanraakte, de zon die me verwarmde, het water van de zee dat me vergezelde als een levend organisme. Die krachten gaven me het gevoel geborgen, beschermd, bewaakt te zijn. Badend in zee voelde ik me onmiskenbaar levend en voelend, maar tegelijk ging ik op in de ruimte van horizon, lucht, waterspiegel en diepte, het eindeloze. Ik was deel van de wiegende watermassa.

Het ritme van de zee stelde me gerust. Er is een weldadige voorspelbare herhaalbaarheid te vinden in eb en vloed, de opmars en aftocht van het zeewater. Met daarbinnen de ademhaling van het water dat zich van de vloedlijn terugtrekt, bijeenraapt en opricht tot een golf die met hernieuwde kracht en brutaliteit het vaste land op komt rollen. Ook in mijn leven zouden dingen eindigen, waarna er weer iets anders kon ontstaan. Je blijft nooit met lege handen achter, daar kun je op vertrouwen. Als een golf zichzelf kan voltooien, zal hij een nieuwe golf voortbrengen. Er is iets afgelopen en daardoor staat er iets op het punt te beginnen. Beweeg maar mee, lijkt de zee te willen zeggen, houd nergens krampachtig aan vast, blijf vloeiend.

Voor mij is de zee een metafoor voor de mystieke, eeuwigdurende cyclus: hoe we als zielen een aards leven aangaan, doorlopen en beëindigen, om terug te keren naar de bron, waarna we op zeker moment weer een volgend leven beginnen. Het is dezelfde zee die over de aardbol stroomt en die door alle tijden heen vloeit. Het water verdampte, werd wolk, werd regen, werd zee en verdampte opnieuw. We stromen allen in dezelfde bron, maken ons los en vloeien weer terug, in een eindeloze beweging.

Dezelfde levenskracht die de jaargetijden doet keren, de zaden doet ontkiemen en de bomen doet bloesemen, zit ook in de mens en doet onze harten kloppen, ons bloed ruisen en onze haren groeien. In de tweede helft van je leven is die vitaliserende natuurkracht meer dan ooit een voedingsbron om regelmatig naar terug te keren. In het werk van Hildegard von Bingen (1098-1179), abdis van een vrouwenklooster, mystica, kruidengenezeres en componiste, stond het begrip viriditas meer dan bij wie dan ook centraal. Ze omschreef viriditas als een groenkracht, een oerprincipe dat je overal terugvindt.

Deze vergroenende kracht is een scheppende en herscheppende kracht die zichtbaar is in het opbloeien van planten en bloemen, de sappen die door de wortels, stam, takken en nerven van bladeren van bomen stromen, de frisheid van de aarde. Het is de kracht die onze nagels doet groeien en onze wonden doet helen, maar het is ook het vrouwelijke aspect van god als schepper en de frisheid, vruchtbaarheid en groei in ons innerlijke, spirituele leven. Het is het verbindende sap tussen de macrokosmos en de microkosmos van aards leven. Het brengt vernieuwing op geestelijk, ziels- en lichamelijk niveau.

De tweede helft van je leven is geen steeds smaller wordend pad naar de uitgang, maar eerder een golvende lijn, die je brengt van uit evenwicht raken en verdorren naar sappige frisheid en een opnieuw bereikte balans. De tweede is een levensfase waarin net zoveel creatie en groei mogelijk is als in de eerste, want alles in de natuur vernieuwt zichzelf voortdurend. Viriditas geeft blijk van een circulaire levensbeschouwing, niet van een lineaire. Hildegard schilderde miniaturen en deze hebben een ronde vorm. Ze gebruikte de cirkel als beeld voor de harmonie en ordening van de schepping: een symbool voor heelheid waarin niets boven of onder elkaar staat, alles en iedereen een gelijkwaardige plaats heeft en er geen begin en einde is.

Hildegard zette groenheid samen met wijsheid (*sapientia*) en vochtigheid (*humiditas*) tegenover dorheid (*ariditas*), die staat voor het verloochenen van trouw, geest en deugd. Wie weigert te vernieuwen, zal verschrompelen en verdorren. Als de sapstroom in de late winter, tegen het voorjaar, niet op gang komt, zal de boom droog worden en afsterven. Hildegard zag viriditas niet als iets waar je je alleen maar van bewust hoefde te zijn, maar als een stroom die je in je leven kon stimuleren en verbreden. In haar boeken en schilderingen gebruikte ze metaforen van vochtigheid en vrucht dragen als manieren om dat te doen. Als je iets hebt gedaan wat verkeerd uitpakt, kan 'de ziel door berouwvol wenen' haar groeikracht en vitaliteit hervinden, zo schreef ze. Zelf verzette ze in de tweede helft van haar leven haar belangrijkste werk, bleef ze zich onophoudelijk in nieuwe vaardigheden bekwamen en werd ze eenentachtig jaar, onwaarschijnlijk oud in haar tijd.

Het lichaam en de geest hebben, net als alles wat leeft, zuurstof, zonlicht, aarde en regen nodig. Ze willen gevoed worden met vitale energie en schoonheid. Dan is er beweging, ontwikkeling, levendigheid. Stilstand zorgt voor verstarring en krachteloosheid. Blijf in beweging, lijkt Hildegard ons over acht eeuwen heen toe te roepen. 'O mens, waarom leef je zonder hart en zonder bloed? Wijs zijn is verrukt zijn over het leven.'

Omring je met schoonheid, houd je denkbeelden en je ledematen soepel, wees creatief, blijf je onderdompelen in de stroom van eeuwige vernieuwing. Lééf.

Het duurde lang voor ik de ontvankelijkheid die ik als kind voor de natuur ervaarde, had teruggewonnen op het verstand, dat op de universiteit zo onevenredig veel was ontwikkeld. Als eind twintiger verdiepte ik me in de oude voorchristelijke natuurreligie en leerde over natuurwetten en manieren om de windrichtingen en levensvormen aan te roepen, maar pas rond mijn veertigste herontdekte ik hoe een onderdompeling in de natuur me kon opladen. Misschien omdat ik toen, in de vroege jaren van het moederschap, voor het eerst echte uitputting ervaarde. Ik boekte af en toe een hotel voor een nachtje of twee, om alleen door de bossen te zwerven of over het strand te lopen, ontlast van de verantwoordelijkheid en constante alertheid die jonge kinderen vereisen. Dan kon ik mezelf op mijn beurt even gedragen en gevoed voelen worden door Moeder Aarde en met hernieuwde kracht terugkeren.

Een goede aarding of gronding is essentieel voor je welzijn en kracht. 'Aarden' betekent een verankering hebben met de aarde, waardoor je energie af kunt voeren en ook kunt opnemen. De aarde transformeert afgevoerde energie, dat is haar specialiteit. Een 'geworteld' mens voelt kalmte in zichzelf terwijl het om haar heen druk en veranderlijk kan zijn, zwabbert niet met elke emotie mee, is zich bewust van haar omgeving en het huidige moment, wordt niet gemakkelijk beïnvloed, tilt niet te zwaar aan tegenvallers, moedigt anderen aan en steunt ze, voelt overvloed en volgt een innerlijk kompas. Het is fijn om bij een geaarde persoon in de buurt te zijn; je wordt er rustig van en voelt je veilig, gezien en gehoord.

Soms, als ik met blote voeten over het mos loop, me uitstrek op het gras of in een meer zwem, kan ik een, wat je noemt, 'oceanische ervaring' hebben, een heelheid waarin je eigen afgescheidenheid wegvalt. Je neemt de wereld niet meer waar als een verzameling afzonderlijke dingen, maar als een harmonisch geheel waarin alles in elkaar grijpt. Je valt samen met de omgeving waarin alles in elkaar overloopt en om elkaar heen kringelt, even teer en kwetsbaar als woest en driest. Waar Charles Darwin een wrede strijd om het bestaan zag, met meedogenloze competitie om te winnen, zie ik een samenzang. Alles wat bestaat, neemt in volle harmonie deel aan een mysterieus, creatief systeem dat zichzelf in stand houdt. Alles is wat het is en zingt uit volle borst en meerstemmig: 'Hierom kwam ik, om dít te doen!'

In een ecosysteem is alles onderdeel van een geheel dat elkaar van dienst is en elkaar benut voor de eigen groei. De paddenstoel heeft schimmeldraden nodig om voedingsstoffen uit de omgeving te halen, maar bevat zelf ook schimmels die planten weer nodig hebben en gebruiken. De appelboom geeft zijn appels aan iedereen die zich ermee wil voeden, maar hij is er ook bij gebaat dat de appeleter de drager wordt die het zaad van de boom verspreidt en voortplant. Persoonlijke waarde en vervulling, zo kun je beseffen als je naar de natuur kijkt, staan in dienst van het grotere geheel.

Van wijlen bioloog Frans de Waal, die ik sprak voor *Wijze mannen*, leerde ik dat dit principe net zo goed opgaat voor dieren. 'Biologen en de *survival of the fittest*-theorie worden vaak voor het karretje gespannen van het "ieder voor zich"-denken,' vertelde hij. 'Terwijl: er zijn eigenlijk geen emotionele reacties van een mens die een aap niet heeft. Als je het gedrag van apen bestudeert, zie je dat er sympathie, empathie en loyaliteit, spijt en verzoening onder hen bestaat. Ze hebben morele principes en zijn erop gericht de groep bij elkaar te houden.'

Otters houden elkaars pootjes vast, apen plagen aanvallers, dolfijnen hebben accenten en mieren begraven hun doden. Olifanten rouwen, potvissen beschikken over een fonetisch alfabet, met woorden en lettergrepen en alles. Het is arrogant om te denken dat het zoogdier 'mens' de enige soort is die in staat is tot inlevingsvermogen, opofferingsgezindheid en vriendschap. Er is geen enkele reden om onszelf boven de dieren te stellen en in minstens één opzicht staan we zelfs onder hen: geen enkele diersoort vervuilt zijn eigen omgeving zozeer dat het ongemak en gevaar oplevert.

Als je bereid bent je open te stellen, zul je ervaren dat de wereld leeft, wakker en bewust is en dat je ermee in contact kunt treden. Je kunt vriendschap sluiten met de hond van de buren, maar ook met de esdoorn aan de overkant van de straat of de struikroos op de hoek. Je kunt oog hebben voor hoe die per seizoen verandert, heeft geleden bij een storm en een bloem of blad mee naar huis nemen en in een vaasje zetten. Mijn buren en ik knotten elk najaar de leilindes in onze gezamenlijke tuin en hangen winterlichtjes in hun takken. Dan maken de kinderen kransen van de twijgen die op de grond zijn gevallen, drinken we glühwein en warme chocolademelk en vieren we dat er weer een jaar voorbij is – samen met de bomen. In de zomer gaan we bladluis te lijf met lieveheersbeestjeslarven, niet met gif.

Mijn eerste gewaarwording van uitwisseling met een niet-menselijke levensvorm was met mineralen. Als beginnend heksje verzamelde ik stenen, ontlaadde ze in stromend water of door ze even in de aarde te begraven, zette ze in het licht van de volle maan en las in boeken welke kwaliteiten ze zouden hebben. Maar pas toen ik de gewoonte ontwikkelde om elke avond voor het slapengaan een kristal tegen me aan te houden, begon ik de uitwerking waar te nemen – en ik ben er nooit mee opgehouden. Als ik me openstel voor contact, dan antwoordt de steen met een stroom van informatie en energie. Dat kan bijvoorbeeld stimulerend, troostend of optillend zijn. Ik voel op welke plekken van mijn lichaam hij inwerkt, wat zijn aard is, hoe hij me wil helpen. Als dit jou onmogelijk lijkt, probeer het dan zelf eens en begin dan met een amethist, die een nogal nadrukkelijke werking heeft.

Kinderen, bij wie het denken nog niet zo overheersend is, herkennen van nature de kwaliteiten van stenen. Toen mijn kinderen heel jong waren, hield ik vaak verschillende stenen vlak boven hun hoofd en dan omschreven ze hoe ze aanvoelden. Bij een bergkristal zei mijn dochter bijvoorbeeld: ‘Fris, alsof ik onder de douche sta.' Nu lukt hun dat minder makkelijk, maar ik weet zeker dat ze het later weer kunnen aanleren als ze dat willen. Het is een vaardigheid die vertrouwen en tijd kost en de bereidheid je verstand even uit te zetten.

Inmiddels ervaar ik ook uitwisseling met planten, bloemen, kruiden en bomen. Er staat een oude beuk in het Westerpark waar ik altijd even onder ga staan of tegenaan ga zitten. Dan sluit ik mijn ogen en voel de immense kracht, de levendige sap- en energiestroom, het evenwicht tussen wortels, stam en takken, de tijd van leven die in hem vervat zit. Als je eenmaal contact gemaakt hebt met een soort, zal het bij een soortgenoot makkelijker gaan, alsof er een spoor in je is achtergelaten. De ene boom voelt anders aan dan de andere boom. Sommige bomen nemen mijn onrust weg en klaren mijn hoofd op, andere bomen brengen een stemming in me over en soms wellen er zelfs complete zinnen in me op. Op deze beuk kan ik rekenen voor troostrijke kalmte, een 'het is allemaal oké, meisje'.

Twintig jaar geleden bezocht ik Irene van Lippe-Biesterfeld, toen drieënzestig jaar, in haar villa in Wijk bij Duurstede voor *Wijze vrouwen*. In die tijd werd ze in de media belachelijk gemaakt als 'de prinses die met bomen praat'. Terwijl we door haar tuin wandelden, zei ze: 'Ze schamperen over "praten met bomen", maar ik wil iets wezenlijks overbrengen: dat er communicatie mogelijk is met alle levensvormen, dat alles een bewustzijn heeft en dat we daar rekening mee moeten houden. Iedereen kan de natuur voelen. Het vraagt alleen een zekere rust om haar bewust waar te nemen. Van daaruit is het een kleine stap om te leren luisteren naar de vibraties. Net als het onuitgesproken contact met een dierbaar mens gaat het dieper dan woorden en gebaren ooit kunnen vertellen.'

Isadora, die de beweging in de natuur zag als oorsprong van haar dans, laat ik in mijn roman overdenken terwijl ze door de Noordwijkse duinen wandelt: 'Er is een tintelen aan de rand van mijn waarneming. Het ontbreekt me aan taal om het te benoemen en ik zou het anderen niet kunnen aanwijzen of uitleggen, maar ik voel me aangesloten op een ander soort intelligentie. Op een onzichtbare ordening die alles met alles verbindt. Alles wat groeit en ademt, wat fladdert, zwemt, kruipt en zoemt, alles wat zich voordoet en wat nog niet is gemanifesteerd, alles wat ooit was en nog moet komen, wat gedroomd is en gedaan, heeft met mij te maken. Er is een vanzelfsprekende wederkerigheid.'

Het verwerven van inzichten die rechtstreeks voortkomen uit de wildheid van de wereld wordt 'biognosis' genoemd. Iedereen kan het leren. Het is bewustzijn in contact met bewustzijn en verloopt via de zintuigen en het hart. Het hart is niet alleen een pomp, maar ook een waarnemingsorgaan. Als je ontspannen in de natuur bent en kijkt naar iets wat je aandacht trekt – niet op een bestuderende, gefocuste manier, maar op een ontvankelijke manier – vertraagt je hartslag en ontspant je zenuwstelsel. Je verschuift het bewustzijn van het analytische denken naar zintuiglijke waarneming: hoe ruikt het, hoe klinkt het, hoe voelt het aan? En, als je durft: wat heeft het me te zeggen?

Jane Goodall vertelde, toen ik haar sprak voor *Wijze vrouwen*, hoe ze van de chimpansees leerde dat geen gesproken taal hebben een zegen kan zijn. 'Als ik alleen in het woud ben,' zei ze, 'lig ik vaak gewoon op de grond naar boven te staren, zoals chimpansees dat doen. Ik denk aan niets en definieer niets. Ik neem een poosje afstand van woorden en ervaar de kleuren van het woud, het zoemen van de insecten, de zon op mijn gezicht. Zonder woorden gaat het leven niet verder dan het gevoel van het moment en het verlangen om te genieten van of te reageren op dat moment. Als het gaat regenen in het oerwoud, heb ik de neiging om te gaan rennen en rondspringen, maar meestal houdt mijn verstand me tegen. Chimpansees doen het gewoon wel.'

Ontsla jezelf regelmatig van de plicht naar taal te zoeken, een antwoord te hebben, maar verlies je simpelweg in wat zich aandient. Daar is waarheid te vinden. Een waarheid die onaangetast is door de beperking van afbakenende en tekortschietende woorden. Een waarheid die onversneden zuiver en onschuldig is. Durf alleen te zijn in de natuur, iets wat je misschien als jongere vrouw niet durfde, en neem waar. Een landschap houdt op met spreken als je zelf praat. Of denkt. Woorden kunnen ervaringen intensiveren, maar ook wegnemen. We zien een insect met een rood schild met stippen en denken: ha, een lieveheersbeestje! Vanaf dat moment kijken we er niet meer zo zorgvuldig naar. Een deel van het wonder gaat verloren.

We zijn onwetend en sprakeloos ten aanzien van wat door alles golft. Het zijn de zintuigen, en het hart, die de poort naar de subtiele, natuurlijke wereld kunnen openen. We moeten leren om weer 'bij zinnen' te komen.

De Grieken hadden een woord voor het vermogen van het hart om betekenis in de wereld waar te nemen: *aisthesis*. De filosoof Aristoteles zag het hart als het centrum waar de kanalen van alle zintuigorganen naartoe lopen en waar de ziel 'in vuur en vlam' kan worden gezet. Bij aisthesis begeeft een stroom van levenskracht, doordrenkt van boodschappen, zich van het ene levende organisme naar het andere.

Ik noem deze sensatie graag 'inademen'. Je kunt een mineraal tegen je aan houden en de kwaliteiten ervan inademen, naar een boom staren of aan een kruid ruiken en allerlei boodschappen via je lichaam voelen binnenkomen. Er kunnen woorden of beelden in je opwellen. Tegelijkertijd kan het voelen alsof er ook iets is wat jou in zich opneemt, alsof jij ook wordt ingeademd. Als je door een landschap wandelt, kun je merken dat je bewustzijn erdoor verandert en tegelijk kan het voelen alsof jouw aanwezigheid door het landschap wordt opgemerkt en er ook door verandert.

Op die momenten voel ik me openbarsten als een bloem, met het hart vol in zicht, open en bloot, zoals de meeldraden in het hart van een bloem naar buiten steken. Ik ben opengesperd om contact te hebben, uit te wisselen. Poreus. Dan is het nog maar een kleine stap om de band die ik met een plek voel tot uiting te brengen. Soms raap ik afval, andere keren verzamel ik veren, bladeren of steentjes en pluk ik bloemen die ik aan het einde van de wandeling op een mooie plaats leg, bijvoorbeeld onder een oude boom. Het is te vergelijken met het meebrengen van een doosje bonbons als je een vriendin bezoekt.

Goedbeschouwd heb ik de plek een offerande gebracht en daarmee begeef ik me in een zeer oude traditie. Het woord 'offer', zoals wij dat nu kennen, is afgeleid van het Latijnse *offerre* en betekent aanbieden. Door te offeren geef je een tastbaar blijk van waardering voor en verbondenheid met een persoon, een voorouder, een plek of het hogere. Het doel is bedanken, vergiffenis vragen (een 'zoenoffer') of hulp vragen. Het zijn wederzijdse diensten, zonder een 'voor wat, hoort wat'-sfeer, maar waarbij het hoogste goed allen dient. Offeren drukt een gevoel van wederkerigheid uit met de omgeving waarin we zijn ingebed en de levensvormen waardoor we omringd worden. Het gaat erom te leren luisteren naar de subtiele manier waarop plekken tegen ons praten en een manier van antwoorden te vinden die zij begrijpen.

Soms neem ik een steen of veer mee van mijn wandelingen om op een mooi plekje in huis te leggen of aan een vriend te geven. Er schuilt iets ouds, iets heiligs in een gevonden schat van iemand krijgen, bij wijze van amulet of talisman. Ik herinner me dat ik als meisje een uilenveer kreeg van een oude dame in Engeland toen we daar op vakantie waren. Ze bezwoer me dat hij geluk zou brengen. Hij lag jaren op mijn meisjesslaapkamer en op sommige momenten leek er een magische kracht van uit te gaan. Laatst kreeg ik twee geluksbrengers van vriendinnen:

Marion gaf me een brokje amethist dat haar zoon in Spanje gevonden had en Sarah een bosje lievevrouwebedstro uit haar tuin. Allebei zeiden ze dat ze het gevoel hadden dat het me iets te brengen had. Ik draag de steen in mijn tas en heb het kruid gedroogd. Zelfs na twee maanden geeft het nog een zoete geur af en elke keer als ik die opsnuif, voel ik een troostende, moederlijke zachtheid in me stromen.

Van oudsher werd de oudere vrouw gezien als de hoeder van het land. De Crone was de taak toevertrouwd om verbinding te maken en samen te werken met de natuur, om het evenwicht te bewaren en haar te beschermen tegen, vooral, de mens. In voorchristelijke mythen in heel Europa werd het land zelf ook gezien als een vrouw. De Grote Moeder, de Aarde in de Griekse mythologie, is Gaia (mijn heksennaam). In Schotse en Ierse folklore heette zij Cailleach, wat in Gaelic simpelweg 'oude vrouw' betekent. Zij wordt verbeeld als een immens oude en krachtige godin en haar verhalen zijn verbonden met het plaatselijke landschap, meestal ruige en ondoordringbare plaatsen als bergen, bronnen en rotsen. In veel verhalen bootst ze de cyclus van dood en wedergeboorte in de natuur na door zichzelf te vernieuwen en eerst heel oud en daarna weer jong te worden.

In Nederland en omstreken was zij Vrouw Holle. Je kent haar misschien nog van een sprookje, opgetekend door de gebroeders Grimm, maar in vroegere eeuwen was zij een belangrijke, alomvattende figuur. Vrouwe Holle, Holda, Hölle of Hludana is een godin uit de tijden van de vroege landbouwculturen die in West-Europa rond 5000 voor Christus ontstond. 'Holle' komt van het Oudhoogduitse woord *hold*, 'genadig, gunstig', 'vrouw' komt van *vrouwe* en betekent 'voorname vrouw, heerseres, koningin, godin'. Ze is zo oud als de tijd zelf en spint het voortgaande verhaal van de wereld aan het weefgetouw. Ze is de hoeder van het water en het land aan het water.

‘Haar naam is etymologisch verbonden aan Holland,’ schrijft Annine van der Meer in haar boek *Vrouw Holle en de verborgen wijsheid in sprookjes*. ‘Voor de Ouden is dit lage, waterrijke gebied als geheel een grensgebied, een overgangsgebied, een poort, tussen de onderwereld van de zielen en de wereld van de mensen. Hier is de godin van geboorte en dood alom aanwezig en haar naam luidt in Holland Holle.’

Annine is historica, theologe, symbooldeskundige en lid van de vrouwengroep die Stichting Nationaal Heksenmonument heeft helpen vormgeven. Ze schreef gezaghebbende boeken over de verborgen geschiedenis van het vrouwelijke, over hoe inheemse godinnen in het patriarchaat ontdaan werden van hun kracht en macht en afgleden tot sprookjesfiguren met hoer- en heksachtige elementen in kinderboeken. Er zijn oude verhalen waarin Vrouw Holle rond midwinter per wagen door de lucht raast of op een schimmel rijdt, kijkt of er goede gaven klaarliggen en haar eigen geschenken door de schoorsteen werpt, iets wat sterk doet denken aan Sinterklaas en de Kerstman. Vele eeuwen later werd Frau Holle in katholiek Duitsland in een kwaad daglicht gesteld en beschreven als een slechte toverkol die met haar heksen op een bezem door de lucht vliegt, waarna ze langzaam uit de volksverhalen verdween.

Door alle natuurvolkeren, ook die in het voorchristelijke Europa, werd de aarde gesymboliseerd als een moederlijke, voedende figuur. Ze was een levend en bezield organisme, een eenheid met een verborgen betekenis en samenhang. Alles had zijn plaats, met een harmonische ordening, intelligentie en goddelijke vonk. Dat vrouwelijke goddelijke werd verbeeld in mythen, poëzie en kunst en geëerd met rituelen, jaarfeesten en gebruiken. Ook Hildegard von Bingen durfde in haar tijd nog, weliswaar omfloerst en indirect, te stellen dat de aarde door een vrouwelijke kracht bezield en bestuurd wordt. Ze schreef dat Sophia of Sapientia zich in de levende natuur zelf toont, in elke rots, regenboog en vlinder. 'De onzichtbare God begeeft zich door Sofia in de ervaringswereld van de mens,' schrijft ze in *Scivias*. 'Sofia hult zich in de schoonheid van de schepping.' Ze stimuleerde haar nonnen om zichzelf als coscheppers en partners van de natuurlijke wereld te beschouwen, wat mij als moderne heks bekend in de oren klinkt.

'Zo boven, zo beneden' en dus is het goddelijke in de natuur niet alleen maar vrouwelijk, maar ook mannelijk. De oude Kelten vereerden de Gehoornde God, of Cernunnos, de god van de dieren en de natuur. Bij de Grieken was Pan met zijn hoorns en bokkenpoten de god van wildernis. De beeltenis van een man met takken en bladeren als hoofd- en baardhaar is nog steeds zichtbaar op ornamenten in kerken en gevelstenen op oude huizen. De Groene Man, zoals we hem sinds vorige eeuw noemen, is in Nederland bijvoorbeeld te zien op het stucwerk in de Grote Kerk in Deventer. En ja, je voelt het goed aan: deze positieve, gewijde figuur vormde de blauwdruk voor de latere uitvinding van het christendom: de duivel.

Het is aan ons, vrouwen en in het bijzonder ouder wordende vrouwen, om de aloude rol als hoeder van het land en het water weer op ons te nemen – ieder op haar eigen manier. Misschien op een activistische manier zoals de KlimaSeniorinnen, een groep van zo'n tweehonderd Zwitserse oudere vrouwen, die bij het Europese Hof voor de Rechten van de Mens een zaak aanspanden tegen hun regering die mensenrechten schond door niet genoeg tegen klimaatverandering te doen. Ze wonnen. Of op een praktische manier door planten en bloemen in perkjes in de buurt te zetten en afval te rapen in het park. Misschien door erover te dichten, te schrijven of te spreken en bewustzijn te vergroten. Of op een persoonlijke, ceremoniële manier door je bewondering voor een oude eik vorm te geven door er takjes en bloemen bij neer te leggen.

Hoe dan ook, het is tijd om onszelf te wortelen in de grond

en de gemeenschap waar we wonen en matriarchale waarden terug te brengen om uitbuiting en uitputting van de aarde en de dieren een halt toe te roepen.

Menig modern mens heeft elke spirituele lading van de levende natuur vakkundig weggeredeneerd, is verstoken van een gevoel van verwantschap ermee en schoffeert haar iedere dag opnieuw door dwars door haar heen te kijken alsof ze niet bestaat (behalve op vakantie, als elk vergezicht gefotografeerd moet worden, wat ook een soort 'tot eigendom maken' is). Het drama van uitstervende soorten onder planten, dieren en andere organismen voltrekt zich onder onze ogen. Onderliggende reden, als je het mij vraagt: de mens beschouwt zichzelf als het middelpunt en de maat der dingen.

Hoe zijn we zo op afstand van de natuur komen te staan? Daarvoor moeten we terug naar de denkbeelden van de vroege kerkvaders. De natuur werd voorgesteld als zondig, zedeloos, immoreel, een plek waar Satan zetelde. Dat ging lijnrecht in tegen het eerdere animisme (afgeleid van het Latijnse woord *anima*, dat 'geest' of 'ziel' betekent), waarin de aarde als goddelijk werd beschouwd. Van een bezielde, heilige natuur met een harmonische ordening en intelligentie maakte de Kerk de natuur en het lichaam tot iets verdachts wat je moest ontstijgen om tot God te komen.

In het kerkelijke wereldbeeld stond de onfeilbare en heersende God bovenaan, met de mens als 'kroon der schepping' eronder en de dieren, bomen, planten en gewassen daaronder. De vrouw was ten behoeve van de man geschapen en al het niet-menselijke ten behoeve van hen samen. Vanuit die bevoorrechte positie was de aarde voor de mens niets meer dan een leverancier van grondstoffen, voeding en ruimte om te gebruiken. Daarover geen scrupules, want volgens de Hebreeuwse Bijbel, in het eerste hoofdstuk van Genesis, had God Adam als aards mens instructies gegeven om de aarde te veroveren: 'Wees vruchtbaar en word talkrijk. Bevolk de aarde en breng haar onder je gezag: heers over de vissen van de zee, over de vogels van de hemel en over alle dieren die op aarde rondkruipen.'

Het idee van de alwetende en allesbepalende god en de mens die buiten en boven de natuur staat, heeft de heksenwaan ontketend. Misoogsten, noodweer, natuurrampen en epidemieën werden niet langer gezien als een onderdeel van de orde der dingen waarin zowel groei als verval, zowel geboorte als dood een plek had, maar als iets wat niet de bedoeling was. God bepaalde tenslotte alles en het was niet wenselijk Hem verantwoordelijk te stellen voor onheil. Er was een machtig, bovenaards kwaad nodig, de duivel, met aardse handlangers die hem hielpen, om rampspoed te verklaren. Het onheil kreeg zondebokken die gestraft konden worden met openbare executies en volksgerichten op het dorpsplein, waarna de rust in een gemeenschap kon terugkeren. Er waren vergelding en genoegdoening en men kon weer verder. Alleen zo kon de illusie van de beheersing van de natuurkrachten in stand worden gehouden.

Tijdens de verlichting werd de onderwerping van de natuur verder gepropageerd. René Descartes (1596-1650) introduceerde een absoluut onderscheid tussen lichaam en geest, tussen de mens aan de ene kant en dieren en natuur aan de andere. De natuurkundige en filosoof Isaac Newton (1642-1727) betoogde dat de natuur en alle materie levenloos en zielloos is, niet in staat tot voortbeweging of ontwikkeling tenzij er een kracht van buitenaf op inwerkt.

De opkomende geneesheren en doctoren richtten zich tegen het geneeskrachtige gebruik van kruiden en planten, en tegen vrouwen als deskundigen daarvan. Het werd verboden om eigenschappen van de ongetemde, onbeschaafde natuur te kennen en in te zetten. Vanaf de dertiende eeuw, bij het begin van de heksenvervolgingen, werden vrouwen uitgesloten van geneeskundige opleidingen en de medische professie. Vroedvrouwen, kruidenvrouwen en helers, zowel mannen als vrouwen, werden vervolgd omdat ze met de duivel zouden samenwerken.

De wetenschappers en denkers in de verlichting stelden dat de absolute overheersing van de natuur de opdracht van de mens was, de religieuze leiders leverden de ideologische rechtvaardiging voor het vertrappen ervan en de kapitalisten sloegen munt uit het idee dat de aarde een supermarkt is waar alles opgebruikt en uitgeput kan worden. De connectie tussen mens en natuur werd verbroken. Het ongetemde en mystiek-poëtische, dat een bedreiging was voor het patriarchale wereldbeeld en alle instituten en partijen die daarbij gedijden, werd geëlimineerd.

Op dit moment leven we in het, hopelijk, dieptepunt van de ontheiliging en onttovering van de natuur, met het absurde, maar door velen als normaal geaccepteerde, gebruik van het bij elkaar proppen van dieren in de bio-industrie en het met gif bespuiten van weilanden, die je ook wel 'grasfalt' kunt noemen, die geel uitslaan en waar nauwelijks ander leven meer mogelijk is.

De aarde zit ook in de menopauze, denk ik weleens. Haar uitbarstingen, overstromingen en algemene opwarming doen denken aan opvliegers. Onze levenswijze werkt niet meer, is onhoudbaar, ze wil ervanaf. Ze ontketent chaos en werkt toe naar een overgang, een transitie – naar wat, dat is nog niet duidelijk.

Veel mensen leven in een onttoverde wereld, een vlakke werkelijkheid waarin een boom een boom is en de maan de maan. Zonder het sacrale blijven we achter met de wereld als een gebroken oord, een verbrijzeld universum, een vormeloze massa die slechts bestaat uit een aantal min of meer neutrale plekken. De oorsprong van alle eenzaamheid is een vervreemding van het onzichtbare web van leven, van onze band met het magische, van onze verwantschap met andere schepselen en groeisels. Het is een ingebeeld isolement dat ons ziek en ongelukkig maakt.

Soms maak ik een plantmedicijnreis onder begeleiding van goede vriendin en kundige *sjamanic practitioner* Wendy Eelsing. Als heks ben ik bekend met psychedelische, hallucinogene kruiden en paddenstoelen die in het verleden werden genuttigd bij het reizen tussen de werelden en het ontvangen van inzichten voor de gemeenschap. Nog steeds kun je in een oude kloostertuin een bordje met 'heksenkruiden' zien staan, waarmee bedoeld wordt dat ze een psychedelische werking hebben. Meestal groeien er alsemkruid, alruin, anijsplant en bilzekruid, die ook wel 'duivelskruiden' worden genoemd. Het woord 'psychedelisch' komt van het Griekse woord *psuche* en *deloun*, wat samen 'zielopenbarend' betekent. De kennis over deze trance opwekkende kruiden, paddenstoelen en truffels is gedemoniseerd en ondergronds gegaan. Ik zie met lede ogen aan hoe ze in de moderne tijd als recreatief middel worden gebruikt op drukke feesten, niet ingebed in een ceremonie en zonder contact te maken met de geestelijke wereld. Ze zijn ontheiligd.

Wie ook al eens een mystieke reis met een plantmedicijn heeft gemaakt, weet dat er eigenlijk geen taal bestaat voor wat je meemaakt, maar ik doe een poging om mijn eerste reis te beschrijven. Vanaf het moment dat ik 'ja' zei tegen het plantmedicijn, gekweekt in Nederlandse grond, begon het al op energetisch niveau naar me uit te reiken. Ik at matig, liet de kranten ongelezen en keerde naar binnen. Als ik wandelde, leken er steeds vogels naar me toe te komen, hupsend voor mijn voeten, vlak boven mijn hoofd scherend, luid schetterend. De gevleugelden zijn boodschappers tussen hemel en aarde; de grens tussen het zichtbare en het onzichtbare vervaagde al.

De reis duurde meer dan zes uur. In die tijd voelde ik hoe er aan mijn systeem werd gewerkt, alsof ik op de operatietafel lag, zag ik mezelf in eerdere levens waarin ik in stamverband diep verbonden met de natuur leefde, kwamen er lichtwezens bij me en kreeg ik symbolen te zien die me duidelijk maakten hoe iets in elkaar zat. Op een zeker moment leek ik op te stijgen naar een goddelijk, engelachtig licht. Niets wat ik ervaarde, was onbekend, want ik ben gewend op mijn meditatiekussentje in het licht te baden en te schouwen, maar nooit was het zo intens. Ik was niet compleet van de wereld, maar kon samenwerken met het medicijn en vragen stellen. Ik zag velden, uitgestrekte bergformaties, watervallen, bomen, grassen en dieren, allemaal verbonden in een dans van uitwisseling en ondersteuning. De natuur was zo voelbaar doortrokken van goddelijkheid en ik was dat ook.

Het medicijn werkte met liefdevolle toewijding aan mij, een méns – en dat ontroerde me. Het was dienstbaar aan de mensheid, die al eeuwenlang doet alsof de aarde haar toebehoort, die alles vervuilt en grijpt wat haar bevalt. Dit groeisel deed op ruimhartige, magistrale wijze wat zo zelden wordt erkend: het zocht toenadering, wilde contact maken en helen.

Het is de levende natuur die ons, ondanks alle roofbouw en kleinering, onvermoeibaar haar schoonheid toont en haar liefde aanbiedt. Sarah Domogala zegt altijd tegen me: 'We hebben het erover dat we de aarde willen redden, maar misschien is het wel de aarde die ons wil redden. Als we haar de kans geven.'

Paddenstoelen die in een cirkel groeien, noemen we een heksenkring. Het gras zal daar, ook als de paddenstoelen weer weg zijn, harder groeien en intenser groen kleuren.

Laten we een heksenkring vormen van mensen die zich herinneren dat alles wat leeft heilig is en aan elkaar gelinkt, dat alle levensvormen dragers van het licht zijn en dat we met liefdevolle aandacht, eerbied en een beetje humor met hen kunnen samenwerken.

Er komt een tijd dat het gras op aarde weer intens groen en hoog zal groeien. Met slechts een paar van ons.

9 – Veranderlijkheid

Wat is geweest
blijft
want het was.

Die Wechseljahren noemen ze de periode van de overgang in Duitsland: de wisseljaren. Je wisselt het ene in voor het andere, maar eerst vertoef je er een tijdje tussenin. *The Change* heet het nogal omineus in Engelstalige landen. De overgang is geen eindpunt, maar een geleidelijk einde van iets en een voorzichtig begin van iets anders. Het is niet vergelijkbaar met het bordje 'uitgang' in een theater, maar meer met de pauze, die behoorlijk hectisch kan zijn, midden in een voorstelling. De tweede helft begint meestal met een spectaculaire scène, daarna volgen nog wat gedoetjes en dan komt er doorgaans een waarheid bovendrijven die alles wat in het gedeelte voor de pauze gebeurde in het juiste perspectief zet. Bepaald geen beroerde helft.

Er is chaos voor nodig om de ene orde voor de andere te verruilen; het gebeurt nooit geruisloos. Chaos komt van het Griekse woord *khaos*: de leegte voordat de kosmos was geschapen. Het bevat de zaden van nieuw leven, draagt een potentie in zich. Plato schreef in zijn *Timaeus* dat chaos een *chora* nodig heeft: een 'voedster' of een 'min' van al wat ontstaat. Je geeft, met andere woorden, in deze jaren voeding aan een nieuw, nog broos leven. Jouw leven.

Vanaf je veertigste, of zelfs eerder, wordt ouder worden vaak voorgesteld als een vermindering van alles, met goedbedoelde adviezen over hoe je die vermindering zo minimaal mogelijk houdt. In mijn ogen is verouderen geen vermindering, maar verandering: het verlies van huidelasticiteit, het winnen aan zelfvertrouwen. Het verlies van botstevigheid, het verwerven van inzichten. Het verminderen van energie, het verhogen van opmerkzaamheid. De ontwikkelingslijn van het lichaam gaat eerst omhoog en dan omlaag, maar die van de ziel gaat eerst omlaag en dan omhoog.

En natuurlijk, soms betrap ik mezelf erop dat ik wel graag een wijze, oudere vrouw wil worden, maar er niet al te veel voor wil inruilen. Meestal benader ik het hele gebeuren volgens de regel die ik voor mijn garderobe hanteer: als er iets nieuws in mijn kledingkast komt, moet er iets anders uit. En dat is niet per se makkelijk, want je was eraan gehecht. Maar hé, *you win some, you lose some.*

Het lichaam en onze geest wijzen ons, zoals altijd, de juiste richting. Je lichaam verandert, heeft andere dingen nodig en geeft signalen die ellendig aan kunnen voelen. We worden intoleranter voor alcohol, slaapgebrek en stress en kunnen niet langer ongestraft nachten doorhalen, blijven rennen en voor iedereen zorgen. Ons lichaam vraagt niet langer vriendelijk, maar nadrukkelijk om voor onszelf te zorgen en onze grenzen in acht te nemen. Ons lontje wordt korter, we zijn minder bestand tegen stompzinnigheid en hebben minder geduld met egotripperij. Vergeetachtigheid, mentale mist, is een veelvoorkomende overgangsklacht. Hoe vervelend ook, het verzwakt de heerschappij van de ratio, waar we misschien wel te veel op hebben geleund, en stuurt ons naar andere kanalen van waarneming: de zintuigen, het gevoel, onze binnenwereld, het hart.

De innerlijke signalen, verschuivingen en klachten brengen je in beweging. Dat is nodig: het is namelijk geen kwestie van zorgen dat er in de tweede helft van je leven zo min mogelijk verandert, het is de bedóéling dat je verandert. Je kunt die verandering natuurlijk halsstarrig weigeren. Je kunt dralen, blijven hangen in het oude omdat het niet ideaal, maar wel vertrouwd is. Jouw goed recht, maar dan zul je slechts kleine stapjes in je geestelijke ontwikkeling kunnen zetten. Als je voor een weg blijft kiezen die niet in lijn is met je zielsverlangen om te ontwikkelen, dan neem je een omweg en loop je vertraging op – wat geen ramp is, want ieder mens krijgt alle tijd die er nodig is en als je het mij vraagt alle levens die nodig zijn. Maar als je een stap durft te zetten in een richting die instinctief klopt, ook al weet je niet precies waarom en waar die je zal brengen, dan zal je ontwikkeling in een stroomversnelling raken. Als jij je losschudt en ruimte maakt, dan kan de voorzienigheid, het universum of hoe je het ook wilt noemen beginnen met het aanbieden van mogelijkheden. Jij kiest, lief mens, en daarna word je geholpen. Het mooie is dat jij kiest. Het doodenge is dat jij kiest.

Het levensmodel in onze samenleving is grofweg als volgt: naar school gaan, carrière maken, eventueel een gezin beginnen, zo veel mogelijk bezit en vermogen vergaren om daarna rustig met pensioen te gaan. En dat terwijl zowel het 'zo veel mogelijk geld verdienen' als het 'uitrusten' daarna uitermate onbevredigend kan zijn. Verwar geld en bezit hebben niet met geluk en verwar stoppen met werken ook niet met stoppen met leven. Je schaapjes op het droge hebben, het allemaal wel best vinden en je afkeren van de maatschappij betekenen stilstand. En het leven houdt niet van stilstand. Dan stromen de sappen niet meer, dan stokt Hildegards viriditas. Dan breng je jezelf in een soort prematuur stervensproces.

We zijn niet meer gewend om ouder worden als het begin van een nieuw verhaal te zien. Onze verhalen eindigen met 'en toen leefden ze nog lang en gelukkig' – maar hoe, dat staat er niet bij. Pas de laatste tijd staan oudere en ronduit oude mensen in films en boeken centraal. Zij tonen dat het leven na je vijftigste, zestigste, zeventigste, tachtigste nog steeds avonturen en omwentelingen kent. Verhalen doen ertoe, ze geven ruimte aan wat voorstelbaar is.

In de tweede helft van ons leven hebben we al veel veranderingen ondergaan. We hebben meer wonden opgelopen, zijn meer te boven gekomen, hebben meer verkloot dan jonge mensen. En hier staan we dan. Gepokt, gemazeld en nog steeds in staat om grandioze uitglijders te maken. Maar wel begint er langzamerhand iets te dagen: alles valt uiteindelijk uiteen. Niet alleen het materiële, maar elke orde begeeft het op een zeker moment. Dat is een natuurwet, een verschijnsel dat je entropie kunt noemen. En daarna bouwt zich weer iets anders op. Geen paniek. Niks aan de hand.

Vrouwen kennen dat voortdurende uiteenvallen en opbouwen van dichtbij. Puberteit, menstruaties, eventuele zwangerschap en menopauze keren ons met veel rumoer en tumult binnenstebuiten en doen ons steeds een andere vorm aannemen. Daardoor vinden we onszelf, veel meer dan mannen, tijdens ons leven steeds opnieuw uit. We kennen de eeuwige cycli van creatie, vernietiging en transformatie, van afscheid nemen en verwelkomen van binnenuit.

De tweede helft van je leven vraagt je opnieuw om aan te spreken wat dichter John Keats het 'negatieve vermogen' noemde: de intuïtieve manier van leven die de mens in staat stelt met 'onzekerheid, raadselen en twijfel te verkeren zonder zich geërgerd vast te klampen aan feiten en rede'. Om je te blijven onderdompelen in onzekerheid over wat voor je ligt en toch met ferme pas door te stappen. Als je pad logisch en duidelijk voor je ligt uitgerold, zegt Jung terecht, ben je waarschijnlijk op dat van iemand anders aan het lopen.

'Je bent veilig,' hield ik mezelf vanochtend voor terwijl ik met opgetrokken schouders door de stad fietste. Zoals wel vaker voelde ik me om onduidelijke redenen bezorgd en een beetje angstig. Ik herhaal de woorden, die zo geruststellend klinken, in mezelf, maar diep vanbinnen lukt het me niet om erin te geloven. De zin voelt als een doek die iets nét niet helemaal bedekt; iets wat er wel degelijk is en zich niet laat wegpraten.

'De wereld is geen veilige plek' – kijk, dát voelt voor mij als een waarheid. Eentje waarbij er niets in me protesteert en waar ik iets mee kan, waarop ik kan voortbouwen. Oké, de wereld is niet volledig veilig voor levende wezens. Er kan je van alles aangedaan worden door anderen, er zijn rampen die niemand sparen en dan kun je ook nog zelf fouten maken met allerlei schadelijke gevolgen. Allemaal waar. Maar de vraag is: hoe moet ik me daartoe verhouden? Hoe leer ik ontspannen op die onveilige plek?

Ik formuleer in gedachten verder, terwijl ik mijn lichaam scan of het voor mij klopt. 'De wereld is voor het overgrote deel een veilige plek.' Ja, dat zinnetje wordt door alles in mij probleemloos omarmd. Doorgaans ervaar ik dat de meeste mensen elkaar opvangen en het beste met elkaar voorhebben. En rampen en gewelddadigheden zijn best zeldzaam, vandaar dat ze in de krant komen.

Maar wat als ik nu word overvallen? Of aangereden door een automobilist die de macht over het stuur is kwijtgeraakt? Weer probeer ik een zin te formuleren: 'Ik kan onveilige situaties en aanvallen op mijn veiligheid aan.' Mijn lichaam ontspant erbij. Ja, er zijn in mijn leven best wat bedreigende situaties en beschadigende omstandigheden geweest en tot nu toe kon ik die allemaal aan of heb ik zelfs erger weten te voorkomen. Ik moest die ervaringen verwerken, dat wel, maar vond de weerbaarheid om me niet uit het veld te laten slaan.

Dan zijn er nog de dingen waar je je gedachten niet naartoe wilt laten gaan, dingen die je kinderen of dierbaren kunnen overkomen, dingen die een mens niet overleeft of zou wíllen overleven. 'En als het allerergste gebeurt, kan mijn ziel dat aan,' komt er in me op. Ik voel me rustig worden. De ziel ontfermt zich over alle ervaringen die je als mens-met-een-lichaam opdoet, stuurt je naar manieren om te helen en brengt je na elk leven weer thuis: een plek waar het wél volledig veilig is.

De aarde is een hachelijk oord. Leven is gevaarlijk. Het betekent voelen, dingen ervaren die donker of zelfs duister zijn, die zichtbare en onzichtbare wonden achterlaten. Daar moeten we als kwetsbare wezens op goede voet mee proberen te staan; wat mij betreft niet door onszelf sprookjes te vertellen, maar door de gehele, rauwe werkelijkheid te benoemen. Dat helpt om je open te stellen voor het prachtige avontuur en het risico dat het leven is.

De wereld is voor het overgrote deel een veilige plek. Je kunt onveilige situaties en aanvallen op je veiligheid aan. Als het allerergste gebeurt, kan je ziel dat aan.

De mens is van nature niet zo happig op verandering. We willen de dingen alsmaar handhaven, terwijl alles in ons en om ons heen aan voortdurende verandering onderhevig is: de seizoenen, de omstandigheden, de actualiteiten, onze gevoelens en onze gedachten. Zelfs ons lichaam bestaat elke zeven tot tien jaar helemaal uit nieuwe cellen. Er is geen enkel moment géén verandering aan de gang. De Griekse filosoof Heraclitus schreef al: 'Alles stroomt en niets blijft': *panta rhei kai ouden menei*. Toch lijken we dat niet te beseffen. We zijn geneigd te doen alsof de dingen veel bestendiger zijn dan ze in werkelijkheid zijn. We koesteren de illusie dat de dingen blijven zoals ze zijn, klampen vast, zoeken naar stabiliteit. Zelfs een verandering ten goede kan soms unheimisch aanvoelen.

'Het komt allemaal wel goed.' Zoiets wordt vaak gezegd als er iets dreigt te veranderen. Meestal is het een poging om je gerust te stellen dat het zich allemaal zal voltrekken zoals jíj dat graag wilt. Dat de dingen behouden blijven of een upgrade krijgen. Ik voel er ergernis bij, want hoe kan die andere persoon nu weten dat dat zo is? Het zinnetje is natuurlijk vriendelijk bedoeld, maar geruststellen doet het me eigenlijk nooit.

Iemand die zich zorgen maakt over een mogelijke verandering ziet de ergste scenario's voor zich. Ze zijn ineens voorstelbaar, dichterbij dan ooit. De best denkbare uitkomsten zijn er ook, en daar vraagt de 'het komt wel goed'-zegger je je aan vast te houden. De simpele waarheid is dit: allebei deze personen kunnen niet in de toekomst kijken en gokken maar wat. Het is ons simpelweg nog niet bekend. En met dat niet-weten zullen we het moeten doen.

Natuurlijk lijdt de mens het meest door het lijden dat hij vreest en komen de meeste dingen op hun pootjes terecht. Daar kun je jezelf gerust mee kalmeren. Maar er zit een nog veel diepere ontspanning verborgen in het besef dat niet alles zal gebeuren zoals wij dat wensen. Dat alles voortdurend openligt en niet gehoorzaamt aan onze plannen en voorwaarden, maar aan een grotere orde die we niet kennen met een eigen logica.

Ik beloof je dat er een gigantische bevrijding zit in het accepteren van niet-weten. Het omarmen van de fundamentele onzekerheid van het bestaan is een verlossing uit alle krampachtige wilskracht en controledwang. Er is een dieper vertrouwen voor vereist dan 'alles komt goed': het vertrouwen dat zowel succes als mislukking, zowel geluk als verdriet zinvol en betekenisvol is omdat er aan de realiteit zoals die zich zal ontvouwen een hogere intelligentie ten grondslag ligt. Er ligt, zo heb ik ervaren, een betekenis achter die we niet meteen kunnen begrijpen, maar vaak op een later moment wel – als je geluk hebt in dit leven of anders erna.

'Alles komt goed' is meestal een bezwering van de angst. Een kalmeringspil. Een hand voor je ogen bij een enge film. Een wijsje dat je fluit als je door een eng steegje moet lopen. Het helpt maar een heel klein beetje. 'Ik weet niet hoe dit afloopt, maar ik vertrouw erop dat er een groter plan achter zit' is veel heilzamer. Het is een blijk van overgave. Angst en bezorgdheid nemen af, diep vertrouwen groeit.

Deze ontspannen onderwerping aan een hogere macht is voor mij het moeilijkst in de praktijk te brengen als er iets met mijn kinderen is, zoals bij veel ouders. Ik kan me herinneren dat mijn zoon met buikklachten de hele medische molen had doorlopen en ik me maar bleef vastbijten in diëten en poeders, tot een kindertherapeut me meer open naar de situatie liet kijken, mijn gebalde vuisten opengingen en we naar de kern van het probleem konden. Ik moet erin zijn gegroeid, want toen mijn dochter laatst haar geliefde middelbare school dreigde te moeten verlaten en ik haar proefwerken het liefst eigenhandig had willen maken, stopte ik mezelf. Op mijn kussentje bekeek ik de situatie van een afstandje en ik wist weer: ik heb de wijsheid niet in pacht over wat beter voor haar is, deze of een andere school. In een seconde draaide alles om. Ik was vrij van gehechtheid aan een uitkomst, waarna ik bakken vol energie naar me terug voelde stromen. De situatie zelf zag er ook ineens anders uit, alsof er zonder mijn inmenging makkelijker kon gebeuren wat er moest gebeuren. Ik liet mijn dochter niet vallen, begreep ik, ik liet de illusie van controle vallen. Uiteindelijk kon ze trouwens gewoon blijven en ging ze zonder onvoldoendes over.

Toen mijn kinderen nog heel klein waren, interviewde ik een vrouw over moderne etiquette en het gesprek kwam op opvoeding. 'Het meest waardevolle dat je een kind kunt meegeven is...' Hier pauzeerde ze voor dramatisch effect, 'frustratietolerantie.' Ze sprak het woord uit als een toverformule. 'Ofwel het kunnen opvangen van tegenslagen.' Met een gepijnigd gezicht ging ze verder: 'Zoveel ouders geven toe aan elke impuls van hun kind, halen de kastanjes uit het vuur en beschermen ze voor teleurstellingen. Want als hun kind gelukkig is, dan zijn zij het ook. Maarrr…' En hier stak ze een manende vinger op, 'later zal het kind nog raar opkijken als dingen misgaan of tegenvallen en hij of zij er geen enkele mentale weerbaarheid voor heeft ontwikkeld.'

De etiquettemevrouw had gelijk, vond ik toen en vind ik nog steeds. Je dénkt misschien dat je je kind tot een gelukkig mens maakt als je alle beren van de weg haalt en alle doornen van de roos, maar dat is maar schijn. Geluk gebaseerd op alles wat gaat zoals jij dat graag ziet, is geen werkelijk geluk. Dat zijn gelukkige omstandigheden.

Hindernissen, moeilijkheden en obstakels zullen er altijd zijn. Mensen zullen hun beloftes verbreken, plannen zullen doorkruist worden, onrecht zal je aangedaan worden, treinen zullen niet rijden en regen zal op je neerkletteren als je nog een kwartier moet fietsen. Dat is gewoon het leven. Het is maar beter als kinderen dat niet te laat ontdekken. De dingen zijn nooit zoals je denkt dat ze zullen zijn. Het pakt meestal nét even anders uit. Je kunt het leven sturen, maar godzijdank niet volledig naar je hand zetten.

Vroeger zaten veel vrouwen vast in een keurslijf waarin alles voor hen was afgebakend, nu heb ik soms het gevoel dat we zelf te veel naar zekerheden zoeken en alles willen dichttimmeren, compleet met affirmaties en manifesteertechnieken. Ik zou juist willen zeggen: accepteer deemoedig je portie pech. Vul leegtes niet te snel op en klamp nergens aan vast. Zoek geen ontspanning in stabiliteit, maar ontspanning te midden van instabiliteit. Wanneer zekerheden wankelen, kan het geluk soms opduiken als een struikrover vanachter een bosje.

Er zijn maar weinig mensen die nooit in hun leven het gevoel hebben gehad dat hun wereld door een groot verlies ineenstortte: een dierbare die overlijdt, een ziekte die alles inperkt, een droombaan die wegvalt, of, zoals bij mij, een gezin dat uiteenviel. Als je geconfronteerd wordt met een grote, ongewenste verandering, wordt je basisveiligheid aangetast. Iets waarvan je zeker dacht te zijn en waar je groot geluk aan ontleende, is ineens weggevallen. Je voelt je onveilig, bang en klein. Mensen om je heen verzekeren je dat je het heus gaat redden. 'De pijn wordt minder,' houden zij die het kunnen weten je voor. En zelfs: 'Je komt hier sterker uit.' Het probleem bij een groot verlies is dat je helemaal geen interesse hebt in die nieuwe toekomst. Je verweert je. Ik herinner me dat ik in paniek raakte als ik dacht aan de kwelling die voor me lag (lege bedjes als de kinderen naar hun vader waren, zijn lege plek aan de eettafel, de nieuwe vrouw aan zijn zijde). Dat ik sterker en wijzer in die toekomst zou zijn, zei me niets. Ik wilde die toekomst niet.

Filosofisch bekeken is het niets meer dan een *mindgame* die je speelt. Je rouwt om een gedroomde toekomst, een die je jezelf hebt voorgesteld. Het kan bijna tastbaar zijn, zo vanzelfsprekend lijkt het, maar het is een illusie, want het is nog niet gebeurd. Het is een ruimte die je je alvast hebt toegeëigend en die je hebt ingekleurd met je gedachten en verbeelding. Het heden, je dagelijkse werkelijkheid, verandert van vorm – zoals het heden nu eenmaal voortdurend doet en altijd zal doen. Het bestaan is grillig, onvoorspelbaar, vol verrassingen die prettig en minder prettig zijn.

Mijn verzet was pijnlijk, zoals het dat altijd is. Een realiteit verwerpen betekent het leven verwerpen. Het betekent weerstand bieden tegen wat is. Je weigert te ontvangen wat zich aandient en houdt krampachtig vast aan hoe het zou zijn geweest als alles nog 'goed' was. In je hoofd is een conflict ontstaan tussen de realiteit en je overtuiging van hoe het zou moeten zijn. Het kost tijd om het verhaal over je leven in je hoofd bij te stellen. Iets moeten wissen voelt aan als rouwen.

Hoe ik me ook voornam mijn nieuwe werkelijkheid te omarmen, het lukte me alleen bij vlagen. Als ik even niet oplette, gleed ik terug in de rouw, het terugverlangen, de boosheid, het 'wat als ik/hij het anders had gedaan?'. De eerste stap in mijn verwerking was, hoe gek het ook klinkt, mijn aversie gewoon maar te ervaren en te aanvaarden. Je moet nooit verlichter willen zijn dan je in werkelijkheid bent, niet sneller willen gaan dan het proces toelaat. Anders sla je dingen over en zet je twee stappen terug. Boeddha zei dat lijden bestaat uit weerstand voelen tegen wat is en verlangen voelen naar wat niet is, maar als het juist weerstand is wat er is, dan is dat maar zo. Anders stapel je weerstand op weerstand. Door vriendelijk naar mijn innerlijke verzet te kijken en erbij te ontspannen, zwakte het af en verloor het zijn greep op me. Het werd 'dunner' en ik kon erdoorheen kijken.

Na een tijdje lukte het me om afscheid te nemen van dierbare oude grond. Ik probeerde die niet langer te behouden, al was het alleen maar in gedachten. Mijn aandacht begon uit te gaan naar het vinden van nieuwe grond. Voorzichtig voelde ik de eerste kluitjes aarde onder mijn voeten.

Ik koos ervoor om me wijder open te stellen voor het leven dan ooit, wetende dat alles ongewis is en me op elk moment kan worden afgenomen. Ik begon toe te staan dat de dingen zich ontvouwden. Mijn leven werd er met een gebroken gezin niet gemakkelijker op, maar wel boeiender, dieper en rijker – alleen al om wat ik moest aanboren om dit verlies en het alleenstaande moederschap aan te kunnen. Ik gaf het idee van een solide, stabiele werkelijkheid definitief op en leerde om met een zekere elegantie het gewenste en het ongewenste, slagen en falen, ziekte en gezondheid, tegemoet te treden.

'Geluk is een uitzicht op een weg zonder beer,' schreef Sander Donkers in een column die ik heb uitgeknipt, 'wijsheid is het besef dat die beer vermoedelijk vlak om de hoek zijn klauwen aan het bijvijlen is. De kunst is om naar de weg te blijven kijken, zonder te speuren naar de beer.'

Ontspan bij niet weten wat er komt. Het leven is ontstellend onvolmaakt, en tegelijk volmaakt. Elke tragedie, elke opgelegde, niet zelfgekozen verandering kun je zien als een groot gemis, maar daarnaast als een enorme mogelijkheid om je leven om te gooien, het allemaal anders te gaan doen, wat niet meer past achter je te laten en je dieper het leven in te laten trekken.

Het begin van de tweede helft tekent zich door vernieuwing of afscheid in relaties, die vooral vanuit vrouwen wordt ingezet. En zo hoort het ook te zijn. De poort waar je doorheen gaat, moet groot genoeg zijn voor jóú – niet per se groot genoeg voor jou en iedereen die je met je meezeult. Veel vriendschappelijke contacten, liefdesrelaties en samenwerkingsverbanden sneuvelen in deze fase. Ze passen simpelweg niet door jouw poort.

Als je afscheid van iemand neemt, kun je dankbaar terugkijken naar het stuk dat je samen hebt opgelopen; het was waardevol, je had het nooit willen missen. Bij mij was dat mijn echtgenoot, met wie ik acht jaar samen was. Hoezeer ik ook van hem hield en houd, het lukte me gewoon niet meer om samen verder te gaan. Alles blokkeerde. Mijn hoofd wilde het blijven proberen, ik had 'ja' gezegd en ik vond hem nog steeds leuk, maar mijn lichaam wist beter. Het drong aan op een beslissing en kon geen stap meer in dezelfde richting zetten.

Het einde van een relatie – een liefdesverhouding, een vriendschap, een samenwerking, een familielid – kan hartverscheurend zijn en grote rouw inluiden. Een verbinding beëindigen of beeindigd zien, voelt voor veel mensen als iets wat eigenlijk niet had mogen gebeuren, te allen tijde moet worden voorkomen of eindeloos moet worden verzacht. Er zijn mensen die elke uitgebloeide vriendschap in stand proberen te houden. Die met ex-scharrels willen blijven afspreken. Die contact houden met oude buren en voormalige collega's en kerstkaarten blijven sturen naar mensen die ze al jaren niet meer hebben gezien. Er zijn mensen die na een weekendworkshop of groepsvakantie tegen het gezelschap roepen: 'Laten we nog eens afspreken!'

Het is goed om te beseffen dat iets mag eindigen. Er is niets onnatuurlijks aan het aflopen van een verbinding tussen twee personen. Dat is net zo belangrijk als het besef dat je de band met de mensen die in je leven horen moet koesteren en nieuwe vriendschappen kunt blijven aangaan. Alles is voortdurend in beweging en verandert van vorm. Vrienden worden geliefden, daarna exen en vervolgens soms weer vrienden (ik hoop natuurlijk dat dit bij mij en mijn ex-man gebeurt). Collega's worden mensen die je ooit hebt gekend. Vreemden worden werkpartners. Jeugdvrienden en studiegenoten worden vage kennissen.

Een al te krampachtige gehechtheid aan bestaande verbindingen is iets om te onderzoeken. Wat in jou maakt je zo bang voor afscheid? Deze houding kan ervoor zorgen dat je ook ongezonde, belemmerende relaties blijft voeden en vast komt te zitten in rollen en dynamieken. Of dat je te veel verbindingen moet onderhouden en zodoende tijd tekortkomt voor de mensen die het dichtst bij je staan en jouw aandacht en liefde verdienen. Het kan je uitputten om steeds weer te lunchen met die kennis, te bellen met die oude collega en naar de verjaardag van de ex van je broer te gaan.

Een afscheid tussen twee mensen kan mooi en zuiver zijn. Je kunt voelen dat het contact waardevol was zoals het was en niet eindeloos hoeft worden uitgesponnen. Je kunt evenveel energie en aandacht steken in het goed uit elkaar gaan als je deed in het opbouwen van de band. Je kunt erop terugkijken met de fijne, geruststellende wetenschap dat jullie in die periode van jullie leven werkelijk iets voor elkaar hebben kunnen betekenen. Eer wat er was, wat het je heeft gebracht en wat je de ander hebt kunnen bieden. Neem afscheid met respect.

Over het spanningsveld tussen lot en vrije wil heeft niemand de waarheid in pacht, want dat is zo complex en vernuftig dat wij het met ons menselijke voorstellingsvermogen niet kunnen bevatten. Maar als ik aan het schouwen ben, voelt het voor mij alsof ik binnen een bandbreedte bepaalde keuzes heb. Alsof er niet één vastgelegde toekomst is, maar dat er meerdere toekomsten mogelijk zijn vanuit de plek waar ik op dat moment sta. Al gaande baan je de weg. Als ik voor een belangrijke keuze sta, stel ik mezelf op een kruispunt voor. Een van de paden leidt naar mijn toekomstige versie die het meeste licht bij zich draagt, andere paden leiden naar andere versies die minder licht uitstralen. Het pad naar mijn lichtste zelf oefent de meeste aantrekkingskracht op me uit. Mijn ziel kiest daar onmiddellijk voor, maar mijn menselijke zelf voelt daar van alles bij, van angst tot schuldgevoel.

Misschien sta jij op dit moment in je leven op een tweesprong, een driesprong of misschien wel een viersprong. Welke weg beloop je en welke wegen laat je onbelopen? Als je een belangrijke keuze moet maken, zo eentje waarbij er dingen op het spel staan en er voor alles wel iets te zeggen valt, moet je in stilte terugvallen op jezelf. Raadpleeg op dit punt juist niemand of niet te veel anderen. Geen enkele dierbare vriendin of bewonderde healer is alwetender dan het hoogste licht in jouzelf. We bestaan uit verschillende delen: verwarring, onwetendheid én het hoogste licht. Je hoeft je alleen maar te richten tot het hoogste licht in jezelf.

Toen ik jong was, vond ik het verschrikkelijk om te moeten kiezen, vooral tussen leuke dingen. Welke beslissing ik ook nam, de andere mogelijkheden zou ik moeten laten schieten en daarmee zou ik nooit weten wat ze me hadden gebracht. Die gedachte vond ik onverdraaglijk. Daarom stelde ik soms de keuze uit in de hoop dat er uiteindelijk voor me gekozen werd, door het lot of door anderen. Alles beter dan verkeerd kiezen en spijt krijgen. Als je dit herkent, dan weet je net als ik dat deze werkwijze niet veel oplevert. Door niet te kiezen kies je toch, alleen niet bewust. Je laat het aankomen op waar je je uiteindelijk toe gedwongen ziet. Beter is het om stil te staan op de kruising, naar alle richtingen te kijken, er een uit te kiezen en verder te lopen.

Een beslissing die je moet nemen, waarover deze ook gaat, vraagt intuïtie, reflectie en daadkracht. Laten we beginnen met intuïtie, het 'innerlijk weten' of 'het stemmetje vanbinnen'. Het is mysterieus, ongrijpbaar en zeer lichamelijk. Zodra je voor een keuze gesteld wordt, zou je je denkende geest een paar momenten links moeten laten liggen en het lichaam moeten laten praten, want intuïtie laat zich voelen in het lichaam. Dit heldere innerlijke weten kan zich uiten in kippenvel ('deze kans is voor mij bestemd'), een schokje ('dit is waar'), weerstand in je buik ('ik moet hiervan weg') of een sensatie op een andere plek in je lichaam. Het intuïtieve signaal gaat de gemakkelijkste, meest gebruikte route in je lichaam, zoals water door een geultje stroomt.

Intuïtief ontvangen informatie tekent zich hoogstens enkele seconden kristalhelder af, waarna het verdwijnt, en draagt geen enkele emotie in zich, geen spoor van angsten of verlangens. Je weet ineens heel rustig: ja of nee, links of rechts, stoppen of doorgaan. Het komt evenmin voort uit gedachten of kennis. Het brein zoekt naar bewijzen voor wat het zichzelf heeft wijsgemaakt; een intuïtieve ingeving is niet verbonden aan een gedachtestroom of redenering en bevat een soort 'geïsoleerde' informatie die jou vaak zelf verbaast omdat het niet per se strookt met wat je al weet. Deze intuïtieve sensatie dient zich onmiddellijk aan als je een keuze voorgeschoteld krijgt. Het is zaak om dat moment goed te registeren en bewust op te slaan, want voor je het weet, raakt het alweer bedolven onder wat je ervan vindt en wat je erbij voelt – daar zijn we mens voor.

Als je het moment hebt gemist, kun je later alsnog naar je

intuïtie terugkeren. Ontspan je, sluit je ogen, stel je voor hoe je verschillende keuzes hebt gemaakt en neem waar hoe je lichaam daarop reageert. Voel je ruimte of beknelling? Als de ene optie levendiger aanvoelt dan de andere, als er 'veel energie op zit', dan is dat de beste keuze. Dat is namelijk het meest in lijn met je zielsverlangens of je zielendoelen, waarbij er veel energie tot je beschikking komt.

Daarna is het tijd voor reflectie. Er zijn eigenlijk maar twee vragen die je jezelf hoeft te stellen. Een: wat zijn mijn kernwaarden ofwel: wat is heilig voor mij? En twee: met welke beslissing dien ik die het meest? Blijf naast denken ook voelen. Wat voor jou bestemd is, voelt kalm, rustig, helder aan, nooit geforceerd, chaotisch en verwarrend.

En ten slotte is het tijd voor daadkracht. Je weet zelf heel goed wanneer het tijd is om de knoop door te hakken; de onrust in je lichaam en geest geeft dat aan. Het voelt als het moment vlak voor je een pijl afschiet of een duik van de duikplank neemt; je kúnt niet anders meer. Toe maar. Kies. Neem je verliezen en heb vertrouwen.

We bewegen tijdens ons leven van het hoogste licht naar de dichtste aardse energieën, van versmelting naar individu zijn, van je ijl en gewichtloos voelen naar de logge, taaie menselijke ervaring en weer terug. We bewegen heen en weer, van het hoogste naar het laagste in onszelf en in het leven, waardoor we ontwikkelen, transformeren, opschonen en vitaliseren – zoals alles in de natuur dat doet. De beweging zelf wekt dat op.

Zie dat niet als een eindeloze kringloop, maar als een ontwikkelingsweg: als je als individu steeds meer vervuld raakt van eenheid en weten, kun je de hemel op aarde brengen, het licht de stof in doen vloeien. Net als de oranje, helende gloed bij zonsopkomst en zonsondergang, waarbij hemel en aarde zich verenigen, ben je als mens een brug. Dat is niet moeilijk en niet voorbehouden aan enkele uitverkorenen, maar aan ons allemaal.

Alles wat je hoeft te doen, is je diepste wensen en zielsverlangens in de gaten houden via je lichaam, dat je alles laat voelen, en die te volgen.

Ouder worden betekent ook geconfronteerd worden met je 'ongeleefde leven': het niet-geleefde maar wel gedroomde leven. Het leven dat net naast dit leven huist en dat je bijna kunt aanraken, maar dat steeds minder haalbaar lijkt. Op je vijftiende denk je nog dat je misschien wel ooit professioneel basketballer zult worden, op je dertigste acht je het mogelijk dat je ooit een relatie krijgt met je droomprins, rond je vijfendertigste kun je jezelf amuseren met de gedachte dat je een groot gezin zult stichten. Rond je vijfenveertigste begint het je te dagen dat het huis naast het jouwe waarschijnlijk leeg zal blijven staan.

'Je weet niet hoe het is gebeurd, maar opeens staar je de vijftig aan,' zei schrijfster Hilary Mantel. 'Als je je omdraait en kijkt naar de jaren die achter je liggen, ontwaar je de geesten van andere levens die je had kunnen leiden.' Mantel werd ook geplaagd door boeken die half of niet geschreven zijn. Er hoort rouw bij het loslaten van dromen die niet meer te realiseren vallen en plannen die je niet hebt kunnen waarmaken, maar er valt ook iets te vieren: je kunt al je energie en verbeeldingskracht naar het huis dat je bewoont laten gaan. En naar het vervullen van dromen die wél haalbaar zijn.

In deze fase dringen zich ook de kinderkwesties op: de miskraam, de abortus, de onvervulde kinderwens, het bewust kindvrij zijn, het verlies van een kind, het kind dat je nooit met die ene man hebt gekregen. Vrouw-zijn en moederschap zijn hecht verbonden, misschien wel te hecht. Het geeft te denken dat de enige respectvolle term voor een oudere vrouw in onze tijd 'grootmoeder' is. En toch: het haperen en daarna eindigen van de menstruatiecyclus werkt oude pijn naar boven en maakt de dingen akelig definitief. Een vriendin, die anoniem wil blijven, is altijd achter haar beslissing om geen kinderen te willen blijven staan, maar vond het uitblijven van haar menstruatie toch confronterend. Ze dacht ineens zorgelijk: wie gaat er voor mij zorgen als ik echt oud ben? En: zal ik ooit spijt krijgen? Vijf jaar later luidt het antwoord gelukkig nog steeds 'nee'.

Bij een andere vriendin, oud-studiegenoot, columniste en auteur Roos Schlikker, kwam op haar zevenenveertigste opeens oude pijn over het verlies van haar eerste kindje naar boven. 'Mijn dochter Liv is in 2008 geboren en overleden. Mijn man en ik hebben destijds intens om haar gerouwd. En toch, meer dan een decennium later zat ik plotsklaps huilend aan haar graf. Ik had in die tijd last van ernstige migraine, waarschijnlijk veroorzaakt door hormoonschommelingen. Dat was fysieke ellende, maar ik heb het gevoel dat er daarnaast ook oud leed langs diende te komen. Met groter wordende kinderen voelde het verlies van dat ene meisje enorm pregnant. Dit diepe verdriet heeft me overvallen, maar ik denk ook dat het goed is geweest dat ik het nogmaals doorvoeld heb.'

Ook ouder wordende kinderen die steeds meer hun eigen gang gaan en kinderen die het huis uit gaan, kunnen voor een opdonder zorgen. Niet zelden komen ze met kritiek op de proppen. Ik vraag Sylvana Simons, van wie ik weet dat ze haar kinderen actief naar feedback vraagt, wat haar dat opleverde. 'Het moederschap is een ingewikkelde opdracht zonder gebruiksaanwijzing,' zegt ze. Als alleenstaande moeder had ik het gevoel dat ik duizend beslissingen op een dag moest nemen, van "mogen ze nog een snoepje" tot "welke middelbare school is de beste". Tussen al die besluiten, genomen met de beste bedoelingen, zitten er ongetwijfeld een paar die niet begrepen werden of onbedoeld gekwetst hebben. Daarom begon ik vanaf dat ze pubers waren de vraag te stellen hoe ze mijn moederschap hadden ervaren. Door met ze in gesprek te gaan geef ik ons beiden de kans zaken op te helderen, uit te leggen en soms zelfs excuses te maken.'

Een leger nest gaat meestal niet zonder hartzeer, hoe blij je ook bent dat je nakomelingen op een goede manier volwassen worden. Collega-auteur Esther Verhoef vertelde me eens over de enorme hoeveelheid sushi die ze had ingeslagen toen haar op kamers wonende kind een weekendje thuis zou komen, hoe ze maar eens ging appen waar ze bleef, om kwart over tien een berichtje kreeg dat ze toch niet kwam en met bovenmenselijke inspanning 'hé lieverd, geeft niets' terug appte.

Mijn eigen houding voorspelt niet veel goeds voor hoe ik de rouw over uitgevlogen kroost ga opvangen. Mijn kinderen zijn nu tien en dertien en ik weersta met moeite de neiging om mijn jongste achterna te fietsen naar judoles en grijp elke kans om de broodtrommel van de oudste te maken. Maar misschien zal het meevallen.

'Je moet leren om van manager naar adviseur te gaan,' zegt mijn vriendin Sheila Nelwan, zelf grootmoeder. En eventueel, als je zoals zij regelmatig op je kleinkinderen past, weer naar manager. Tot ook zij weer groter worden en alleen nog incidenteel langskomen voor advies, troost en je uitstekende pompoensoep.

Geen enkel stadium van moederschap is voor eeuwig – en dat is zowel intens verdrietig als een grote opluchting.

Als je een ravissante Crone wilt worden, zul je ook veranderingen en verschuivingen in je denkbeelden moeten verwelkomen. Wijsheid begint bij herzien en nuanceren, niet bij zeker weten en gelijk hebben. Te veel zekerheid in je overtuigingen sluit het proces van bevragen en kennis verzamelen af. Twijfel net zozeer aan je éígen overtuigingen als aan die van de ander, zodat je lucht in je eigen standpunten blaast. Wijsheid graaft dieper dan de oppervlakte en blijft in beweging. Het laat zich niet inlijven door welke groep dan ook, want groepen hebben de neiging om denkbeelden luchtdicht te verpakken.

Een groepsidentiteit kan bekrachtigend, vertrouwd en veilig

aanvoelen. Maar denken in groepsidentiteiten kan ook verwijderend en schadelijk zijn. Je kunt je te zeer vereenzelvigen met slechts één aspect van jezelf. Je kunt een ander op basis van uiterlijke kenmerken als onderdeel van een groep gaan beschouwen en daarmee denken dat je diegene volledig kunt categoriseren en kwalificeren. Je kunt uit het oog verliezen dat de identiteitskenmerken ons en anderen nooit maken tot wie we zijn, dat er net zoveel identiteiten zijn als er mensen zijn op deze aarde.

Koningin Noor van Jordanië, die ik in 2002 in haar huis in Londen opzocht voor *Wijze vrouwen*, ziet zichzelf als een bruggenbouwer, waarvoor ze eerst een brug in zichzelf moest bouwen met haar Zweedse moeder en Arabische vader, en haar jeugd in Amerika en volwassen leven als koningin van Jordanië. Voor haar project Seeds of Peace brengt ze jongeren uit vijandelijke gebieden bij elkaar, zoals Israël en Arabische landen. 'Ik heb veel vriendschappen zien ontstaan tussen "vijanden" toen ze ontdekten dat hun hoop en angsten vrijwel identiek zijn,' zei ze. Het is schrijnend om dat, met de recente ontsporing van afschuwelijk geweld en al het trauma dat gecreëerd wordt, terug te lezen.

Als je een verbinder wilt zijn, zul je de verleiding moeten weerstaan om bij conflicten in je omgeving en in de wereld slechts één partij te steunen en blind te zijn voor de andere, omdat dit in jouw kring als het enige goede standpunt wordt gezien. Je zult met meer afstand naar kwesties kijken om niet verstrikt te raken in slechts één kant van het verhaal en zo ongewild bij te dragen aan nog meer tweespalt en haat. Met een breder perspectief kun je de onderliggende patronen van problemen zien en daardoor ook de weg eruit. Als het nodig is, moet je bereid zijn alleen te staan in je zienswijze.

Houd je hart open voor álle slachtoffers, zie álle onrecht, veroordeel álle geweld. Sta pal voor mensen- en dierenrechten, in welke kwestie dan ook. Beschouw niemand enkel als onderdeel van een volk, een soort of een type, maar als een volstrekt uniek individu. Er bestaat niet zoiets als de jood, de moslim, de Palestijn, de Rus, de Marokkaan, de Israëliet, de christen, de heks, de hetero, de homo, de non-binaire persoon, de transpersoon, de millennial, de gen Z'er, de platinablondine, de getatoeëerde, de parelkettingdrager. Er bestaat alleen het individu. Een unieke persoon die je kunt leren kennen als je tijd met diegene doorbrengt, met een naam, eigenaardigheden, talenten, onhebbelijkheden en hogere doelen. Een ziel die er, net als jij, in deze tijd voor gekozen heeft om op deze wereld menselijke ervaringen op te doen.

Etty Hillesum schreef midden in de Tweede Wereldoorlog, toen ze het risico liep als joodse vrouw naar een concentratiekamp te worden afgevoerd, in haar dagboek: 'En al zou er nog maar één fatsoenlijke Duitser bestaan, dan zou die het waard zijn in bescherming genomen te worden tegen de hele barbaarse bende en om die fatsoenlijke Duitser zou men dan niet zijn haat mogen uitgieten over een geheel volk.'

Blijf zacht. Blijf soepel.

Niet alle mensen in je leven kunnen mee door de poort, maar ook niet al je gewoontes en activiteiten. Je zult afscheid nemen van bezigheden, zodat er aan de andere kant van de poort ruimte is voor nieuwe. Maar welke dan? Het helpt om in gedachten terug te gaan naar wat je eerder in je leven leuk vond om te doen. Wat zocht je instinctief op toen dingen nog geen geld hoefden op te leveren, cool of nuttig hoefden te zijn? Wat vocht zich steeds een weg terug uit elk graf dat je ervoor gedolven hebt?

Als er een grote droom is die je niet gevoed, maar uitgehongerd hebt, is het nu de tijd om die naar buiten te lokken en te eten te geven. Het is nogal wat om je grootste droom na te jagen. Stel je voor dat je faalt? Dan ben je de droom kwijt waar je al die jaren bij kon schuilen als het even niet zo lekker ging. Een onvervulde fantasie is altijd nog beter dan een mislukte poging, denken velen en ze laten het erbij zitten. Er is moed voor nodig om een verlangen aan de werkelijkheid te toetsen. Je zult angst ervaren, maar knikkende knieën zijn geen intuïtief signaal dat je fout zit; ze zijn een teken dat je je buiten je veilige zone begeeft.

Misschien zul je sinds lange tijd weer dingen voor het eerst doen en dat ben je niet meer gewend. De meeste mensen blijven de dingen doen die ze kunnen en de dingen zeggen die ze weten. Als je iets nieuws doet, zal dat waarschijnlijk in eerste instantie niet helemaal lukken. Ook dat is een interessante ervaring, die de vraag opwerpt: mág jij falen van jezelf? Of moet het te allen tijde voorkomen worden? Mag er iets mislukken of ben je in je eigen ogen dan meteen zelf óók een mislukkeling?

Het is niet zo moeilijk om te verklaren waarom bijna iedereen zo'n problematische relatie heeft tot falen, waarom we er zoveel schuld, schaamte en boete op laden. Zeer waarschijnlijk is jou aangeleerd je waarde te ontlenen aan wat je doet en wat je kunt. In de meest gangbare opvoeding kregen we applaus als we onze zwemdiploma's haalden en een standje als we met een slecht rapport thuiskwamen. Voordat we het wisten, vertaalden we dat naar 'ik krijg liefde na prestatie' via 'ik moet liefde verdienen' naar 'ik moet aan iets voldoen om liefde waard te zijn' om te belanden bij 'ik ben waardeloos als ik faal'.

Dat moeten we dan allemaal weer net zo hard afleren als we ouder worden om te ontdekken dat falen en het even niet meer weten er gewoon bij horen. Niks maakbaarheid, niks controle en niks 'als je je best doet komt het goed'; het leven geeft je soms een veeg uit de pan. Je staat met lege handen, een ander gaat er met de prijs vandoor en hoogstens slaat iemand je op de schouder met een 'kop op, volgende keer beter'.

Angst om te falen houdt je klein. Als je de schande van mislukken tot elke prijs wilt voorkomen, zul je nooit meer iets risicovols ondernemen. Durf onwennig of ronduit slecht te zijn in iets nieuws. Zie de dingen als – en dit is mijn favoriete woord op aarde – een experiment. Bij een experiment is elke uitkomst goed, want zowel wat lukt als wat mislukt leert jou iets. Dat geeft een verrukkelijke vrijheid en een gerichtheid op de ervaring in plaats van de uitkomst. Het maakt het leven weer tot een speels avontuur in plaats van een wedstrijd.

Je bent niet te oud om opnieuw te beginnen; je bent te oud om te blijven doen wat niet werkt. Faal en slaag, verlies en win, richt je pijl en schiet raak of mis, maar in godsnaam, schíét.

10 – Dichter bij het mysterie

Als ik hier niet meer ben,
vraag ik vlinders te landen op je hand
als je praat over de liefde of de dood
Geef ik een plotseling gevoel van zachte troost
als je opgekruld in bed huilt om wat voorbijging
Stuur ik moed als oplaaiend vuur,
vlak voordat je je mond opent om iets belangrijks te zeggen
Dat witte veertje vlak voor je voeten,
daar op de grond
hoewel van vorm verwisseld, van toon veranderd,
ben ik nooit ver weg

Carl Jung geloofde dat de ouderen de wachters van de mysteriën zijn en de erfenis bewaren van de cultuur. Oudere personen zijn geschikt om de ontwikkeling van jongere personen te begeleiden – niet door hun te vertellen wat ze moeten doen, maar door te wijzen naar verten die ze nog niet in het oog hadden, voorbij wat ze voor mogelijk hielden. Er blinken niet zelden glimmertjes van magie en symboliek in hun zinnen door, alsof de mysteriën al binnen hun bereik zijn. Dat de wijsheid van vooral oudere vrouwen niet op waarde wordt geschat, zie je aan de taal: een 'oudewijvenpraatje' of een 'bakerpraatje' betekent volgens de Van Dale 'geklets, onzin, bijgelovig, onwetenschappelijk, feitenvrij'.

In mijn straat woont Fietje, een vrouw van honderd jaar oud die we 'de koningin van de Jordaan' noemen. Ze zit vaak op het bankje voor haar huis te kletsen en af en toe kom ik koffiedrinken. 'Je moet jezelf regelmatig omarmen,' zei ze tegen me toen ik een mindere dag had en ze deed het voor, met haar armen gekruist. 'En dan wrijven, je ogen dichtdoen en jezelf liefde geven.' Ik deed haar na. 'Voel je het?' Ja, ik voelde het.

Toen ik Fietje eens vroeg wat ze het mooiste Jordanese woord vond, antwoordde ze 'liefde' (en daaropvolgend met pretoogjes 'druk je ponem': ga weg). Ook bij Yvonne Keuls fonkelen intelligentie, humor en warmte in haar ogen. Bij Thomas Verbogt zie ik mildheid en wijsheid. 'Als je ouder wordt, heb je een plicht om te bekijken wat van belang was in jouw leven,' zei hij laatst toen we een glas dronken in ons vaste café, 'voor jezelf, voor anderen en tegenover het hogere.' Ik voel me een mazzelaar als ik arm in arm met Thomas over de grachten loop, als Yvonne mijn hand pakt en me een 'zuster in de kunst' noemt of als mijn moeder stralend haar voordeur voor me opent.

Wijsheid vind je niet in dogma's, religieuze regels, oordeel, mooiklinkende oneliners en zweverigheid. Janneke Jonkman, behalve auteur ook mystica, maakte een lijstje waaraan je het hoogste licht kunt herkennen: 'Bescheidenheid, oordeelloosheid, focus op naastenliefde, openheid, oprechtheid, humor, lichtheid, eenvoud, ogen die stralen en stevige geaardheid.' Wijsheid kan, net als mystieke gaven, alleen gedragen worden door iemand die goed geaard is. Een boom moet tegelijk twee kanten op groeien: naar boven, de hemel in, en naar beneden, de aarde in. De opwaartse kracht moet gelijk zijn aan de neerwaartse kracht, want alles zoekt evenwicht.

Je bent als een boom. Het belang van de wortels en de grond waarop je leeft, van je thuis voelen en je verbinden met anderen, is aan bod gekomen. De stam kun je vergelijken met je lichaam. Het lichaam is je voertuig op het aardse niveau, maar ook in hogere sferen, want het is multidimensionaal. Laten we het in dit laatste hoofdstuk over de takken hebben die hoog de hemel in reiken. Over de delen van jou die in contact staan met je eigen ziel en de kosmos. Over jouw connectie met het mystieke. Het gaat behoorlijk metafysisch worden, dus sla gerust stukken over als je denkt: 'Prima mens, die Smit, maar hier kan ik niets mee.'

De takken en bladeren van een boom worden de 'kruin' of 'kroon' genoemd. Hoe meer ondergrondse en bovengrondse ruimte een boom heeft om te groeien, hoe groter de kroonomvang kan worden, en dat geldt ook voor een mens. Bomen kunnen een fase van vitale ouderdom hebben, waarbij ze hun gehele kroon vernieuwen. De oudste beukenlanen in Nederland zijn rond 1850 aangelegd en beginnen nu langzamerhand hun kroon te vernieuwen. Het is viriditas tot in de tiende macht en een prachtige metafoor voor hoe je als Crone het contact met het hogere kunt uitbreiden, zelfs als dat eerder in je leven niet zo'n grote rol speelde. Maar daarvoor moet je je wel vrijmaken en geen enkele beknelling meer tolereren, ook niet van je eigen sceptische overtuigingen.

Het archetype dat past bij het mystieke aspect van ouder worden is Hecate. In de Griekse mythologie hoort ze als Crone bij maagd Persephone en moeder Demeter, maar haar lijn gaat verder terug dan de Grieken. Ik heb een beeldje van haar in huis waarbij ze met drie hoofden in drie verschillende richtingen kijkt, want ze draagt als Crone de maagd en de moeder in zich en heeft tegelijk het heden, het verleden en de toekomst in het oog. Haar archetype helpt mij een weg te vinden uit het binaire denken, naar een diepere waarheid, een derde creatieve oplossing. Op het beeldje draagt ze brandende fakkels naar alle richtingen, zodat ze kan zien in het donker. Hecate kent de verborgen lagen van de werkelijkheid, de mysteriën van de sterren en de aarde, de geheimen van leven en dood. Ze verdraagt dubbelzinnigheid en meerdere gezichtspunten tegelijk, de verschillende kanten van een verhaal. Traditioneel werd ze verbonden aan magie, geesten, de maan, de nacht, geboorte, dood en kruispunten. Haar belangrijkste priesteres was de tovenares Medea.

Uiteraard is Hecate, net als Medea, zwartgemaakt. Het Rijksmuseum van Oudheden in Leiden beweert bij het beeld dat ze van haar tentoonstellen: 'Hecate kon zielen laten terugkeren naar de aarde om mensen te kwellen met nachtmerries, epilepsie en waanzin. Hecate roofde de zielen van overledenen op begraafplaatsen en langs driesprongen, overviel onschuldige slachtoffers die zij als een vampier leegzoog.' Toe maar.

In voorpatriarchale tijden waren de godin en degenen die haar heilige riten uitvoerden vrouwelijk. Op ontstellend veel archeologische vondsten staan vrouwen met een 'framedrum' of raamtrommel afgebeeld, die priesteressen of sjamanen bespeelden om spirituele energie te kanaliseren, ceremonies en riten te begeleiden en in trance te raken. De trommel was een rond gebogen twijg waarover een dierenhuid was gespannen. De drum bracht een bewustzijnsverandering op gang en stelde hen in staat om tussen de wereld van de goden en die van de mensen te reizen. Het is een trance die zelf is aangejaagd, maar die ook kon worden opgewekt of versterkt door het eten van planten, wortels of paddenstoelen met een psychedelische werking.

Het woord 'heks' had oorspronkelijk een positieve, mystieke betekenis: het komt van het Middelnederlandse woord *hexe,* 'de plaatselijke wijze man of vrouw', en mogelijk van het Oudgermaanse woord *hagetisse* of het Oudengelse *haegtesse*, dat 'zij die op de hagen rijdt', 'heggenvrouw' of 'heggenrijder' betekent. Een *haeg* of *hage* is een 'dichte begroeiing op een grens' en *dis* betekent 'dame', maar ook 'tovenares'. De haag die een gemeenschap omringde, werd symbolisch gezien als de poort naar de andere wereld. De heggenrijder woonde aan de rand van de gemeenschap en was degene die werd geraadpleegd om te schouwen. Het Engelse *witch* is afgeleid van het Angelsaksische woord *wicce* of *wicca*, dat 'wijze' of 'ziener' betekent.

Het paranormale hoort traditioneel bij vrouwen en in het bijzonder oudere vrouwen. In Noord- en Oost-Nederland bestaan er sagen over de 'witte wieven': 'wittende' wijven, wetende vrouwen. In het Duitse taalgebied worden de *weiße Frauen* in verband gebracht met de *Völva*, die zich behalve met spinnen en weven bezighielden met sjamanisme, hekserij, profetie en magie. In Frankrijk heetten ze *dames blanches*, in België was *Madama Blanche* de term voor een waarzegster. In Engelse sagen voorspellen de *white women* geboorte en dood.

Ook in Griekse tijden was de oudere vrouw als bemiddelaar tussen het hemelse en het aardse veelvoorkomend. In het Orakel in Delphi, een Grieks heiligdom, was er bijvoorbeeld een zieneres die met de goden kon communiceren. Zij werd de Pythia genoemd en gaf goddelijke boodschappen door. De Pythia moest een vrouw boven de vijftig zijn, terwijl de meeste priesters in Delphi tegen die tijd al mannen waren. De Pythia kwam uit de omgeving en werd gekozen voor het leven. Ook zij ademde aromatische gassen in, *pneuma*, die haar trance opwekten, maar er is geen overeenstemming over wat dit precies was.

Zelfs in christelijke tijden waren er nog zieneressen. Er was een tijdsperiode waarin visioenen, mits passend binnen de christelijke doctrines en goedgekeurd door de hoogste autoriteiten, binnen de Kerk werden toegelaten. Dat was voor vrouwelijke geestelijken ook meteen de enige manier om iets in te brengen, want als vrouw mochten zij geen eigen leerstellingen verkondigen, alleen getuigen van doorgevingen. 'Er werd mij getoond' of 'een hemelse stem sprak tot mij' was geoorloofd. In de twaalfde eeuw ontving Hildegard von Bingen visioenen, die zijn opgetekend in de *Scivias*, dat te vertalen is als 'ken de wegen' en werd goedgekeurd door Rome. Op haar drieënveertigste 'stroomde er een brandend licht vanuit de hemel haar geest in'. In haar boek laat ze er geen misverstand over bestaan: 'En ik sprak en schreef deze dingen niet op basis van de verzinselen van mijn eigen hart of dat van iemand anders, maar zoals ik ze zag, hoorde en waarnam in de hemelen door de verborgen mysteriën van God.'

Als profetes beschrijft Hildegard hoe ze in haar visioenen engelen ziet, hoe het goddelijke zich toont als 'het levende licht', hoe de mens geschapen werd vanuit een bron en hoe personen zich kunnen afwenden van dat licht. 'Ik zie met mijn ziel,' schreef ze daarover, 'terwijl mijn lichamelijke ogen openblijven.'

Ruwweg een eeuw later, in de dertiende eeuw, schreef een Brabantse dichteres en mystica onder het pseudoniem Hadewijch haar gedichten en visioenen in Middelnederlands. Ze was geen non, maar naar alle waarschijnlijkheid een begijn. Begijnen waren religieus geïnspireerde vrouwen die in die tijd in een begijnhof of een huis konden samenwonen, maar ook een gemeenschap konden vormen zonder samen te wonen. Uit een brief van Hadewijch aan een van haar vriendinnen is af te leiden dat zij een rol als leidster van een of meer van die gemeenschappen had. In haar *Visioenenboek* schrijft ze na het beschrijven van een visioen: 'En hij sprak opnieuw tegen mij: "Ik breng jou, god en mens, weer in de wrede wereld, waar je alle doden zult sterven, tot je hier terugkomt om het volmaakte een-zijn met mijn drieeenheid te genieten waar je nu gedoopt bent, in mijn diepte." En daarmee werd ik tot mijn verdriet teruggebracht in mijzelf.'

Een van mijn beste vriendinnen, schrijfster Sarah Meuleman, woont met haar dochter in een huis in wat vroeger een begijnhof was en we zitten er vaak in de gemeenschappelijke binnentuin. Er is nog een oude waterpomp, her en der liggen katten en er heerst een gemoedelijke rust. Als ik er ben, ben ik me bewust van de begijnen die hier ooit woonden, ontsnapt aan mannelijke overheersing en met het geluk alleen te kunnen zijn, maar niet eenzaam – vrij en tegelijk verbonden met hun zusters in de veiligheid van een gemeenschap.

In 1310 werd de Franse begijn Marguerite Porete wegens ketterij op de brandstapel gezet. Er werd gedacht dat begijnen gevoelig waren voor de verleidingen van de duivel omdat ze als nietnon en ongetrouwde vrouw zowel de priester als de echtgenoot weigerden te gehoorzamen. 'Begijn', dat oorspronkelijk vrome of devote vrouw betekende, verwerd tot een spotnaam. Rond 1400 werden de begijnhofjes in de Lage Landen sterk aan banden gelegd. De vrouwen mochten alleen nog onder toezicht van een (mannelijke) kapelaan samenwonen en er werden poorten geïnstalleerd die tussen zonsondergang en zonsopkomst gesloten moesten blijven. Hun liederen en dansen, laat staan visioenen, werden gekwalificeerd als ketterij.

Een prominente rol voor vrouwen in een religie wordt tegenwoordig vreemd gevonden en al snel bestempeld als feministisch. In hedendaagse godsdiensten zitten er vooral mannen op sleutelposities: de christelijke paus is een man, de joodse rabbi's zijn van oudsher mannen, de imams van de moslims zijn mannen en zelfs de boeddhistische monniken zijn mannen. Er waren vroeger wel vrouwelijke monniken, maar het zou beter voor je karma zijn om mannen eten te geven, dus stierven veel vrouwelijke monniken een hongerdood. Het feminiene mystieke is gewond geraakt en onderdrukt in een systeem van geschriften, leerstellingen, leefregels en oordelen, bepaald door mannen.

'God is iets wat gered moet worden van religie,' stelde zangeres Sinéad O'Connor, en ik ben het met haar eens, al kan religie natuurlijk ook een grote steun en inspiratiebron zijn. Maar geïnstitutionaliseerde godsdiensten hebben vaak zo'n vastomlijnd idee van het onbevattelijke, en hoe het te eren, dat de eigen connectie met dat onbevattelijke gemakkelijk verloren raakt of zelfs uitgebannen dient te worden. Vroomheid die alleen maar gehoorzaamt en zich herhaalt, wordt stoffig en betekenisloos. Het sluit af in plaats van dat het opent.

Drie dingen wil ik je voorhouden. Een: er is geen tussenlaag van religieuze leiders en geestelijken vereist om het heilige in jou te interpreteren. Twee: er bestaat geen heilige tekst waarin het goddelijke toereikend is gedefinieerd. En drie: je hebt niets buiten jezelf nodig om je persoonlijke band met het hogere vorm te geven. De zieneres, profetes, priesteres, mystica, heks, begijn en sjamane in jou staan klaar om dat geboorterecht op te eisen en uit te voeren.

De heggenrijdster staat met één been in de aardse werkelijkheid en met één been in hogere sferen, en dat geldt ook voor veel Crones. Zelf merk ik dat ik terugkeer naar de dromerige staat van zijn die ik als meisje had, maar nu met de bedding en diepte van een volwassen vrouw. In mijn jeugd voelde ik soms aanwezigheden. Mijn wijze moeder stelde me toen gerust door te zeggen: 'Je hoeft niet bang voor ze te zijn, want zij zijn geest en wij zijn geest én lichaam.' Iets later leerde ik ook Clara kennen, de hoofdpersoon uit de roman *Het huis met de geesten.* Auteur Isabel Allende geeft het bovennatuurlijke daarin bijna terloops een rol, precies zoals ik het zelf ervaarde. Het neemt een vanzelfsprekende plek in in het kleurrijke leven van een Zuid-Amerikaanse familie en in dat van Clara in het bijzonder. De geesten horen bij de levenden, zoals wijn bij een maaltijd hoort. Toen ik Allende voor *Wijze vrouwen* opzocht in Sausolito, Californië, vertelde ik haar wat de roman voor me had betekend. Ze zei dat haar grootmoeder, bij wie ze opgroeide, spiritiste was: 'Ze communiceerde met de zielen van de doden, dus je begrijpt dat het thuis nogal een drukke boel was.' Als ze vastzit in een schrijfproces, zo vertrouwde ze me toe, vraagt ze haar grootmoeder nog steeds haar te helpen. Dat begrijp ik goed: op mijn schrijftafel staat niet voor niets een fotootje van mijn grootvader, die als typograaf met teksten werkte en voor veel mensen een hoop betekende.

Naarmate ik ouder werd, schoof er iets voor dit paranormale

vermogen, maar bleef ik wel manieren zoeken om het esoterische een plek te geven. Af en toe ging mijn ontwikkeling daarin in een stroomversnelling. Toen mijn kinderen klein waren, stond het jarenlang stil en de laatste jaren nemen mijn transcendente ervaringen weer toe. Het mystieke ontsluit zich meer dan ooit als ik mediteer, schrijf, helder droom, schouw, me op 'boven' afstem voor ik ga slapen, bepaalde muziek luister, een visualisatie doe, trancewerk verricht of een plantmedicijnreis maak. Beelden worden scherper, inzichten verduidelijken zich, het lukt me beter om wat zich voor mijn geestesoog afspeelt niet alleen te bekijken, maar er met mijn aandacht 'in te gaan', waarna het in beweging komt en zich ontvouwt. Mijn vaardigheden en vermogens breiden zich uit. Traditioneel gezien is dit de levensfase waarop dat bij vrouwen die daar gevoelig voor zijn gebeurt: rond en na de menopauze begint de sluier tussen de werelden dunner te worden.

Bij mij begint schouwen bij de verbeelding. Ik breng mijn visuele brein aan de praat door me dingen voor te stellen, zoals je ook je spieren losmaakt voordat je gaat hardlopen. Ik sluit mijn ogen en verbeeld me dat ik mijn vaste route volg, waarbij ik me aard, me in water schoonspoel en naar een plek loop waar ik overzicht heb. Dan wacht ik of stel ik een vraag. Op zeker moment neemt iets het over van mijn verbeelding: de beelden lijken niet meer uit mijzelf te komen, zijn niet langer gelinkt aan gedachten, maar worden me ingegeven en ontwikkelen zich op eigen kracht. Steeds maak ik me zo leeg mogelijk, als een vacuüm waar dingen naartoe kunnen stromen. Als er niets meer komt, trek ik me terug, zonder iets mee te nemen, zonder iets stuk te maken, via dezelfde weg als ik erin ben gekomen.

De beelden die ik krijg, probeer ik gaandeweg en achteraf te plaatsen. Ook in de *Scivias* van Hildegard volgt steeds een uitleg, een 'dat betekent', en die interpretatie past in het christelijke gedachtegoed van haar tijd, waarbij ze de randen opzocht van wat acceptabel was. Voor een deel zal dat opzettelijk zijn geweest, zodat het aanvaardbaar was, en voor een ander deel gaat dat nu eenmaal zo bij het duiden van wat je waarneemt: je zult er je eigen plaats-, tijd- en persoonsgebonden begrip bij inzetten. Zo doe je dat elke dag met wat je ziet, hoort, leest en droomt en ook met wat je voor je geestesoog ziet verschijnen. In die vertaalslag zit de meeste ruis. Als ik op mijn kussentje zit te schouwen, spreek ik vaak hardop uit wat het zou kunnen betekenen en neem ik waar hoe mijn lichaam op mijn woorden reageert, net zo lang tot het rustig en helder aanvoelt. En dan nog kan achteraf blijken: bijna goed, maar nét niet. Ik zie bijvoorbeeld een vriendin met handboeien om haar polsen en denk te weten dat ze zich gevangen voelt in haar relatie, maar ze blijkt zich desgevraagd opgesloten te voelen door een gezondheidskwestie.

Soms kijk ik, zoals Hecate, naar de toekomst. Die dingen verschijnen aan de rechterbovenkant van mijn blikveld. Zoals ik het ervaar, gaat er aan de tastbare werkelijkheid een niveau vooraf: een onbegrensde laag van ideeën, informatie, mogelijkheden, intenties, zielsafspraken en goddelijke plannen. Die zweven daar rond, verschijnen en verdwijnen, veranderen van vorm, klitten aan elkaar en drijven van elkaar weg, als in een wolkenhemel. Een deel ervan zal realiteit worden en een ander deel niet. Dit etherische niveau bevat potentiële toekomstmuziek, die pas echt begint te spelen zodra deze in de stoffelijke werkelijkheid indaalt. Voor mijn gevoel omvat het zowel zaken die vastliggen, en hoe dan ook gaan gebeuren, als zaken die voortdurend veranderen en afhankelijk zijn van jouw en andermans keuzes en de grotere stroom van gebeurtenissen. Door die grotere stroom kan alles ineens veranderen: toen *De heks van Limbricht* was genomineerd voor de NS Publieksprijs, zag ik lange tijd een wiebelig kroontje op het boek, dus een kans op de prijs, maar nadat er op grote schaal stemfraude was gepleegd en er nog werd geprobeerd de prijs te redden, zag ik alleen maar draaikolken, die bij mij staan voor chaos en afbraak. De prijs werd dat jaar niet uitgereikt.

Eerst nam ik voorzichtige kijkjes op dit niveau en was ik verrukt als iets wat ik had gezien zich ook daadwerkelijk voltrok. De laatste jaren durf ik vragen te stellen en op de antwoorden die ik krijg te vertrouwen – maar kwesties die te dicht bij me staan, zoals die over mijn kinderen, zijn ongeschikt omdat mijn emoties mijn zicht vertroebelen. Dan vraag ik mijn moeder of Manja om erop te pendelen of Wendy om ernaar te kijken.

Soms waag ik het om me bewust te verbinden met mogelijkheden die me bevallen, zodat ze gemakkelijker hun weg kunnen vinden naar de aardse, tastbare realiteit. Ik creëer die mogelijkheden dus niet zelf. Voor mij is dat magie: samenwerken met het goddelijke. De aardse werkelijkheid is het gevolg van een samenspel tussen het goddelijke niveau en jou als mens. Jij, met handen om te scheppen, een tong om te praten, voeten om ergens naartoe te bewegen, bent onmisbaar. Jij kunt niet zonder de onzichtbare wereld en de onzichtbare wereld kan niet zonder jou om dingen op aarde voor elkaar te krijgen. 'De mensheid is opgeroepen om te cocreëren zodat we het aardse cultiveren en zo het hemelse creëren,' stelde Hildegard.

Magie bedrijven betekent je innerlijke ogen openen voor de geestelijke wereld en ermee samenwerken. Gaandeweg zul je je eigen taal ontwikkelen om met je geestelijke vrienden te communiceren. Magie wek je tot leven door middel van de inwaartse blik, symboliek, ceremonie en oog voor synchroniciteit en daarbij dien je nuchterheid en scepsis te bestrijden met alle poëzie die je in je hebt. Er is verwondering nodig, een volkomen ongewapende ontvankelijkheid, voordat het mysterie ook maar overweegt om zich te openbaren. Het is schichtig en laat zich gemakkelijk wegjagen. Het vraagt je om een geloofssprong te maken – een sprong voorbij het rationele. Wees zorgvuldig met wie je erover praat: het zijn altijd de types zonder verbeelding die je vertellen dat magie niet bestaat.

Muziek kan helpen om de afstand tussen het tijdelijke en het eeuwige te verkleinen. 'Als je jezelf verliest in muziek,' zegt Nick Cave, 'er diep in valt, dan zul je onontkoombare sporen van het goddelijke aantreffen. Uitgerekend muziek kan ons dichter bij het heilige brengen.' Muziek kan de stilte tussen jezelf en God vullen, ontzag oproepen en je in een gewijde ruimte brengen. Hildegard zag zichzelf ook niet als een componist, maar als een instrument om het goddelijke door te geven in muziek. Ze beschreef zichzelf als 'de bazuinklank van het levende licht'.

Er is een geestelijke of etherische wereld en die is niet ergens anders, maar gewoon hier. Deze werkelijkheid speelt door de onze, als stoom uit een ketel kokend water; fijntjes, subtiel, onnavolgbaar. Die dimensie maakt zich niet hoogdravend kenbaar, als een donderende stem uit de hemel, maar doet dat door dingen aan te reiken – nooit opdringerig, wel vrijblijvend en vaak speels. Tijdens moeilijke periodes in je leven moet het je zijn opgevallen hoe vaak er precies het juiste gebeurde om je te helpen. Als je het even bijzonder lastig hebt, komen er altijd redders aan. Altijd. Een vriendelijk woord van een onbekende, een verloren oorbel die je terugvindt, een boek dat openvalt op een pagina met precies de zinnen die je nodig hebt.

Het klinkt misschien gek, maar 'boven' (zo blijf ik het toch maar even noemen) is veel humor. Met je geestelijke vrienden kun je tekens afspreken, en die komen dan op een vindingrijke manier bij je terug. Daar scheppen ze een kinderlijk plezier in.

Ik ben dol op rituelen, zowel tradities met mijn kinderen die door de herhaling aan waarde en betekenis hebben gewonnen (lieve briefjes in broodtrommels stoppen, elk jaar hetzelfde lenteverhaal voorlezen) als rituelen die ik verzin om iets te vieren of kracht bij te zetten. Soms moet ik gewoon even 'heksen'. Dat doe ik dan niet met een paars gewaad aan en een pentagram om mijn nek, maar wel vrees ik dat er de nodige spreuken en plechtige handelingen aan te pas komen. En als het even kan, zet ik iets in de hens.

Een ritueel is niets anders dan een reeks symbolische handelingen die een innerlijk voornemen weerspiegelt. Je maakt je intentie tastbaar door er woorden en gebaren aan te verbinden, je bundelt je aandacht en dat werkt prettig in op het menselijke onderbewustzijn. Ineens heeft je voornemen gewicht en is de kans dus groter dat het lukt. Wat anders is een bruiloft dan een ritueel om het plan elkaar lief te hebben en trouw te blijven kracht bij te zetten? Je trekt een witte jurk of een pak aan, schuift ringen om vingers, zegt 'ja, ik wil' en op magische wijze ben je – poef! – een echtpaar. Pure magie, nietwaar?

Als je bent zoals ik, geloof je bovendien dat een ritueel een krachtig signaal aan je vrienden in de geestelijke wereld geeft. Je vraagt hun of bedankt hen als het ware om hun zegen, begeleiding en ondersteuning. Als ik in de tuin sta te kijken hoe het vuur uit mijn keteltje oplaait (en vriendelijk naar mijn buren zwaai die me een geamuseerde blik toewerpen), ik mijn briefje erin gooi en het tot de laatste snipper zie opbranden, zou ik zweren dat het me helpt om eindelijk die gebeurtenis uit het verleden achter me te laten of dat patroon te transformeren.

Als ik daarna een eerste stap zet, of juist op mijn handen ga zitten om zich iets te laten voltrekken, en er allerlei frappante toevalligheden voorvallen, dan weet ik dat de zegen van 'boven' erop rust. Dan zit er een drijvende energie op die als brandstof werkt voor het realiseren ervan: ik heb 'wind mee'. Mijn vriendin auteur Eveline Helmink omschrijft het zo: 'Bij synchroniciteit lijkt het alsof toeval en betekenis op precies hetzelfde moment samenkomen en knetteren. Het is alsof de tijd heel even bevriest.'

Menselijke scheppingskracht kent gelukkig zijn beperkingen. Soms hoor ik mensen jubelen over 'de kracht van gedachten' of 'iets visualiseren zodat het naar je toe komt' op een manier alsof ze een bestelling plaatsen bij een webshop. De kracht van gedachten is goddank beperkt, gezien alle gekke dingen die een mens denkt. Bij 'manifesteren' draait het volledig om de wet van aantrekking. Die komt kort gezegd hierop neer: energie – ook de energetische kracht van gedachten – trekt gelijksoortige energie aan, dus waar je aan denkt, haal je naar je toe. Wat in essentie overeenstemt, trekt elkaar aan. Dit is een niet-officiële hermetische wet en slechts een van de vele natuurwetten die op elkaar inwerken, waarover je in *De wijsheid van de heks* meer kunt lezen.

Zo is er bijvoorbeeld de wet van overeenkomst: je kunt alleen ontvangen wat op grond van jouw bewustzijn tot je beschikking staat. Je krijgt wat past bij je afstemming. Er moet een bedding in jou zijn om je iets te verlenen, anders is het voor 'boven' alsof ze parels in een ravijn mieteren. Als je dus iets wilt waar je almaar naast grijpt of wat je steeds weer kwijtraakt, zul je innerlijk werk moeten verrichten om het te kunnen ontvangen en bij je te houden. Je moet bereid zijn je innerlijke blokkades tegen wat je wilt, maar wat om een of andere reden buiten je bereik ligt, te overwinnen. Marion zegt het zo: 'Als je met intenties werkt, krijg je nooit zomaar wat je wilt, maar je krijgt voorgeschoteld wat er nodig is om er te komen.'

Verder is het belangrijk om je wensen voorbij het ego te zoeken. Het ego wil aandacht, spullen, macht en status; de ziel wil heel andere dingen. Magie kun je beter en doeltreffender inzetten voor de wensen van je ziel die weet wat goed is voor jou en alles wat leeft. Magie bedrijf je om díchter bij je ware zelf te komen, niet verder weg. Wensen die niet in overeenstemming zijn met de behoeften van de ziel, zullen niet gehonoreerd worden. Deze zin zou eigenlijk bij alle moderne manifestatiecoaches in de kleine lettertjes moeten staan.

Magie en mystiek zijn als kwikzilver; ze laten zich niet verklaren of bewijzen, alleen beleven. Als je het naadje van de kous van gebeurtenissen wilt weten voordat je ze accepteert en in je opneemt, negeer je de halve werkelijkheid. Als Crone wordt jou gevraagd om overtuigingen die in strijd zijn met je eigen ondervindingen op de schop te gooien – ook metafysische ondervindingen. Alleen dan kan wat zich aandient volledig, tot in alle hoeken en gaten, beleefd worden – of je er nu iets van snapt of niet. Een mystieke ervaring moet de kans krijgen om tot je door te dringen. De macht van de hersenen is groot, voordat je het weet denk je: dit zal ik wel niet echt zo beleven, want het kan niet kloppen. Het verstand heeft maar een beperkte reikwijdte en wat de meeste mensen de realiteit noemen, is slechts het puntje van de ijsberg.

Eigenlijk wil ik zeggen: laat je ervaringen je overtuigingen bepalen en niet andersom.

Wat is dan dat heilige, dat goddelijke, dat in de tweede helft van je leven weer naderbij komt? Het goddelijke gaat ons menselijke, beperkte voorstellingsvermogen ver te boven. Een boek met alleen maar lege bladzijden is het enige boek over God dat waarachtig kan zijn, geschreven in een taal die sprakeloos wil blijven. Wie zich richt op het definiëren van het hogere, zal zich blindstaren op de definitie zelf en daardoor de weidsheid en diepte van het gedefinieerde verliezen. Het is alsof je de wolkenlucht in een doosje wilt doen: je hebt heus wel iets te pakken van de lucht, maar als je je daarna alleen nog maar op dat doosje concentreert en niet meer af en toe omhoogkijkt naar de steeds veranderende, hoge wolken, mis je meer dan je hebt. Wie anderen vervolgens dat doosje wil opdringen als de enige echte wolkenlucht, drijft nog verder af van de waarheid.

Franciscus van Assisi, een van mijn favoriete mystici, zou eens hebben gevraagd aan een amandelboom of hij over God wilde spreken. Daarop begon de amandelboom te bloeien. Ik lees hierin: bestudeer het zichtbare om het onzichtbare te leren kennen, want zo beneden, zo boven. Het goddelijke laat zich niet begrijpen, maar je hebt je stijgende en dalende adem, je kloppende hart en je ziel die zachtjes stuurt. Je hebt twee ogen om alles wat het onzichtbare heeft voortgebracht in je op te nemen en te bewonderen. Je hebt twee handen om elk moment dat het hogere zich laat voelen mee bij de kladden te grijpen. Je hebt de stilte in jezelf die zich verbindt met het onbevattelijke, die je er een glimp van laat ervaren en een glimlach op je gezicht tovert.

Het kosmische of het 'levende' licht, zoals Hildegard het noemde, is voor iedereen beschikbaar. Deze dimensie van liefde is onbegrensd en altijd aanwezig. Alles wat je hoeft te doen om deze energie door je heen te laten stromen, is je ervoor openstellen. Dit is hoe ik het doe: ik ga met gekruiste benen op mijn kussentje zitten, sluit mijn ogen, adem rustig naar mijn buik en trek een denkbeeldige cirkel van licht om me heen, die iets weg heeft van een ei. In gedachten laat ik wortels de aarde in gaan en ik voer zo nodig wat energie af. Vervolgens stel ik me voor dat mijn kruin zich als het ware opent. En daar komt het al: het levende licht. Ik laat het onbelemmerd door me heen vloeien, naar plekken in mijn lichaam die extra licht kunnen gebruiken en daarna de aarde in. Het voelt aan als mezelf baden in ongelofelijke liefde, beschutting, helderheid en vreugde tot ik eruit lijk te bestaan. Tot slot stuur ik het licht naar mensen die dicht bij me staan en mensen van wie ik weet dat ze het zwaar hebben. Ik dring niets op, dat zou niet eens lukken, maar stuur het licht rondom hen, zodat ze het zelf kunnen opnemen.

Kosmisch licht moet je door je heen laten gaan en niet in je vasthouden, anders ben je geen boom met takken en wortels, maar een glas dat maar een beperkte hoeveelheid water kan bevatten tot het overstroomt. Als je het licht door je laat stromen, word je er niet duizelig of zweverig van, maar schoon je jezelf, laad je je ermee op en breng je bovendien licht naar de aarde. Omdat je een lichaam hebt, kun je kosmisch licht aarden. Alles wat leeft doet dat, elke plant en boom, elk mineraal, elk dier, maar als mens kun je het geaarde licht gericht sturen en dat maakt je extra waardevol.

Als ik te weinig licht opneem, word ik vatbaar voor wankelmoedigheid, behoeftigheid en uitputting. Als ik mijn kanaal met boven goed verzorg, voel ik me stevig en kan ik mijn liefde en aandacht ruimhartig uitdelen. Vervolgens is het de uitdaging (en ikzelf heb dat nog lang niet onder de knie) om die liefdevolle energie mee te nemen in het dagelijks leven. Dus niet 'tanken' en alles langzaam weer laten weglekken, maar aangesloten blijven op die mysterieuze bron te midden van het dagelijkse gedoe en gehannes. Wie daar tips voor heeft, mag zich bij me melden.

Alles en iedereen is aangesloten op dit kosmische licht, maar je kunt ervoor kiezen om je ervan af te keren – of je ziel nu belichaamd of onbelichaamd is. Zodra je je er weer voor openstelt, zal het er voor je zijn. Ik kreeg dit inzicht dankzij Engel Dirks. Na de herdenking van de heksenverbrandingen op de Dam bleef ze me roepen. Ze reikte op alle mogelijke manieren naar me uit, bijvoorbeeld tijdens mijn lezingen, als de honderden namen van de Nederlandse slachtoffers die stichting Nationaal Heksenmonument heeft verzameld achter me over een scherm rolden. Steeds als ik achter me keek, kwam haar naam 'toevallig' voorbij.

Er was iets nog niet afgerond voor haar, voelde ik. Ik beloofde dat ik me in haar lot zou verdiepen en op een ochtend fietste ik naar het Amsterdamse Stadsarchief om haar procesdossier op te vragen. Alles wat restte, was het vonnis, handgeschreven in zestiende-eeuws Nieuwnederlands, dat ik liet vertalen. In het winkeltje van het Stadsarchief stond er een boek over Engeland achter een ander boek en toonde de letters 'Engel', wat ik las als een aanmoediging.

Ik schreef over Engel in het voorwoord van een geschiedenisboek over de heksenvervolging, vroeg Manja om haar te noemen in haar toneelstuk, deelde haar lot op mijn eigen social media, maar dat hielp allemaal maar een beetje. Ze bleef wanhopig aanvoelen. Ik dacht dat ze wilde dat ik het onrecht dat haar, en zovelen met haar, was aangedaan naar buiten zou brengen om haar naam te zuiveren en eerherstel te brengen. Maar bij een volgende meditatie, samen met Manja, begrepen we eindelijk haar noodkreet en het sneed me de adem af: wat ik als het minst erge van haar marteling had beschouwd, het exorcismeritueel, was eigenlijk het ergste geweest. Toen de geestelijke bij de duivelsuitdrijving beweerde dat ze door demonen bezeten was en dat haar ziel verduisterd en gecorrumpeerd was, had ze het aanvaard. Ze moest ervan overtuigd zijn geraakt dat de wereld beter af was zonder haar en zonder haar ziel. Ze had niet bekend omdat ze had opgegeven, maar omdat ze het etiket van kwade heks dat haar was opgeplakt tot op het allerdiepste niveau van haar ziel was gaan geloven.

Daarna moet ze op de Dam, hoog op de staak, in de gezichten hebben gekeken van honderden mensen, onder wie misschien wel bekenden, die haar dood wilden hebben, die bang voor haar waren, vlak voordat ze in de vlammen werd geworpen. Ze moest, versuft, aan de andere kant van de dood hebben gedacht dat het goddelijke licht dat verscheen niet voor haar bedoeld kon zijn. Dat zij geen toegang had tot een hemel, een hiernamaals. Ze moet zich ervan hebben afgekeerd en zijn blijven steken in een tussenruimte, een schemerzone.

En toen werd er, bij het horen van haar naam op precies dezelfde plek, de Dam, maar dan bijna vijf eeuwen later, iets in haar wakker. Opnieuw stonden er honderden mensen, maar nu met witte bloemen in hun handen, die huilden om haar en het onrecht dat haar was aangedaan.

Manja en ik konden Engel, samen met Entgen die aan de andere kant van de sluier tussen de werelden haar hand vasthield, duidelijk maken: je bent geen gevallen engel, nooit geweest. Er is niets mis met je ziel. Je was een trotse, vrije vrouw met het hart op de juiste plaats en een mond die zich kon roeren. Je bent Engel. En je mag naar het licht.

Wat het dichtst bij het goddelijke komt, is onze ziel en deze is ook al moeilijk te definiëren. Ze is gewichtloos en onzichtbaar, indirect als een echo, een fluistering, een vluchtige wenk, een bemoedigend duwtje. Ze is als rook, laat zich niet vangen door logica, is elke verklaring te slim af en als je haar te nadrukkelijk wilt voelen, ontvliedt ze.

En toch is ze daar, jouw ziel, dwars door de grillen, listen en gebreken van het leven heen, ver verschanst achter kunstjes, maniertjes, het aangeleerde. Ze is zo delicaat dat ze algauw overstemd raakt door andere prikkels en indrukken, maar als je haar de volle aandacht geeft, kan ze verdomd scherp en duidelijk naar voren treden. Het wezenlijke ontgaat ons soms, maar haar nooit. Wij kunnen ons verliezen in kleinigheden en ijdelheden, maar zij nooit. Wij maken een verhaal van dingen om ermee te kunnen leven, zij niet. Slechts waarheid en zuiverheid gedoogt zij. Alleen de kern van de zaak, de intentie achter ons gedrag, interesseert haar.

Toen ik zwanger was van mijn eerste kind, was ik ervan overtuigd dat haar ziel soms even bij me was en dan weer niet, alsof ze haar groeiende lichaam korte bezoekjes bracht. Ik dacht terug aan mijn oma, die de laatste jaren van haar leven aan dementie leed. Soms zat ze met een gelukzalige glimlach om haar mond in de verte te staren, volkomen onbereikbaar voor wat er om haar heen gebeurde. Ik kon me op die momenten niet aan de indruk onttrekken dat ze in wezen heel ergens anders was – op de plek waar ze vandaan kwam en straks weer naar zou terugkeren, hoopte ik. Zo was het vast ook met het kindje in mijn buik: ze reisde heen en weer tussen haar nieuwe en haar vertrouwde wereld, tussen hemel en aarde, tussen afscheid nemen en kennismaken.

De ziel kan zich voor de duur van een leven verbinden met een lichaam, maar kan ook onbelichaamd bestaan. De ziel is niet gebonden aan ruimte en tijd en toch doordringt ze beide volledig. Ze is niet ergens anders; ze is bij je, in je, staat altijd tot je beschikking. Ze draagt alle antwoorden en oplossingen, herinneringen, ook aan vorige levens, grotere verbanden en 'thuis'. Haar overzicht is veel groter dan dat van je denkende geest of je emotioneel geladen overtuigingen.

In mijn ogen staat de ziel achter de coulissen bij het toneelstuk van je leven. Ze staat paraat met regieaanwijzingen, souffleert als je je tekst kwijt bent, spreekt je moed in en laat je op het juiste moment opgaan. Ze heeft het beste met jou voor, maar ook met je medespelers en iedereen in de zaal. Maar jíj moet het doen – midden op het podium waar je wordt gezien, gewogen, beoordeeld, waar je invloed hebt op alles en iedereen.

Je ziel herkent de zielen met wie je karmisch verbonden bent en vorige levens hebt geleid. Iets daarvan sijpelt door in de verhouding die je nu tot elkaar hebt. Dat durf ik alleen maar zo stellig te beweren omdat ik mijn eigen puzzelstukjes bijeen kon leggen in regressietherapie, waarbij je onder lichte hypnose teruggaat naar het verleden of een vorig leven. Ik heb een goede vriend voor wie ik niets minder dan ontzag voel, ik had eens een partner die ik ook een beetje als een broertje zag en een minnaar die ik nooit helemaal vertrouwde, maar tot wie ik me wel aangetrokken voelde. In regressiesessies en trancereizen begreep ik waarom, zag ik wat er eerder was voorgevallen.

De ziel brengt ons op het spoor van mensen aan wie we verwant zijn en met wie we niet-afgeronde zaken hebben uit te werken. Ze leidt ons naar ervaringen die ons helpen groeien – niet per se op een harmonieuze manier. 'De ziel heeft scheurtjes nodig,' zegt Wendy; soms zoekt ze naar contrast om zich tegen af te zetten.

De ziel herinnert ons aan wat auteur Caroline Myss 'heilige

contracten' noemt: dingen die we 'boven' hebben afgesproken om aan te gaan. Als je ziel een aanmoedigende trilling afgeeft en je hart sneller doet kloppen, is dat het signaal om erin te duiken. Je weet niet waarom, je weet ook niet of het zoet of pijnlijk zal zijn, alleen dat het nuttig zal zijn.

In een regressiesessie bracht ik een bezoek aan de tijd tussen twee levens in, vlak voor het leven dat ik nu leid. Ik bevond me in een lichte sfeer, een fijnstoffelijk niveau, waar ik puur licht was en geen lichaam had. Toch voelde ik me 'ik', met persoonlijke verlangens en doelen. Er was een onvoorwaardelijke en waarderende liefde, een allesomvattende vrede. Ik besprak het leven dat voor me lag met lichtwezens die een hogere wijsheid bezaten dan ik. Ik hoorde mezelf pleiten voor iets en een inbreng hebben in de zaak, voelde me opgetogen over het komende leven en op een bepaalde manier strijdlustig. Daarbeneden zou ik veel vergeten, een vrije wil hebben, maar ook diepe zielsverlangens die me de juiste weg zouden wijzen.

Het levensplan dat je voor een nieuw leven maakt, is gericht op het opdoen van ervaringen in uiteenlopende rollen. Ik heb nog nooit iets opgevangen van een oordeel, straf of vergelding; alles staat altijd in dienst van een hoger doel. Wat wij hier soms moeilijk begrijpen – ik heb daar in elk geval flink mee geworsteld – is dat je niet heel lang of tot het uiterste dieptepunt met iets of iemand bezig hoeft te blijven nadat je je ertoe aangetrokken voelde. Soms is het doel van beide kanten bereikt en mag iets eindigen. We weigeren te zien dat iets zichzelf voltooid heeft en dat we ons eruit terug kunnen trekken, zoals een golf in de zee, waarna er een nieuwe golf kan ontstaan. We klemmen ons vast, tot bloedens toe, zodat het meer pijn doet dan het zou hoeven doen. Of we blijven maar terugkijken en laten ons erdoor definiëren, en we zien de nieuwe golf niet.

Na een intensieve periode liep ik eens door mijn buurt en

voelde de behoefte om op een bankje op de Bloemgracht te gaan zitten. Ik slaakte een diepe zucht, hief mijn gezicht op en mijn oog viel op de woorden NUNC FINITUS op de sierlijst van het grachtenpand aan de overkant. Het voelde alsof die woorden aan mij gericht waren en ik zocht het op mijn telefoon op. 'Nu is het voorbij' betekent het. De tranen sprongen in mijn ogen. Ik mocht het loslaten, het was goed zo, het was voorbij.

Je bepaalt je eigen tempo. Je hebt de vrije wil om iets wel of niet aan te gaan – en de ander dus ook, daar heb je je bij neer te leggen. Soms worden doelen niet gehaald, soms niet vanwege jou, soms niet vanwege anderen. Je mag omwegen nemen, wat hoogstens vertraging oplevert, want er zijn geen verkeerde paden. Elk pad laat je iets zien en levert een waardevolle ervaring op. Ook vanuit daar kun je weer op je hoofdpad komen, het levensplan dat je voor jezelf hebt bepaald. Je geestelijke begeleiders zullen zich nooit met jouw keuzes bemoeien, maar ze zullen je wel bemoedigen of hints geven in de vorm van impulsen, inspiraties en ideeën die je invallen voordat je denkende brein er iets mee te maken kan hebben. Ze respecteren je vrije wil in de zaken die niet vastliggen en ze respecteren de wet van causaliteit: de samenhang tussen oorzaak en gevolg die op aarde heerst.

De weg vormt zich terwijl je hem beloopt, maar je voelt het wanneer je te ver weg raakt van je ware natuur of je doelen. Dingen die niet bij je horen, voelen zwaar, drukkend of zuigend aan, dingen die bij je passen, voelen opbeurend en vrij aan. Je tast in het rond, terwijl er een sluier van vergetelheid over je heen ligt, waarvan je de puntjes opheft bij piekervaringen zoals de dood van een dierbare, een geestelijke doorbraak of een heldere droom. De sluier is nodig om je in de illusie van het aardse bestaan te kunnen onderdompelen en maakt het mogelijk om in beweging te blijven: de beweging tussen verwijdering en vereniging, lichtheid en zwaarte, probleem en oplossing, mislukking en welslagen, reiken en opgeven, stuurloosheid en richting, eenheid en gescheidenheid, liefde en 'druk je ponem'. Gescheidenheid en begrensdheid ervaren is niet slecht; het is nodig om je als individu te kunnen ontplooien, om het individuatieproces van Jung te doorlopen.

Stop ermee dingen in goed en slecht onder te verdelen.

Het is de beweging zelf, de beweging van op en neer, heen en weer, hemels en aards, die zorgt dat je je ontwikkelt. Dat is de scheppingsdans. Als ik een waanzinnige mystieke ervaring heb gehad, kan ik er zeker van zijn dat ik – boem! – door iets ontzettend banaals met beide voeten op de grond word gezet. Als ik mezelf heel verlicht dreig te vinden, dan duurt het nooit lang voor ik iets uiterst kinderachtigs voel en heel hard om mezelf moet lachen.

Als beweging tussen uitersten de oorsprong is van leven, dan moet aan de andere kant van het etherische niveau van mogelijkheden het tegenovergestelde bestaan. Een totale stilte waaruit alle geluiden ontspruiten. Rust, van waaruit alle beweging en verandering ontstaat. Het mysterie, waaruit alle wijsheid en kennis voortkomt. Het niets, dat contrasteert met het alles. De zwarte gaten in ons universum, het vacuüm voor de big bang, de leegte in de hoge hoed van de goochelaar voordat er een konijn uit getoverd wordt.

We komen op en gaan weer glorieus ten onder zolang we op aarde mogen rondlopen. We draaien en draaien, we tollen om onze as als planeten rond een zon. De dag dat we niet meer te raken zijn, is de dag dat we sterven. We cirkelen rond, steeds gehavender, met onze handen gegroefd en onze harten gebutst, poreus en zacht geworden, precies zoals de bedoeling is, met onze rimpels en littekens als oorlogswonden, eretekens, onderscheidingen. Met onze gaven en opgaven, die hand in hand gaan.

Wijs niets in jezelf af, buig je met het hoogste in jezelf liefdevol toe naar het laagste in jezelf. Gebruik een dieptepunt in je leven om je af te zetten en een magnifieke sprong te maken – en daarna hoogstwaarschijnlijk weer een sierlijke of ronduit lompe duikvlucht.

Spiritualiteit gaat, vooral bij vrouwen, soms iets te veel over liefde, licht en eenheid, over de hogere chakra's, terwijl de lagere chakra's, die ervoor zorgen dat je jezelf kunt afscheiden en begrenzen, ook van belang zijn. Je kunt je pas goed en zonder risico op zelfverlies met anderen verbinden als je stevig aanwezig bent in je buik en bekken, met een helder besef van waar jij ophoudt en de ander begint.

Het meesterwerk van je leven is van jou en van jou alleen. Zorg er goed voor.

De wereld die de mannen hebben gemaakt, werkt niet – mogen we dat zo langzamerhand concluderen? De illusies van grenzeloze groei, presteren als hoogste doel en overheersing van de natuur zijn onhoudbaar. Het patriarchaat, dat zich voedt met hebzucht, geweld, individualisme, hiërarchie, machtsmisbruik, exploitatie, competitie, schaarste en afscheiding, is zichzelf aan het opbranden. De antwoorden zijn te vinden bij het oude matriarchale systeem dat draait op regeneratie, gemeenschap, evenwicht, samenwerking, wederkerigheid, een duurzame cirkeleconomie en eerbied voor alle leven.

Als wij onszelf als Crones serieus nemen, dan kunnen we tegenwicht bieden aan de wereld zoals die nu is ingericht. Wat sterft, zal sterven. Laat het sterven. Maar wees een vroedvrouw of een kraamvrouw voor wat nu al in de luwte aan het groeien is, en wat volledig voldragen geboren zal worden als de tijd rijp is. Voed het, verzorg het, wakker het aan met een hartgedragen, innerlijk weten en een dieper zicht.

Vrouwen zijn traditioneel gezien de spinners en de wevers, de toekomstdromers, verhalenvertellers en kennisbewaarders. We spinnen de draden, die uit onszelf komen, zoals bij zijderupsen, en weven ze in een patroon. Het is nog teer, als spinrag met dauw erop. Het is bijna licht dat we weven en het gebeurt gelijktijdig met de afbraak van het oude. De veranderingen die nodig zijn, zullen van ons moeten komen. Aan ons de taak om het juk van het patriarchaat af te schudden en de feminiene kracht en wijsheid in gebruik te nemen, om draden los te trekken uit het web van het verleden en aan nieuwe draden te knopen, om zo de toekomst te weven.

We knopen allemaal een stukje van het tapijt. Ik schrijf voor jou en doe ceremonies voor jou. Jij doet dingen voor mij. De hele astrale wereld kijkt naar ons en ondersteunt ons, want het is onze beurt, op dit moment in de tijd, op dit stukje aarde.

Ja, we zijn klein in een onmetelijke weidsheid, maar we zijn niet nietig. Niet onbetekenend. Wij zijn degenen die hier nu leven en wij zijn aan zet. Wat doe je: zorg je dat je het comfortabel hebt? Blijf je in de schaduw van het patriarchaat een schim van wie je bent en van wat jou als vrouw is toegestaan, je oren hangend naar wat wordt gewaardeerd en wat verguisd? Verschans je je en verzamel je net zoveel bezit totdat je je veilig en onaantastbaar waant? Of rol je je mouwen op en werk je aan verruiming van je horizon en je gemeenschapszin, het openzetten van je hart, zo ver als je durft, om bij te dragen aan een weg vooruit?

Je kunt niets meenemen van deze aarde, je kunt alleen maar iets achterlaten. En je kunt je ziel verrijken.

Dit is de tussentijd die enorme mogelijkheden biedt, 'de wisseling van de wacht', zoals Nazmiye Oral een keer tegen me zei. We hebben de heilige woede, de daadkracht, de humor en speelsheid, de visioenen van de Crone nodig om nieuwe antwoorden op oude vragen te geven. Om te smelten wat bevroren was, te verlichten wat het daglicht niet kon verdragen, los te trekken waar we aan vastgeklonken zaten, zacht te maken wat verhard was.

De tijd van eenlingen, die in het verborgene opereren om veilig te blijven, is voorbij. Zoek je bondgenoten. 'Gemeenschap betekent kracht die zich aansluit bij onze kracht om het werk te doen dat gedaan moet worden,' zegt activiste en moderne heks Starhawk. 'Het betekent armen die ons vasthouden als we wankelen. Een cirkel van heling. Een cirkel van vrienden. Een plek waar we vrij kunnen zijn.'

Voel je heilige woede, lieve vrouw. Voel je diepe verdriet over de toestand van de wereld. Het is genoeg. Genoeg. We kunnen niet meer. Het moet anders. Voel ook je hoop en vastberadenheid: open je hart radicaal. Herinner. Keer terug. Verenig je. Sta op. Weiger nog iets te pikken van onwaardige leiders – die van het land, van de wereld, op je werk en in je eigen huis. Accepteer geen onderschatting en geen beschimping meer. Keer je af van de lachwekkende onzin van 'manifesteer je eerste miljoen', 'echte mannen willen echte vrouwen', 'kunst is elitair', 'ze heeft erom gevraagd', 'duurzaamheid is een businessmodel' en 'pas maar op, straks wil geen man je meer'. Er is gewoon geen tijd meer voor.

Onttem jezelf: werp de dwangbuis van beleefdheid, beheersing en smetteloosheid af en verwilder terug naar een puur en eerlijk schepsel dat tussen de schepselen bestaat. Zoek je eigen wijsheid, bevraag, betwist, praat met de slang en eet van de appel. Beslis over je eigen geest en lichaam en vraag dat voor je zusters over de hele wereld.

Zoek je heil niet in onthechten, ontvluchten, ontkennen, maar hecht jezelf aan dit leven, deze aarde, dit lichaam, jouw zielenplannen. Het grote wonder is niet om water in wijn te veranderen, het wonder is om water te kunnen drinken uit een klaterende bergbeek, om je bloed te voelen ruisen door je aderen. Het wonder is niet om over de zee te lopen. Het grote wonder is om op de aarde te lopen.

Je bent volledig intact. Wat je ook bent verloren, wat je ook hebt weggegeven of wat je ook is afgepakt, elk deel van wie je bent, staat tot je beschikking. Wat jou toebehoort, kan bij je terugkomen; het heeft zich slechts schuilgehouden. Roep terug wat van jou is.

In dit tijdperk van grote veranderingen is het nodig om te leiden in liefde om het masculiene en feminiene in evenwicht te brengen. Wees als de uil die kan navigeren in het donker. Wees als de wolvin, leider van de roedel, die de richting bepaalt. Wees als de olifant, de matriarch, die de kudde over dorre vlakten naar het water leidt.

Je wordt geroepen om op te staan, diepgeworteld en hoog afgestemd, om feller te stralen dan je ooit gedurfd hebt. Houd niets meer achter, laat jouw heldere licht doordringen tot in alle spelonken. Geef de wereld het hoogste van jezelf. Ken je vermogen om te scheppen en te vernietigen. Beweeg, als mens van de aarde en wezen van hemels licht dat je bent, opwaarts, neerwaarts en weer opwaarts, steeds opnieuw.

Pak de handen van je zusters en plaats jezelf in de cirkel. Aanvaard de taken die je jezelf gesteld hebt. Neem je plek in.

Het is tijd om de Crone uit haar ballingschap te bevrijden en terug te brengen naar huis, om haar in al haar kracht en wijsheid te belichamen.

Het is tijd om de kroon op te zetten.